新一代人的思想

PATRICK
WYMAN

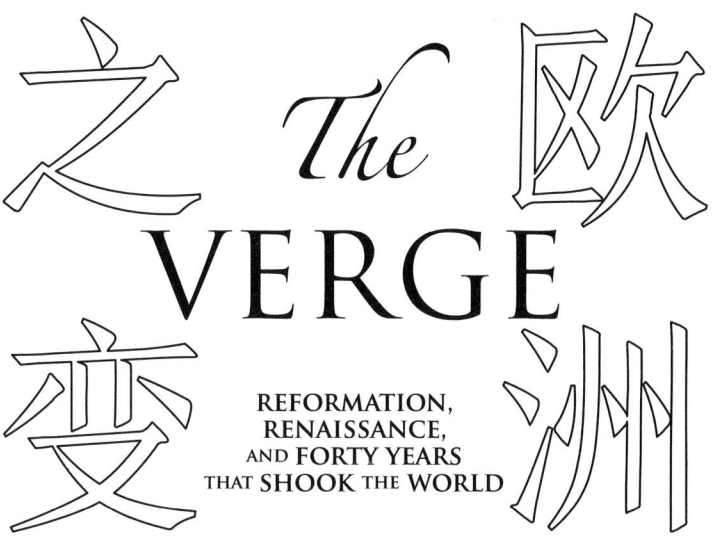

震撼西方并塑造
现代世界的四十年

1490
—
1530

[美]帕特里克·怀曼 —— 著
朱敬文 —— 译

中信出版集团 | 北京

图书在版编目（CIP）数据

欧洲之变：震撼西方并塑造现代世界的四十年：1490—1530 /（美）帕特里克·怀曼著；朱敬文译 . -- 北京：中信出版社，2023.7

书名原文：The Verge: Reformation, Renaissance, and Forty Years that Shook the World

ISBN 978-7-5217-5428-5

I. ①欧… II. ①帕… ②朱… III. ①欧洲－历史－1490-1530 IV. ① K503

中国国家版本馆 CIP 数据核字（2023）第 074522 号

THE VERGE
Copyright © 2021 by Patrick Wyman
This edition arranged with InkWell Management, LLC. through Andrew Nurnberg Associates International Limited.
Simplified Chinese translation copyright © 2023 by CITIC Press Corporation
ALL RIGHTS RESERVED
本书仅限中国大陆地区发行销售

欧洲之变——震撼西方并塑造现代世界的四十年：1490—1530
著者：[美]帕特里克·怀曼
译者：朱敬文
出版发行：中信出版集团股份有限公司
（北京市朝阳区东三环北路 27 号嘉铭中心　邮编　100020）
承印者：嘉业印刷（天津）有限公司

开本：880mm×1230mm　1/32　印张：12.5　字数：269 千字
版次：2023 年 7 月第 1 版　印次：2023 年 7 月第 1 次印刷
京权图字：01-2021-3637　书号：ISBN 978-7-5217-5428-5
定价：68.00 元

版权所有·侵权必究
如有印刷、装订问题，本公司负责调换。
服务热线：400-600-8099
投稿邮箱：author@citicpub.com

献给我的父母亲

目 录

有关金钱和流通货币的说明   I
引　言   VII

第一章　克里斯托弗·哥伦布与探险   1
第二章　卡斯蒂利亚的伊莎贝拉与国家的兴起   37
第三章　雅各布·富格尔与银行业   73
第四章　葛兹·冯·贝利欣根与军事革命   111
第五章　阿尔杜斯·马努蒂乌斯与印刷业   143
第六章　约翰·赫里蒂奇与日常资本主义   175
第七章　马丁·路德、印刷业与教会的分裂   203
第八章　苏莱曼大帝与奥斯曼超级大国   243
第九章　查理五世与大一统   277
结　论   315

致谢	321
参考文献	323
尾注	341

有关金钱和流通货币的说明

这一时期的欧洲人使用的硬币等货币令人眼花缭乱。在日常经济活动中，各种类型与面值的金币、银币、铜币都发挥了作用，还有基本上只存在于会计账簿上的通货，也即"会计单位"。就目前来看，这些货币的价值经常上下波动，银行界和金融界的中心活动就是利用各地汇率的变动来赚钱。但在本书所谈论的这个时段内，它们的价值还算稳定，我们可大略知道它们的相对价值。

中世纪下半叶和近代早期货币（字面意义上）的金本位标准是威尼斯的杜卡特（ducat）。它重3.56克，名义上应该是24克拉纯金。到15世纪90年代，它成了西欧所有其他主要金币的基准。佛罗伦萨的弗罗林（florin）基本上与它等值（3.54克），葡萄牙的纯金币克鲁扎多（cruzado）及卡斯蒂利亚和阿拉贡的艾克赛兰特（excelente，23.75克拉，但实际重量为3.74克），以及英格兰的半诺布（half-noble）和法国的金埃居（écu，3.5克）也与之接近。唯一的例外就是北欧和中欧通用的另一种标准货币莱茵古尔登（Rhinegulden），它比较轻，只有 19 克拉。1 杜卡特约等于 1.82 莱茵古尔登。

本书所采用的主要货币是杜卡特和等值的弗罗林，但其他几种货币也值得一提。首先就是西班牙银币马拉维迪（maravedi），它更常用于记账。1 杜卡特约合 375 马拉维迪。另一种是银制的英格兰先令和英镑，1500 年左右的 1 杜卡特相当于 4 先令 7 便士（1 英镑合 20 先令，1 先令合 12 便士）。最后一个要提的就是奥斯曼帝国的艾克斯（akçe，复数是 akça），它也是银币，60 艾克斯相当于 1 杜卡特。[1]

1 杜卡特 =	1 弗罗林
	1.82 莱茵古尔登
	375 马拉维迪
	4 先令 7 便士（4s/7d）
	60 艾克斯

1500 年左右货币的相对价值

这个时候布鲁日的泥瓦匠一天的工资是 11 佛兰德格罗滕（Flemish groten）。按照 65~75 格罗滕对 1 杜卡特的汇率，泥瓦匠得干六七天的活才能赚到 1 杜卡特。[2]

1500—1530年，西班牙常备部队服役的火绳枪手日均工资是40马拉维迪。以375马拉维迪对1杜卡特计算，火绳枪手需要工作十天才能挣到1杜卡特。长矛兵的待遇是每天30马拉维迪，换言之，工作25天可挣到2杜卡特。[3]

1529年，苏莱曼大帝围攻维也纳时，向苏丹亲兵许下攻占城墙者奖赏1 000艾克斯的承诺，差不多是17杜卡特。这还是军饷之外的额外酬劳。

1500年左右，佛罗伦萨一个非熟练工人的日均工资是10索尔迪（soldi）。与1杜卡特等值的1弗罗林合140索尔迪，故一个劳工需要工作14个整天才能挣到1弗罗林或1杜卡特。[4]

1505年，英国商人约翰·赫里蒂奇（John Heritage）用23英镑2先令买了42托德羊毛，共重1 176磅*。他为此预先支付了其中的64杜卡特。

1508年，威尼斯出版商阿尔杜斯·马努蒂乌斯（Aldus Manutius）为维持约有15名员工的印刷厂，每月需要开销200杜卡特。

施瓦本的雇佣兵葛兹·冯·贝利欣根（Götz von Berlichingen）和他哥哥作为重骑兵给勃兰登堡藩侯腓特烈服役，重骑兵麾下还要配备一批人马。在一场漫长的战役后他们得到2 000莱茵古尔登的报酬，大约相当于1 100杜卡特。

1492年哥伦布远航耗资总额是200万马拉维迪，大约相当

---

* 1磅约为0.45千克。——编者注

有关金钱和流通货币的说明　　Ⅲ

于5 300杜卡特。

雅各布·富格尔（Jakob Fugger）在1519—1520年个人借给查理五世543 585弗罗林，帮助他为获得神圣罗马帝国皇帝宝座进行贿赂。加上查理五世从其他人那里借的钱款，贿选费用共850 000弗罗林。

为了上帝和利润(Deus enim et proficuum)。

——经常写在中世纪商人账簿里的一句话

引 言

1527 年 5 月 6 日

远处传来的钟声给昏暗的晨曦平添了一丝忧戚。台伯河从远处的山峦蜿蜒而下,流往古城罗马,但地平线上并未露出照亮远山的光束。不断响起的钟声来自卡匹托尔山高处的钟楼。

钟声打破了原应平静安宁的破晓时分。那是一个绝无平静安宁可言的清晨。打破祥和的还不只是不断敲响的钟声。城内,沉重的脚步声后还有黑暗中车辆的震动声和车轮摩擦地面的声响,车上装运的是沉重的火药、成堆的铁炮弹、弩箭和火绳枪的子弹袋。噪声在罗马昔日辉煌留下的澡堂、神庙、竞技场和马戏表演场的残垣中回响。数以千计被临时叫醒的罗马人双眼疲惫、衣冠不整,带着各式各样的武器一脚高一脚低地往城墙处集结。

城墙外面又是另一番景象,破靴践踏着草原上的矮草和沃土上刚刚被春雨催生的新芽。男人们在昏暗的晨曦中跌跌撞撞地前行,剑柄摩擦着精铁胸甲,皮剑鞘碰撞着他们的大腿。手握直立长矛的人组成似有似无的队形,木柄不时相互敲击。当火绳枪手的燧石碰上点燃引线用的火绒,就闪起一阵细小的火花或火焰,这微小火焰一旦点燃浸泡了化学物的火枪慢燃引线,沉重的铅弹即能射向他们的目标。

他们个个看上去清瘦、邋遢,自伦巴第南下后经过几个月的苦行军,终日饥肠辘辘,两颊都已凹陷。原来威风凛凛的军装经过雨和泥的洗礼以及阳光的暴晒,上衣耀眼光鲜的条纹已然褪色,上宽下紧的裤腿上也千疮百孔。

他们黢黑又瘦骨嶙峋的脸上既显露恐惧又带着兴奋。在罗马等待着他们的都有什么样的宝贝?肯定有教皇、红衣主教、大主教从欧洲各地基督教会搜刮来的金银财宝。若是他们能攀上城墙,绕过守城的人,进入城市,即能将所有这些东西据为己有;只要不让炮弹或铅弹穿透他们的血肉之躯,只要没有剑、长矛或弩箭结束他们的性命。一切都在未定之天,为了打发时间,按捺住自己的情绪,士兵们用各自的语言闲聊。只听得一片夹杂着卡斯蒂利亚语、加泰罗尼亚语、施瓦本德语方言、意大利的米兰和热那亚方言等的嗡嗡声。

随着马蹄在地面的踢踏声响起,一位在甲胄外身披白色罩袍的人出现了,他的穿着在暗淡的晨光中特别光鲜抢眼。他面庞清瘦,长相英俊,头盔下面的下巴处留着精心打理过的胡须。他一边骑着马,一边冲他认识的人呼喊,鼓舞他们的士气。有的西班牙战士他已认识多年,两年前曾与他们一起在帕维亚大开杀戒,他再次提醒他们曾经的辉煌战绩。多数德意志人都是新来的,是从施瓦本和蒂罗尔招募来的雇佣兵,去年秋天才翻过阿尔卑斯山南下，但白衣人对他们也并不陌生。

理论上讲，这支军队效忠于神圣罗马帝国的皇帝查理五世。但白衣人是为皇帝效命的法国贵族，波旁公爵夏尔。他是这支军队的指挥，起码理论上是。

实际情况又不一样。查理五世下令组建的这支军队中，主要成员是已经驻扎在意大利的、令人闻风丧胆的"征服者"（Tercio）——他们是训练有素的西班牙正规军——外加各种短期受雇却相当善战的德意志人和意大利人。基本上所有人都是为钱而来的专业战士，都有参战经验，知道战争是怎么回事。问题是他们已经有好几个月或者好几年拿不到薪水了。拿不到钱也动摇了他们对皇帝的忠心，连波旁对他们的控制也受到影响。原来负责招募德意志士兵并带领他们翻越阿尔卑斯山的蒂罗尔贵族格奥尔格·冯·弗伦茨贝格是位受人尊敬的长者，他在手下的德意志雇佣兵（Landsknechte）因为拿不到报酬而哗变时中风发作。直到答应士兵们能掳掠罗马的金银财宝，大伙儿的心才算是稳了下来。

波旁公爵对这一切都不存幻想。在罗马雄伟城墙外聚集的部队对先进的军事技术和战术都很在行，毕竟他们都经过了接连几十年的征战的洗礼。在过去几十年中，作战技术已经因为火药手枪、长矛兵的密集方阵、大炮和通过血腥拼杀积累的经验而出现了重大改变，但最大的改变还是在规模这一点上。这支军队人数可观，大约有 25 000 人，但在当时还不算是规模最大的。所有人都是从竞争激烈又报酬丰厚的市场上招募而来的。

不过，找人不是问题，付钱才是问题。如今等候在西方基督教世界最神圣的城市之外的，正是成千上万名愤怒、饥饿、能征善战、迫不及待的士兵。

波旁来到一位他认识的德意志人身旁停了下来。他知道此人是马丁·路德的追随者，对目前躲在罗马城内的教皇克雷芒七世不会有好感。公爵拿教士的财富和即将到手的回报说笑，德意志雇佣兵纷纷捧腹大笑。许多德意志人都对路德宗有好感，渴望有机会拿走这些不肖教士不劳而获的财富，这是掠夺生存必需品之余的额外奖励。在他们肩上所扛的长矛之间，不时露头的简易云梯就是他们对财富重新进行正当分配的途径。

波旁公爵一边驱马前行，一边高喊——为了让所有讲不同语言的士兵都能听见。他说，攀爬城墙的时候他一定冲锋在前。没有人对此有任何怀疑——就是因为公爵的英勇，众人才能够坚持至今。

枪声阵阵，炮声隆隆，城墙上的人朝下面开火了。一组西班牙人在不远处已经展开了进攻，很快波旁公爵和其余的士兵也加入进来。防守方三处呈现弱相，攻击方人多势众，同时对三处出击。就当时而言，罗马市民占据着优势。大炮和火绳枪冒出阵阵白烟，沿着胸墙形成烟幕，让人看不清晨曦中的火焰。战场上弥漫着硫黄味，让比较虔诚的战士联想到地狱的气息。[1]

炮弹和枪弹在攻城的人群中四处飞窜，战场上和城堡下方已尸横遍野，西班牙人和德意志人还是努力架设长梯，想爬进城内。守城一方人员来自四面八方，有罗马人，也有瑞士雇佣兵，他们拼命向下面扔石块、开枪，同时嘴上还喊着他们能想到的最难听的辱骂："犹太鬼、异教徒、杂种、信路德宗的。"[2]

环绕台伯河周边的沼泽升起的浓雾逐渐沿着城墙上升。罗马的炮手找不见德意志雇佣兵和西班牙正规军的踪影。波旁公爵见机会来了，他身着惹眼的白衣，一只手挥舞着叫喊德意志人往前冲，另一只手抓住梯子。但见一发火绳枪的子弹穿透了他的盔甲，击中了他的躯体。公爵顿时倒下，白色的衣裳渗出大片鲜血。他手下的士兵纷纷惊叫起来，喊声震天。先是一个人，紧接着全体德意志雇佣兵开始自城墙撤退，耳边传来阵阵城垛上人们的胜利欢呼。

在当时看来，守城者的确是胜了。不过公爵的士兵到底是职业军人，而且他们已无退路，敬爱的指挥官的阵亡还不足以阻挡他们前进的脚步。他们再一次向城墙靠近，熹微的晨光并未驱散浓雾，城头上的大炮还是无法发威。德意志人和西班牙人顶着敌人的枪弹，爬上了匆匆搭建的云梯，翻过了墙头。守军溃败，几小时内罗马即告失守。

城墙上的死伤已数不胜数，但随着时间的推进，午后的杀戮更是惨绝人寰。入侵者很快就收拾了几股残余的罗马抵抗力量，对顽抗的民兵一律格杀勿论。剩余的瑞士人在梵蒂冈附近的一座古老的方尖碑前殊死战斗，结果几乎全部丧生。他们的队长罗伊斯特几乎当场阵亡，最后还是几位生还者把他给抬回家；但攻城者尾随而至，破门后在他妻子面前将其杀害。

与瑞士人不同的是，多数守城士兵并不恋战，纷纷逃到圣天使堡避难，教皇克雷芒七世也在其中。罗马被进攻的那天早上，他还在梵蒂冈祈祷，在敌军士兵闯入之际，他刚刚通过连接教皇宫和圣天使堡的廊桥逃生。数千名难民在城堡外乞求开门，希望让他们也躲过一劫。一位年迈的红衣主教是从窗户爬进来的；另一位请人用缆绳吊起他藏身的竹篮，才到了墙的另一边。他们是少有的几位幸运儿。铁栅门关上后，其他人被迫留在安全的城堡之外。没有了领导人的波旁士兵把这些最后的逃生者团团围住。

教皇克雷芒七世从圣天使堡可以看到城市上方冒起了浓烟。待到傍晚时分，罗马的大街小巷到处是碎玻璃、断木头，不时传来噼里啪啦的火焰声、零星的枪声和逃难民众的哀哭呼喊声。

神圣罗马帝国皇帝的军队为控制该城而大开杀戒，连圣灵医院的老弱病残和孤儿都未能幸免。他们还只是数以百计手无寸铁的平民中的极少数。对许多在罗马街头游荡的帝国军人而言，这并非他们第一次对城市进行劫掠，很快，滥杀就转变为更加故意且更有系统的行动。因为说白了，死去的战俘什么也不值，而活着的战俘是有身价的。再者说，晚点再下手也不迟。

晚间，城市在火焰的照耀下显得格外明亮，骇人的暴行一览无遗。圣彼得教堂圣坛周边的尸体堆积如山。一群西班牙人抓到了一个住在城里的威尼斯人，开始逐个拔出他的指甲盖儿，逼迫他道出贵重物品的存放处。为逃避破门而入的士兵，有人直接从窗口跳下。另一群西班牙职业军人拒绝与一小撮德意志人分享他们在一家店里的斩获，德意志人立即将他们反锁在店内，纵火将店付之一炬。沟渠里的泥水被血水染红，肆意妄为的士兵踩着死尸逐家劫掠。

黎明终于到来时，只见一座经历残酷血洗的城市已经满目疮痍。

德意志雇佣兵当中支持路德宗的人不愿错过为宗教争端报一箭之仇的机会。一伙人将一位老教士处死，因为他拒绝给一头驴享用圣餐。另一伙人将一位亲神圣罗马帝国的红衣主教拖到街上殴打，哪怕这位教士一直因支持皇帝——这伙人名义上的雇主——而与教皇意见不合。有人践踏主持圣餐者。路德宗的火绳枪手用圣物做靶子，把铅弹射进华丽的圣物箱内和圣徒遗骨的头颅内。他们把市内教堂的珍宝洗劫一空，还把古老的骸骨扔弃到街上。圣彼得教堂内教皇的棺木均被撬开，内中遗骨与新近死亡的尸体堆放在一起，后者的鲜血仍然汩汩流淌在基督教最高圣所的瓷砖地上。骑兵队最终用教堂做他们的马厩。基督教极神圣的圣安德鲁的头像和圣维罗尼卡的面纱都被扔到了沟里。德意志雇佣兵掠夺了城里许多贮藏着数百年来信徒所捐赠宝物的修道院。

克雷芒七世派来谈判，试图和平投降的葡萄牙大使竟然在官邸被洗劫后，遭到被当街剥光衣服仅留马裤的羞辱。已发誓守贞的修女被人以一人一枚钱币的价格卖掉。打劫的人倒是放了银行业者一马，特别是德意志人，因为他们可以为赎买人质安排贷款。即便在劫掠的大混乱中，金钱的转移和交换还是有必要的。

经过三天的肆意妄为，其余的帝国指挥官才开始对手下的士兵做一点象征性的管束。成千上万的人死去了，估计的死亡数字从4 000到40 000不等，真实的数字大概在两者之间。伤者更是不计其数。城内几乎每户人家都遭到性暴力，罗马精英也不例外。

"相形之下地狱都显得美了。"一位评论家如此写道。基督教的教产如今悉数掌握在这群脏兮兮、饥肠辘辘、仍然意犹未尽的雇佣兵手中。教皇克雷芒七世藏身于圣天使堡，对眼前的一切和自己今日的遭遇除了叹息还是叹息：他已不再是基督教世界的头号强人，即将沦为神圣罗马帝国皇帝的傀儡。[3]

这一桩又一桩的骇人听闻的事情是怎么发生的？究竟是什么驱使数以千计的士兵洗劫教会，捕和虐待俘虏，抢劫民宅和宫殿，还大肆奸淫烧杀，坏事做绝，意欲拿下当时这座最神圣、最富有的城市？

罗马被洗劫看上去简直不可思议，是完全颠覆现实、震撼世界的大事。罗马是西方基督教的心脏，从文化和宗教上来讲都是欧洲世界的中心。钱财从欧洲大陆各个角落流入教皇的金库。不论是斯堪的纳维亚简易的木制教堂，还是法国高耸的哥特式教堂，其收缴的什一税最终都上交罗马。如今，教皇已经从宝座上跌落，他的财富被出身卑微的士兵瓜分，他的城市也没有了昔日的辉煌，到处都是被随意丢弃的死尸。

其实这次骚乱的高潮背后隐藏着众多极具破坏性的过程。一次次探险航行已经使得那位葡萄牙大使成了一位富有国王的代表，同时新世界的税收也让皇帝查理五世有钱去招募军队。国家能力的提升使得战争更容易发生，规模更大，持续时间更长，因而破坏性大为增加，而战争本身也因为金钱和火药的迅猛增长而改变。印刷术颠覆了信息世界,也广泛地传播了令许多德意志士兵热血沸腾的路德宗的思想。

在短短的40年里,相对而言也就是一眨眼的工夫,欧洲瞬间被引爆。1490年左右,罗马遭到劫掠的40年前,欧洲还十分闭塞。巴黎、伦敦、巴塞罗那、威尼斯用欧洲的标准来说相当气派,但若有外星人试图寻找当时人类成就的制高点,它们肯定更愿意到伊斯坦布尔或北京去,也可能会选择有独特风貌的特诺奇蒂特兰、德里、开罗或撒马尔罕。

当时的欧洲还只是欧亚大陆边缘的前哨。它地处经济政治的边缘地带,无法与蒸蒸日上、日益扩张的奥斯曼帝国或是早已立国安邦的中国明朝相提并论。稍微有点儿头脑的人都不会相信,欧洲日后能成为全球庞大殖民帝国的发源地,更不用说几百年以后彻底改变世界经济的工业化基地了。可是,在20世纪之初,欧洲及其后裔美国竟然以一种此前其他地区所未有的方式,主宰了世界命脉。1527年,就在神圣罗马帝国士兵对罗马肆意劫掠的时候,那个未来已开始崭露头角。[4]

大分流

这一人称"大分流"的现象把西欧从偏远地区变成了世界秩序的绝对中心。从尼德兰和不列颠,亦即"大分流"之前的"小分流"发生地开始,欧洲先是缓慢而痛苦地,继而非常突然地在技术成就、政治权力和经济产出上飞速超越它最强劲的对手。欧洲崛起带来的增长和冲击构成了上一个千年后半叶的主要历史进程。如果不认真思考这段进程，我们对世界的了解就不完整：在21世纪生活的方方面面，从贸易模式和经济发展到体育和娱乐，殖民主义和欧洲主导地位的遗留显而易见。

1490年的人看世界时，也完全没有想到后来的发展竟然是这样。且看看当时的欧洲：克里斯托弗·哥伦布是位有经验的水手，他多年来一直为向西驶入大西洋而努力，却始终未能成行。马丁·路德时年七岁，基督教世界会出现根本性大分裂一事根本无法想象。西欧印刷业在各地崭露头角之际，专业缮写员还在奋笔疾书，制作手抄本。火药的出现重新定义了围城，让几百年来人们最喜爱的薄壁堡垒建筑逐渐过时，不过身穿盔甲、手持武器的战士仍然是战场的主力。从规模上讲，法国国王查理八世在1494年攻打意大利的军队，在一个世纪之前的百年战争中出现也不会显得突兀。

罗马遭到劫掠之前的40年里，战争规模和强度都经历了巨变。仗越打越长，破坏亦越惨烈；1527年，也就是罗马遭到劫掠那一年，是意大利地区和欧洲其他地方几乎无休无止的战争的第33个年头。军队规模益发壮大，武器益发精良，花费也益发昂贵。因此，那些雇他们的国家找到了更复杂、更有效的筹集资源的办法。第一次对大西洋进行试探性探险时只有少数小船参与，它们沿着西非海岸寻找金子、象牙和可供奴役的人，最终演变成开往印度洋的庞大舰队和一心要征服新发现的美洲的军队。约翰内斯·谷登堡在大约75年前首创的印刷术终于变得无处不在，不断印刷出大量材料，特别是宗教宣传材料。

到1527年，通往"大分流"的路径已依稀成形。即便还只是粗略的轮廓，前路依然漫长，未来世界的雏形已逐渐清晰。

为什么是欧洲？为什么在这个时候？这是好几代研究历史、政治学、社会学和经济学的学者关注的两个问题。有人认为真正的转变发生在19世纪初期工业革命到来之际；在此之前，中国和欧洲不论用什么标准衡量都可谓并驾齐驱。还有人说西欧对煤矿的大量开采和对海外贪婪的掠夺推动欧洲的经济迅速增长，这是牺牲了世界其他地区而成就的增长。

另外还有人追溯到17—18世纪，认为军事技术以及欧洲各国发动战争的经济能力才是欧洲迅速崛起的原因。也有人将之归功于西欧，特别是不列颠与尼德兰独特的体制、政治和技术创新文化。甚至还有人声称，在中世纪甚至更早的时候，"大分流"的开端就深藏在无形的欧洲文化特征、原始资本主义萌芽或资源分配方式之中。在这一"深度分流"思想流派中还有一个更有说服力的解释，强调了欧洲存在世界上其他地方所未见的多极国家体系：四分五裂的政治背景导致欧洲内部三天两头纷争不断，就是这持续的竞争大环境促成了这段时期的各项发展。[5]

所有这些解释和论述都有一定的道理。不列颠的生活水平和薪资水平，与印度和中国的相对发达地区相比，直到工业革命初期才真正出现分流。不过话说回来，工业化也不是某一天突然发生的；这些发展一定也有其深层根源，而问题就在于其根源需要回溯到历史上的什么时候。[6]

本书对这两个问题给出了一个答案，或者说是用一个比较不同的方法来提出和解释它们。我们不再着眼于某一个变量，如某一项创新或某一种资源，而是着眼于大事频发的一个时段：1490—1530年这40年。在这还不到人一生长度的短短几十年间，一系列剧烈转变使得欧洲从相对落后的状态一跃成为超级强权。

导致这些强烈扰动的并非任何单一进程或变量，而是好几个。航海探险、国家扩张、使用火药的战争、印刷业的扩散、贸易与金融的开展以及它们所酝酿的全部结果——宗教剧变、暴力蔓延和全球性扩张——的碰撞，以复杂和不可预见的方式相互影响。因为每一项进展本身都事关重大，聚到一起自然具有爆炸性。在这段短暂而冲突激烈的时间里，它们的组合与冲击戏剧性地改写了世界历史，给与今日情况极其相似的未来奠定了基础。

经济制度

这些截然分开的趋势——比如印刷业的传播与雇佣军的使用之间看似毫无关联——之所以同时出现，与某种对待信用、债务、贷款和投资的态度有关。而这些态度又决定了欧洲人如何使用他们的资产，即所谓的资本。我们可以认为它们是"经济制度"。

这里所谈的"制度"指的就是最基本的，大家对某一游戏规则的共同认识。更广义地说，制度所包含的还不止规则，也包括促使人们采取某种行为方式的体制、信念、准则和组织。制度使人们遵守规则，延续规则，并不时对规则做出调整，让使用者受益。制度可好可坏，有益或有害，一切视具体情况而定。如果人人有期待，认为政治忠诚能换得特殊照顾——这几乎可以说是一个制度框架——那么或许就会在建立牢固关系的同时助长贪腐无能。人们在市场内如何表现，做交易时基于什么样的假设，商业和家庭如何互动，这一切都取决于制度。[7]

在这段时期的初始阶段，西欧以广大的欧亚大陆标准来说并不算特别富有。由于黑死病（从14世纪中叶以后就反复暴发的瘟疫）和越来越冷、难以预测的气候，欧洲人口已从14世纪初的峰值减少了一半。同时欧洲又经常遭受长达数十年、破坏性极大的战争的蹂躏，英法之间的百年战争即其中一例。15世纪后半叶，几乎每一个王国都深受内部纷争之苦。所有这些因素导致了100多年的深度经济萧条。[8]

进入16世纪，情况开始向好，但也只是好一点点。人口——前现代经济的基础——在欧洲全境开始攀升。贸易也呈上升趋势。但这些都远远构不成经济优势，更不要说成为未来主宰全球的风向标了。

在这个特殊的时间点上，欧洲有的就是一整套经济制度，特别适合推动能界定未来时代发展的每一个主要进程——探险、国家财富增长、使用火药作战、印刷业以及与之相关的所有结果。所有这些都是费用高昂的资本密集型进程和技术。起始资金的需求量就极大，后续的需求更不在话下。

若要向大西洋开出一艘船或一支舰队，就需要为舰船、补给和充当船员的劳动力做大量先期投资。这段时期，各国都缺乏从子民那里榨取足够现金遂其所愿的能力，它们必须用未来的收入做抵押，换取贷款和先期资金。贷款的主要目的是支付越来越庞大的火器战争的成本。打仗是生意，一上来就需要大笔资金，初期的资金由私人的军事承包人来承担，他们用自己的信用借钱来招兵买马，筹集粮草。印刷业比起军事征战或到印度探险要便宜，但在能创收前也需要为字模、印刷机、纸张和雇专业的操作人员投入不少资本。

同样的机制和假设也适用于别处，不论是某位富有的威尼斯商人投资印刷业，某位英国商贩只付了订金就买到一批羊毛，某位蒂罗尔贵族以自己的土地为抵押来支付给长矛兵雇佣军的合同预付金，某些西班牙贵族与投机者组成联盟资助雄心勃勃的热那亚探险家前往未知的土地探险，还是某位国王从奥格斯堡的银行家那里借来一笔巨款，通过贿赂当上了神圣罗马帝国皇帝。贷方出借时就期待这些钱有朝一日会回来，不是带来投资回报就是连本带息归还，具体情况视交易类别而定。

这表面上看来天经地义，实际上却需要一系列环环相扣的假设成立，比如人们对金钱和贷款的性质的看法，对交易各方和保证履行交易条款的更广泛框架的巨大信心。债权人与债务人或投资人之间存在信赖，各当事方与正式的当局或非正式的权威之间，对于履行正式合同或履行非正式协议的能力也存在信赖，这种对结果可靠性的信赖使得欧洲人能够向这些昂贵的进程不断注入资金。这与相信某项投资一定会赚钱不同，贷款的性质本身就决定了它隐含风险，而对新技术和风险项目的投机性投资常常会打水漂。但在当时，有足够多的人相信这些共有的假设，认为它们没有问题，所以资金流才源源不断。

这段时间里，起中心作用的经济制度与我们今日所了解的并不相同。信贷基本上还是个人性质的，主要考虑的是个人的信誉，而不是铁面无私的、对某人可信程度的数学计算结果。血缘、婚姻、族群和老乡关系等都能决定某人能不能拿到信贷。正规的执法机构和公共的执法途径都牵扯着更讲究亲疏与私交的义务关系，而钱财只不过是义务中的一部分；也可以说这是对某一个人、某一家企业甚至某一个群体的道德判断。反过来说，金钱上的偿付能力也可以证明你的道德和社会价值。[9]

为什么在这个时候？

在 15 世纪末，这些东西并不全是欧洲的创新发明；其实在商业比较发达的地区和城市——如意大利北部和尼德兰——数百年来在信贷和投资领域所应用的先进理念恰恰就建立在同样的基础上。欧洲人也并非世界上唯一知道可以汇集资本，利用复杂的组织形式经商或出于各种目的而放贷的民族。所有这些东西都存在已久，数千年来已多次出现，消失，再出现。从古罗马到中国，从公元前 1 世纪到中世纪晚期，人们找到过不少行之有效的经商方式和直接投资的方式。所以从这个意义上来说，15世纪欧洲人的做法谈不上绝无仅有。[10]

不过，有几点确实不同寻常。首先，这些经济制度几乎遍布西欧各地。西欧已因行之已久的通信、人口流动和贸易联系而捆绑成了一个整体。商品、人及思想——包括使信贷成为可能并得到应用的经济体制——都能够并且已然通过这些广泛的网络流通。

我们很难说这些制度是从一个地方到另一个地方慢慢传播开来的，还是由于大家情况类似才为同样的问题不约而同地发明了类似的解决办法。每一个地方，每一个区域所用的术语与细则，都有相当大的差异。有的地方流通的低值货币比其他地方的多，说明一般老百姓日常生活中不太需要信贷。这些差异也反映在社会层面：佛罗伦萨美第奇家族的银行家组织其公司的方式，就与波罗的海的汉萨贸易商或奥格斯堡的富格尔家族的投资商人很不一样，其资本的组织运作方式自然也不同；热那亚的一小撮金融家让卡斯蒂利亚女王用王冠上的珠宝做担保，同意借钱给她，这自然与某位德意志贵族靠信贷招募一群长矛兵的运作规模不同。

但他们所有人都了解提供贷款和投资牵涉的原则，从买麦芽酒和面包的卑微农民到承保国家财政的银行家都是如此。他们对担保、抵押、风险和回报的基本假设均相同。整个西欧的制度框架的运作方式十分相似，因为它早已沿着各种路径散布到整个区域和社会各阶层之中，在人们还未察觉之时就已运行了好几百年。[11]

其次，这些制度能在欧洲各地传播开来（或分别被创造出来）也有合理的原因。在 16 世纪初爆炸性发展之前的 14 世纪末到 15 世纪可谓关键时期，此时出现了钱币短缺。铸币厂关闭了，货币兑换商被迫关门大吉，货物就因为钱币短缺而卖不出去。

"贵金属大短缺"是 15 世纪中叶发生的严重现象，而且短缺还为期不短，持续了好几十年。欧洲商界多半用银子交易，但因为银矿开采殆尽，欧洲又与东方有大量的贸易逆差而更加短缺。欧洲的出口商品主要是布料，其价值远低于进口的商品。购买香料、丝绸和欧洲精英所需的其他奢侈品只能用黄金和白银。短期而言，钱币的短缺大大压缩了信贷的获得，特别是更高级经济活动中的信贷。没有了钱币，谁也无法确保自己的投资会有结果，或保证借出去的钱能收回来。结果导致 15 世纪中期出现严重的经济萧条。

然而，长期而言，商业还在继续。欧洲人对金钱和信贷的想法也因为这次钱币短缺而产生了变化。人们想出了尽可能少用钱币的办法，这个办法他们在一定程度上已经用了好几百年，如今更习惯了。等到 15 世纪稍晚，钱币又多起来的时候，那些制度并未消失，反而将充裕的金银的效用翻了好几番，创造出更多信贷在西欧经济中流通。[12]

最后，时间点也很重要。并不是这些制度要比印度古吉拉特的商人筹集资本的方式或中国福建的农民对土地的估值办法更优越，而是它们特别适用于当时。它们有效地将资金注入各式各样的需要资本集中投入的进程中。每一段进程都已存在多时，不过如今资本的注入量在非常短的时间内提升了好几个数量级。当投资者觉得有利可图时，钱就会越投越多。当放款人发现对国家财政进行投资是笔好买卖时，统治者就可以多借钱，迫使其他统治者也起而效仿。眼见西非之行带回了黄金和可奴役的人口，其他金融家也觉得有机可乘，纷纷往更具野心的风险项目中投钱。当印刷业发现了致富之路，给这个行业投资的钱就更多。

关键时刻

本书集中谈论的 1490—1530 年这 40 年，正是越来越多的资本通过这一经济制度框架流入的时段。这些进程中的任何一个都可谓重大的发展，学者们在几十年，甚至几百年来对此已有不少论述和争论。这自然不无道理。比方说，印刷术完全可以被理解为一场不折不扣的信息散播革命。人类历史上第一次拼凑出了一个包含美洲的真正意义上的全球世界，这也绝对不是一件小事。所有这些进程都发生在 1500 年前后的几十年间，这并非巧合，因为所有进程都因资本的流入而被打了强心针。

每一段进程都极具颠覆性。马丁·路德的理念迅速传播，几年之内就把宗教改革运动带到了欧洲的边缘地带，主要靠的就是新兴的印刷术。纵目四顾，战争几乎无处不在：意大利平民遭大规模屠杀的事例就不下 32 起，受害人有时多达数千名，而这一切都发生在意大利战争开始的 1494 年到罗马遭到劫掠后的 1528 年之间。意大利只不过是众多战区中的一个，新大陆的阿兹特克帝国与印加帝国都在哥伦布 1492 年离开后不到一代人的时间内覆灭，大量人口被杀戮，美洲的财富源源不断涌入欧洲。[13]

上述任何一个发展都足以颠覆既有世界秩序，但它们偏偏同时发生在一段比较集中的时间内。它们并非单独发生的现象，而是受同样潜在机制驱动的、相互加强的进程。这些进程又与一系列临时出现、人们没有预见到的事件碰撞——生和死的偶然、做出决断的时机等——产生出史无前例的全球反应。

这个反应就是一段过渡期，是欧洲生活及社会发生重大转变并对世界的未来产生重大影响的一段时间。我们可以称之为"关键节点"，种种变化在这段持续几十年的危机中汇集起来，从根本上改变了以后的历史走向。这个关键节点造成了路径依赖：欧洲主宰世界的未来，虽然还要等一段时间，却在这段剧烈变化时期以后成为可能。这 40 年的特征是投资回报不断增加，同时规模也不断扩大。当然，以后 300 多年还出现了许多关键节点，最终带来了工业革命，但它们都有赖于最初的、最基础的一系列同期变化。[14]

所以这 40 年才在整个历史长河中如此重要。不过，它只讲述了故事的一半。另一半则是在这段纷纷扰扰的不平凡年代中的生活经历。只有血肉之躯的人能感受到迎面来袭的大西洋风暴，听得见繁忙港口的嘈杂声响，闻得到疯狂战场上的刺鼻硝烟。就在周围的世界发生不可逆变化的同时，他们在奋战、受苦、爱恋、买进、卖出、耕地、纺织、成功、失败。

这些改变世界的事件如果不与日常生活交织，似乎总是那么遥远。为此，我选了九个最能在其平日生活中体现资本、国家、战争和印刷的真实人物作为观察历史的视窗，他们既是重大事件的积极的驱动者，也是被动的经历者。有些人，如克里斯托弗·哥伦布、卡斯蒂利亚的伊莎贝拉女王和奥斯曼帝国的苏莱曼大帝，都是家喻户晓的人物。而德意志的独臂贵族葛兹·冯·贝利欣根或精明的英格兰羊毛商贩约翰·赫里蒂奇则不那么有名。他们都能帮助我们更好地了解那个时代，明白其中的利害与得失。

把这些改变说成积极改变，说它们属于一个更宏大的英雄诗篇的关键高潮并非难事。说到底，它们直接影响了工业革命，之后才有了我们现今的世界。我们总愿意相信自己生活在最美好的世界，起码算得上很不错的世界；而一旦将这些转变与大大小小的真人结合，我们就会明白这些转变不一定都是好事——甚至大部分都不是好事，起码就当时来说是如此。探险之旅导致大量人口被奴役、灭绝种族的征服以及对整个大陆的掠夺。国家力量的增强使国家能够对百姓课重税，好为耗时更长、更具摧毁力的战争筹资，无数民众因此生灵涂炭。印刷术激起了信息革命，但是它促成的宗教改革导致几代人的恶性宗教冲突，死亡者不计其数。即便我们接受了创新和进步的过程中出现一定程度的创造性破坏是在所难免的，但破坏终究是破坏。

这些代价不能略而不计。资产负债表顾名思义，既要记录资产，也要记录负债。在对待世界历史的这一重要阶段时亦应如是，这一时间段在很多方面给我们奠定了基础，积极和消极兼而有之，因此才有了今天的世界。

第一章

克里斯托弗·哥伦布与探险

1493 年 3 月 4 日

狂风有如刀割,吹打着小船的索具。来自东南偏南方向的风将它的三角帆满满吹起,让残破的船身在东大西洋的惊涛骇浪中挺进。3 月初本不应该是在大洋上航行的季节,尤其这是水手记忆中最严酷、最危险的冬天即将结束的时刻。眼看着伊比利亚半岛四周颠簸的海面上已沉没了不少船。但经过几个星期与劲风的周旋之后,"尼娜号"终于快要回家了。

不远处那繁忙的港口已进入眼帘,似乎就近在咫尺,站在后甲板上的船长正用深陷的眼窝中疲惫的双眼急切地想把眼前这座城市的一切都看个够。他的年龄在 40 岁上下,经历了几十年的烈日曝晒和无数次海上盐风的吹打,遭受了从西非赤道海岸线的炙烤到冰岛及北大西洋的凛冽寒风后,他饱经风霜的脸上已布满革状皱纹。他究竟姓甚名谁,则取决于他所到之处:在他自己的老家热那亚,他叫克里斯托弗罗·哥伦布或克里斯托法·哥伦布,而在西班牙和葡萄牙则叫克里斯托瓦尔·科隆。受过教育通晓拉丁文的人则管他叫克里斯托弗罗斯·哥伦布。

哥伦布从西班牙安达卢西亚的一个小港口帕洛斯率领三艘船出发，已经是7个月以前的事了，这一路的艰辛真是一言难尽。一开始他们往南走，沿非洲海岸线到了加那利群岛，哥伦布对这段水路知之甚详。他起码有过一次南行经验，对这一带的风向和洋流都十分熟悉。随着西班牙和葡萄牙的船从加那利群岛和西非大河流域带回越来越多的宝贵货物和人力，来往于这些航道的船也越来越多。

哥伦布的突破性想法靠的就是大量实际航行累积的经验：往西横渡大西洋就必须借助东风。他确信东风将能助他走上获取亚洲财富的捷径，而加那利群岛附近的东风最可靠。

基于这套不怎么成熟的理论，哥伦布和他的船员们跨越了欧洲人的航海知识极限，一路往西驶向了未知世界。6个星期后的1492年10月12日，陆地在望。他们在加勒比海的巴哈马群岛或特克斯和凯科斯群岛登陆，以后3个月的时间里，哥伦布一直在新大陆岸边游走，标注了古巴和伊斯帕尼奥拉岛的海岸线后，才转而向东横渡大西洋返回。他深信自己抵达的是亚洲海岸。

当然，他错得十分离谱，但他的这次航行还是改变了以后的历史。此后几十年间，旧世界的疾病重创了新世界的人口。西班牙征服者推翻了印加帝国和阿兹特克帝国。财富源源不断流入西班牙王室财库，给横跨四个大陆的帝国事业提供资金。

所有这些在"尼娜号"艰难地驶入里斯本城外的雷斯特洛港的那一刻，还都是无法知晓的未来。一个月以前，亚速尔群岛附近的一次风暴把船队剩余的另一艘船"平塔号"与"尼娜号"打散了。据哥伦布日志的记载，另一场更厉害的风暴是一场"似乎能把轻帆船（caravel）卷入空中"的邪风，它迫使"尼娜号"在此靠泊。此地正好是葡萄牙里斯本的门户塔霍河的出海口，而不是隶属西班牙伊莎贝拉和斐迪南王室的城市。不过，这座葡萄牙港口比塞维利亚或巴塞罗那更接近迅速向外扩张的欧洲的中心。[1]

不论他们目前的雇主是谁，在里斯本所代表的欣欣向荣的世界中，哥伦布和他的船员均可谓典型人物。与他们的葡萄牙同行一样，驱使这位热那亚水手驶入惊涛骇浪的大西洋水域的，并不是探险的梦想，而是对利润的无尽贪婪。

投资商人与有兴国大志的王室成员合力促成了哥伦布和他的同行的远航。像"尼娜号"这样的船不是凭空出现的，专业船员的薪酬或沿着甲板架设的昂贵大炮同样也都不是变出来的。这些人和东西都要花钱，而钱则由金融家和王室利益集团联合承担。只有投资商人才有现成的资金支持探险，只有王室才有能力给金融家所需要的垄断权提供保护和保障。

经过两百年打造而成就的这个时代是人类历史上全球世界的真正开始。这个转变说起来更多是羽毛笔在账簿上沙沙书写、王室要员同严肃的意大利金融家对话以及信用证和商业合同的故事，而不是有名的探险家大无畏地凝视未知远方的故事。15世纪90年代，随着大量新资本的涌入，原先试探性的航行在一夕之间变成了全球性商业活动。

往大西洋扩张的根源

海水的咸味，混杂着中世纪晚期城市排出的人及牲畜的污秽腥臭，给刚刚驶入港口的船进行了洗礼。教堂钟声响起，空气中也传来港口内多家繁忙的造船厂的敲打声和锯木声，以及小贩叫卖马拉盖塔椒和刚打上来的鱼的声音。擅长铸造炮管的德意志冶金高手在冬末的寒风中瑟瑟发抖，他们旁边就是从几内亚沿岸带回来的非洲奴隶和手指上沾带墨迹的佛罗伦萨放贷人。所有人都坠入这个以营利为目的的金融网络之中，有的是出于自愿的，有的是被迫的。

这座城市在 150 多年来一直是从陆地往南探索鲜为人知或未知世界的主要出发地。渐渐地，配备了加泰罗尼亚、热那亚和葡萄牙水手的舰船就自然而然出现在摩洛哥的繁华海岸线上。伊比利亚半岛西南约 1 200 英里*之外就是加那利群岛。古罗马人是知道这个地方的，但他们中世纪的后人不知道其存在。对于 14 世纪 30 年代发现该群岛的热那亚探险队和不久后得知其发现的欧洲人来说，那里既新鲜又刺激。这一发现带动了一系列新项目，多数都以马略卡岛为基地，目标是南方的非洲海岸和更远的未知浩瀚。加泰罗尼亚的绘图专家和技能娴熟的地中海水手一起精心策划新航路，标注出危险的浅滩，并标明风向和洋流。14 世纪中叶，这一活动短暂休止，到了 1400 年，在法国在卡斯蒂利亚

---

*　1 英里约为 1.6 千米。——编者注

国王的授权下征服加那利群岛一举成功后，生意再度兴隆。[2]

15世纪最活跃的探险者当数葡萄牙人，被誉为"航海者"的恩里克王子（1394—1460年）则成了"地理大发现"时代（又称大航海时代）坊间故事中名过其实的主角。恩里克并不是那么高瞻远瞩的人物，能将落后的欧洲引领到全球前现代化阶段。15世纪的现实是，葡萄牙人对大西洋探险的兴趣早在恩里克成为家喻户晓的人物之前就已经存在了，葡萄牙的水手和舰船早已频繁地在西欧和北欧拥挤繁忙的港口现身。不过，恩里克在大西洋水域的多次探险活动的确代表一种更广泛的趋势，而几十年后造就哥伦布的世界海洋活动正是由这种趋势打下了基础。

当时的大环境中有一点最为突出，即明显唯利是图，为了获利使用暴力亦在所不惜。强烈的宗教情感，亦即"圣战"的概念，与侠义骑士的理想给他们织就了一张以流血换取财富的画毯。早期的大西洋探险者，不论是恩里克王子还是日后哥伦布带领的团队，都绝非前往遥远未知水域寻找新知识的大胆无私的探险家。他们的世界是暴力与生意的世界，是宗教战争与竞逐利润结伴而行的世界。

这就是最终让哥伦布崛起的大西洋冒险世界的一大特点：恩里克王子以侠义骑士自居，对于击败穆斯林的热情不亚于十字军。而同时他又是目光敏锐的投资人，凡有潜在的赚钱机会，他都会插一脚。他有前往大西洋闯荡的浓厚兴趣，而这正好与他对利润的渴望不谋而合。恩里克家中有一大群对他个人效忠的追随者，这些人并非他的王室直系亲属。恩里克的家业成了这类交互往来活动的孵化器,是这张营利投资网的中心,而网络的外围则与商人、船主、金融家和贵族相连。[3]

通常针对穆斯林的海盗行为也是其中一个赚钱的买卖。它是恩里克麾下的骑士和一般葡萄牙贵族的暴力宣泄口,同时也让他们收获满满。这就是人们所称的"海盗行业"(corsairing),西地中海经常出现这种微不足道的战事。海盗对打劫对象并不挑拣:基督教国家的船也可以下手,只需硬说这些船与穆斯林搞贸易就行。

至于是否真有其事,那也是他们说了算。比如在 1426 年,一个叫弗雷·贡萨洛·韦柳的船长驾驶着恩里克王子拥有的一艘船,就曾企图打劫另外一艘基督徒的商船。贡萨洛·韦柳本人不但是基督徒,还是军事-宗教组织"基督骑士团"(Order of Christ)的一员。韦柳最后打劫失败,他和手下海员悉数被捕,被带到了巴伦西亚港。可最后,除收到阿拉贡国王的一封严厉谴责的信外,韦柳和恩里克王子都并没有受到任何惩罚。可见只要能捞点外快,众人对公海上的暴力行为并不介意,所以早期大西洋的航海历史上此类事件才层出不穷。它是这个动荡不安时代的基本组成部分。[4]

同样,与穆斯林相遇时的那套骑士和十字军运动的话术,又可以用来给抢夺加那利群岛提供借口:恩里克家中的一些人曾带领一支全副武装的远征军,号称要让加那利的异教徒"皈依"基督教。他的传记作者彼得·拉塞尔写道:"在恩里克的话语中,'皈依'与'奴役'这两个词是通用的。"这种把新遇到的非基督徒既当成传教对象又当成潜在获利来源的做法,在刚刚被发现的大西洋世界中产生长久的灾难影响。70年后,哥伦布在新大陆对待当地人时,这种态度再次显现。[5]

就在恩里克赞助的征服加那利群岛的努力屡遭挫败之时,他的海盗行为依然继续,他麾下的其他远航船队仍沿着西非海岸不断南行。西北非似乎一望无际的撒哈拉沙漠的沿海地带构成了不可逾越的障碍。摩洛哥南部偶尔还能见到的房屋聚落和巉岩突兀的海湾,全然消失于无形,一重接一重的沙丘一直延伸到海边。阵阵炽热的疾风忽地吹起,随时可能会将轻帆船直接刮到凹凸不平的岩块和礁石上,一旦船体被拉出大口子,船员只有在千里之外的异国他乡坐以待毙。

1435—1436年,由恩里克直接出资、家族企业其他成员领导的多次航行都负有双重使命,一方面是谋取利益,另一方面是绘制这片荒无人烟地区的海岸线。多次航行除了通过穆斯林中间人买了奴隶外,并没有多少直接利益。让他们锲而不舍的是他们一直有的黄金梦。

当时的欧洲人有一个模糊但基本正确的认识,即黄金应该来自非洲大陆的更南端。之所以说模糊,是因为他们并不知道非洲的模样,而基本正确是因为到达欧洲的黄金绝大部分确实来自撒哈拉沙漠另一端的西非。黄金在什么时代都值钱,在15世纪上半叶尤其如此。欧洲正逢长期的贵金属短缺,尤其缺少黄金和白银。欧洲的矿藏已开发殆尽,与东方的贸易又产生了居高不下的贸易逆差,造成严重的贵金属短缺。[6]

当时的西欧在经由中亚和中东的商路与非洲、印度洋和东亚进行交易的长途贸易网络中,还处于落后地位。它没有可供出口的贵金属或值钱的香料,它批量生产的布匹在世界另一端需求不大,伦敦和巴黎并未出现大量卡利卡特(今称科泽科德)和撒马尔罕的商人。这就是西欧轻帆船竞相前往(对他们来说的)未知水域而同样或更好的中国帆船或印度的单桅三角帆船不会前去西欧探险的最主要原因。

恩里克麾下的葡萄牙人向南挺进的主要驱动力就是寻找黄金,想一夜暴富。他们沿海岸线徐徐前行,就进入了早已与地中海,特别是与位于马格里布和埃及的伊斯兰国家联系颇深的、先进而复杂的商业世界。当地的商贩对于从马里到摩洛哥、开罗甚至更远的商路沿线所能交易的各种东西——包括布料、铁、铜、玛瑙贝等货物及贵金属——都进行了保护。还有一项已行之数百年的大宗买卖,就是贩卖人口,葡萄牙人很快意识到,眼前唾手可得的商品不是黄金,而是人。[7]

早年贩卖奴隶的利润让他们得以在 15 世纪 40 年代和后来不断投资,恩里克因此获得了撒哈拉地区沿岸有名的海岬博哈多尔角以南的贸易垄断权。恩里克麾下的一人曾领导一支远征军进行劫掠,在抓捕并奴役非洲人时,发现了塞内加尔河的河口。15 世纪 50 年代,进一步的远征基本上都承包给威尼斯和热那亚的商人冒险家,他们继续南行,曾抵达今日的几内亚比绍。[8]

以后几个世纪,恩里克的声名享誉欧洲,基本上就是因为他在 15 世纪 50 年代曾请人给他写了一部编年传记,其中几乎将他比作圣徒。"王子大人，堪比神明！讴歌善行，责无旁贷，然走笔纵横，或有不逮，尚请海涵。"作者这番话就给整个文章定了调。具有讽刺意味的是，葡萄牙航海的规模和野心都是在恩里克于1460年死后才迅速膨胀的。[9]

费尔南·戈梅斯与早期大西洋的投资商人

1469年，原属恩里克的所有王室垄断权租给了有后台的里斯本商人费尔南·戈梅斯。戈梅斯利用垄断权大肆剥削。他凭借政治人脉和资本渠道，开创了早期大西洋世界的发展先河。

尽管在早期大西洋扩张的关键时期占据重要地位，戈梅斯仍然是个神秘人物。他没有留下多少生意记录，仅存的记录也残缺不全。然而，他的故事能直观地说明，一心追逐利润的大西洋世界是如何催生出哥伦布这样的人物的，也能反映15世纪末的金融网络是如何给这些以营利为目标的航行提供资金和激励的。

戈梅斯是葡萄牙人，与国王阿方索五世的家族关系密切。非洲贸易并非自由市场。戈梅斯出身下层贵族，是一名绅商，显然是靠他与王室的关系租到了垄断权；对于手头经常不宽裕的国王来说，这就意味着一个固定的现金来源。他只花了20万里斯*——相当于25个奴隶的价钱——就租到了这个权利，尽管享

---

* 里斯，葡萄牙及巴西的旧货币单位。——编者注

受赋税优惠,他还是经常拖欠付款;可是1473年,葡萄牙王室又以极其低廉的价格让他租下了马拉盖塔椒的贸易垄断权。戈梅斯的关系线还不只直通王室,在里斯本各大富商家族中戈梅斯也算是赫赫有名。他娶了侨居当地的佛兰德大商人马丁·莱姆的女儿为妻,似乎与里斯本商人群体的金融关系十分广泛。[10]

里斯本商人和金融家中有像戈梅斯这样的葡萄牙人,也有外来人口,如戈梅斯的亲家。意大利各大城市,如佛罗伦萨、威尼斯、热那亚等,在此都有驻地代表。这些外来的商人团体在内部互相做生意,他们以家庭亲情为纽带,十分团结,并与自己遥远的家乡保持联系。外商团体之间也有生意来往,从各自的关系网汇集资金,尝试多种营利的事业。对于信贷、投资和风险,大家的理解都十分接近,故能合作无间,各方也都信赖允许他们生意操作的制度框架。1456年,戈梅斯的岳父——佛拉芒人莱姆——希望获得软木的贸易垄断权,为此还与一位葡萄牙商人和几位热那亚人合作。[11]

这些地方性的商人有别于商人冒险家,他们自己多半是定居的金融家。他们有投资的钱,并且定期投资,瞅准每一个利益最大化的机会。他们汇集各方资本,合作项目越搞越大。戈梅斯的西非之行就是个好例子:从里斯本港口出发进行象牙、黄金和奴隶交易的船,有时一次多达20艘。有些船继续向南,他们边航行边绘制海图,并按合同要求找寻新的商机。戈梅斯的船深入几内亚湾,接着又往南越过赤道,增加了2 000多英里的详细航海知识。在他持有垄断权的1469—1475年这六年中,与戈梅斯签合同的船，在积累新知识方面比过去在"航海者"恩里克麾下快得多。

这类远航耗资不菲。单单是给一艘船准备从里斯本到几内亚湾往返6 000英里历经数月的航行就所费不赀，更遑论一个船队了。这类活动所需要的金融网络中必须有相当紧密的国际联系。赞助商都希望赚钱，戈梅斯和他的里斯本同行们也不例外；从伦敦到塞维利亚，西地中海和大西洋各大海事中心都有同样的商业和金融网络。

在这些金融网络当中，意大利侨商最为突出，尤以热那亚侨商最为典型。他们是给戈梅斯和许多其他冒险事业提供资本的合伙企业的基石，其赞助的也包括哥伦布的航行。热那亚本身地处半岛的转弯处，正是意大利与西边欧洲大陆大部的交会地，是地中海主要的商业及金融枢纽。热那亚的船在相邻的各海域频繁往来，从黑海之滨到黎凡特、伦敦和布鲁日都可以看到它们的身影。从12世纪开始，财富就不断地流入这座城市，因为它的长途贸易越来越赚钱，而长途贸易的背后总有一套复杂的金融工具和制度支撑。牢靠的商业合同、汇票和保险协议一起促成了一张分散的网络，将欧洲各地精明富有的热那亚商人悉数包罗在内。[12]

在威尼斯进行海外扩张，最终形成意大利帝国之时，佛罗伦萨统治着托斯卡纳腹地，北意大利的领土霸主则是米兰，而热那亚到15世纪下半叶都没有什么政治势力。热那亚的内部政治十分过时，充满暴力，几个寡头彼此竞争激烈，关系不洽。在热那亚与威尼斯1378—1381年的一次大战中，威尼斯几乎被征服。但不到15年的时间，威尼斯就恢复了昔日的海上雄风，热那亚却将自己交与法国君主以求一定的政治稳定。后来它又沦入米兰有权势的维斯孔蒂公爵之手，自此热那亚的殖民财产即流入不同的竞争势力手中。[13]

即便热那亚算不上地中海的政治势力大户，热那亚人在该区域的商业圈和金融圈的地位依旧蒸蒸日上。他们已经在地中海东西两岸崭露头角，在其他政体内部形成自治的小圈子和族群聚落。从突尼斯到里斯本，西地中海各大城市都有热那亚商人。定居在伊比利亚半岛的热那亚人分布在卡斯蒂利亚、阿拉贡和葡萄牙，尤以安达卢西亚的港口城市塞维利亚最为集中。他们与当地的上流社会人士通婚，尽量像变色龙一样与当地人难分你我。早期的大西洋航行需要人融资，而这些热那亚侨民都是一流理财高手。除了主要在东地中海活动而对西地中海和大西洋不太上心的威尼斯人外，在欧洲对海洋贸易以及资助海洋贸易有最深刻了解的，绝对是热那亚人。他们的筹资活动是打开大航海时代大门的钥匙。[14]

克里斯托弗·哥伦布的崛起

热那亚向外输出的并不只有不畏风险的商人和金融家，该城自然条件优越的深水港也培养出不少名噪一时、技术高超的水手和航海家。其中一人就在15世纪50年代初期诞生于此，他的父亲和祖父都是热那亚兴盛的织布行业的穷纺织工。他的意大利语名字是克里斯托弗罗·哥伦布，发迹以后的他一直力图回避自己的出身。

哥伦布早年就很想干出一番事业。像热那亚所有的男子一样，他知道出海是一条比较靠得住的致富爬升道路。寒微的出身让他感到很没面子，只要可能他总是想方设法遮遮掩掩，所以才有喜欢唱反调或热衷于阴谋论的现代评论家猜测他是卡斯蒂利亚人，是葡萄牙人，是犹太人，等等。其实这些都不对，他就是铁了心不让人知道他真正出身的人罢了。

哥伦布极度渴望成功，因此不免有自我吹嘘的毛病。他吹起牛来无边无际，相当烦人，几乎意识不到自己还有很多缺点和弱点。更糟的是，一旦意识到自己的缺点，他会奋力矫枉过正，这一点在他担任加勒比海新西班牙领地总督期间暴露无遗，也造成了悲剧后果。

不过话说回来，哥伦布确实是位技艺非凡的水手，也具备一定程度的实际魅力。他可谓天赋优异：在他的朋友兼传记作者安德烈斯·贝纳尔德斯笔下，他是个"相当聪明，可惜没怎么受过教育"的人。他的野心表露在他不识时务、大言不惭的自我吹嘘上——1493年回航后他在葡萄牙国王面前的表现就特别糟糕，也表露在他对自己的目标孜孜不倦的追求上，不论那是什么样的目标。[15]

他究竟是什么时候成为地中海的一名水手的，就像他早年的生活细节一样，谁也不清楚。他后来又屡屡添加自己过去的成就，使得这段史实更加模糊。难得的一份热那亚文献提到，他在1472年还不时地帮父亲做羊毛生意，但他第一次出海可能是在此前的15世纪60年代，也就是他的青少年时代。到70年代中期，他似乎已经是全职海员了，到过不少地方。要想知道他具体的航海经历和时间先后的确不易，特别因为他总是喜欢撒谎吹牛。不过，以后十年里，他似乎到过地中海和大西洋在当时可以抵达的最远端。

他去英格兰和爱尔兰时经受过北大西洋海域的惊涛骇浪，甚至还远航至冰岛。他曾往西到过刚发现不久的亚速尔群岛，那里作为生产蔗糖的中心，已成为一大财富来源。明矾是纺织业做大做强所必不可少的一种盐，而明矾贸易曾将他带往东边遥远的爱琴海上的希俄斯岛。在向南前往当时所知世界的尽头几内亚湾途中，他感受过来自撒哈拉沙漠的劲风的刺痛。

到15世纪80年代中期，这位热那亚水手已经累积了同时代人几乎无人能及的丰富经验。对一个热那亚水手来说，哥伦布的每一次航行单独来看都并不算特别出众：配备熟练水手的热那亚舰船和外国舰船经常从此地出发，沿着繁忙的大西洋海岸线游走，或前往北欧，或前往大西洋岛屿，或南行至西非。但若说当时有谁生平到过冰岛、希俄斯岛、几内亚等所有地方，他应该是绝无仅有的一个。即便把他吹牛的习惯考虑在内，他对自己的评价还是站得住脚的。他后来写道，"到目前为止，我航行过的每一个海域"，都是上帝"赋予我如此卓越的航海能力的见证"。通过这些历练，他累积了关于大西洋洋流和风向的实践知识，无人能敌。他也学到了这些远洋航行可以找谁出资，又该如何组织，这些航行虽说是例行性的，但融资和后勤过程都极其烦琐。[16]

可能就在 15 世纪 70 年代末,哥伦布决定定居葡萄牙。这位热那亚水手位于里斯本的新居,就在这个不断扩张、日益复杂的世界的最前沿。

1475 年,葡萄牙王室从里斯本商人费尔南·戈梅斯手中收回了贸易垄断权。我们几乎可以确定理由是伊比利亚爆发了内战,更具体地说,大家都在争夺伊比利亚半岛主要王国之一卡斯蒂利亚的令人垂涎的王座。我们会在下一章细谈这个主题,目前只要知道伊莎贝拉女王获得王位的过程远远谈不上一帆风顺即可。葡萄牙国王阿方索五世娶了他的侄女胡安娜为妻,而胡安娜也是声称有权继承卡斯蒂利亚王座的人之一。1475 年,双方兵刃相向,伊莎贝拉在夫婿斐迪南——阿拉贡的未来国王——的协助下得胜。[17]

随着伊莎贝拉的胜利(阿方索五世的失败),西班牙的兴国大业就此开始,它对哥伦布所参与的早期大西洋航海也有重大影响。葡萄牙人从未全部垄断对非洲的贸易;来自法国、佛兰德,尤其是卡斯蒂利亚的贸易运作者,曾一再挑战葡萄牙人的霸权,他们在加那利群岛的贸易最为成功。葡萄牙人认为只要他们交付必要的执照费,这样的投机性航行也可以接受。卡斯蒂利亚的王位争夺战将整个大西洋沿岸地区都卷入了战火。1475—1478 年,卡斯蒂利亚的船前往西非从事奴隶贩卖和贸易活动,并占领了佛得角群岛中的几个岛。但总的来说,葡萄牙人在海战中还是占了上风。葡萄牙在 1478 年几内亚附近海域的一场主要海战中大获全胜。1479 年的《阿尔卡索瓦斯条约》(Treaty of Alcáçovas)规定将加那利群岛让给卡斯蒂利亚,其余大西洋岛屿则归葡萄牙,西非贸易权将归属葡萄牙,当时已知世界之外的地域的贸易权亦然。[18]

这场海上冲突有两个方面值得关注。首先是卡斯蒂利亚王室和葡萄牙王室的参与程度。过去,葡萄牙国王只要对许可的航行收益或垄断费用抽成即可,阿方索五世却认为非洲贸易控制权必须归王室管辖,同时非洲贸易也是需要保护的税收来源。与此同时,卡斯蒂利亚王室的参与就没有葡萄牙王室的深。它只要对战争期间有许可的远途贸易抽成 20%,并希望取得所有大西洋岛屿:亚速尔群岛、马德拉群岛、加那利群岛和佛得角群岛。虽然伊莎贝拉最后只拿到了加那利群岛,但这一意向还是表明了她对大西洋冒险的兴趣明显大于过去。

其次,我们要关注的是规模。1478 年败在葡萄牙人手下的卡斯蒂利亚船队共有船 35 艘,每一艘都满载当时价值不菲的象牙、黄金和可供贩卖的人口。许多投资人的大量资金都押在货物上,卡斯蒂利亚王室只不过是其中一家,一旦船得以返回母港,投资人的收益肯定高得惊人。最先是戈梅斯,接着是葡萄牙王室,如今轮到卡斯蒂利亚人看到这样的冒险之旅能赚多少钱了。因为利润丰厚,哥伦布成了这场冲突的直接受益者。[19]

哥伦布的计划

由于大家对这类航行兴趣高涨,一直到 15 世纪 80 年代哥伦布还在从事航海工作。1478年他为热那亚一家实力雄厚的蔗糖贸易联盟"百人团"（Centurione）做代理人，曾冒着强风驶入马德拉群岛东端。蔗糖业利润丰厚（并且行情看涨），这也是这段时间他经常航行到亚速尔群岛和加那利群岛的原因。但哥伦布还去了更远的地方：1482—1484年在前往葡萄牙最新的贸易基地"圣乔治矿山"（São Jorge da Mina）时，他曾感受过几内亚沿岸闷热潮湿的天气，此行应该是为了象牙、黄金和奴隶交易。交易量逐年增加，商人金融家和葡萄牙王室获得的回报也不断增加。就在大西洋开放、钱财流动之际，哥伦布伺机一跃而成为炙手可热的人物。他娶了葡萄牙的一位没落贵族女子菲利帕·莫尼斯·佩雷斯特雷洛为妻，他们有一个儿子，取名迭戈，日后儿子就成了他的培养重点，哥伦布期望有朝一日子承父业。

15世纪80年代中期，哥伦布开始制订后来让他一举成名的计划。经验让他成了大西洋航行的专家。这些实际而又来之不易的知识是买不来的，此外，哥伦布还潜心学习了不少地理学和制图学的理论。新兴的印刷术对他的教育起了根本作用，它的普及使得没有受过多少正规教育的自学者也能获取高深的知识。他反复研读的著作都是印刷书籍，而不是早先的标准手抄本；这些来自勒芬、安特卫普、塞维利亚和威尼斯的书纷纷出现在哥伦布的小图书室里。

地理学，不论是实用的还是理论的，在哥伦布参与的早期大西洋世界中都是被广泛讨论和写作的话题。我们很快就能看到，葡萄牙国王若昂二世总有一批有学问的谋士随侍左右。托勒密等人的地理学古籍是人们在了解这方面基本知识时的必读书，哥伦布对它们亦了如指掌。新书他也不放过，特别是法国红衣主教皮埃尔·戴利在15世纪初创作的《世界宝鉴》(*Imago Mundi*)。他不但仔细研读，而且还像学生那样做旁注。他读过的那本《马可·波罗游记》有大约366个注，涉及从爪哇的香料、日本的珍珠到蒙古可汗训练猎鹰的设备，不一而足。哥伦布阅读书籍并不特别挑拣，但确实让他在实用技术之外获得了不少有用信息。[20]

前面提到的红衣主教皮埃尔·戴利可以说是对哥伦布的教育影响最大的一位作者。但直接导致哥伦布犯下大错的也是他，他让哥伦布误以为地球远比其实际体积要小。这一根本"认知"更因为当时佛罗伦萨的宇宙学家保罗·达尔·波佐·托斯卡内利的遐想而加强。托斯卡内利曾进一步辩称地球很小，大西洋也没那么宽。哥伦布对托斯卡内利并不陌生，因为后者曾于1474年写信给葡萄牙国王阐述过自己的观点。必须说明的是，尽管哥伦布的阅读习惯的确是对书籍不特别挑拣，但当时相信托斯卡内利观点的并不是只有哥伦布。不少在当时最知名的地理学家和制图学家都跟他犯了同样的错误。不过，没有人比他为这个错误付出的代价更大。[21]

15世纪80年代的某一天，哥伦布开始了向西进入大西洋航行的游说工作。他日后总说他对此行一向信心满满，凭他超群的智力，计划的细节早已成竹在胸。事实显然不是这么回事。他远航的目的地或许如他事后所说，就是印度，但也可能有其他目标：对跖地（Antipodes），人们一直假设存在的地球背面与欧亚大陆相对的大陆；他的目标也可能是其他像马德拉群岛和亚速尔群岛那样的大西洋群岛，这两处的开发已经让葡萄牙王室和热那亚蔗糖商人的财富大增，而哥伦布又曾担任过后者的代理人。

不过，为了推行他的计划，他需要先拿到王室的许可。伊比利亚的王室——葡萄牙的若昂二世，或卡斯蒂利亚和阿拉贡的伊莎贝拉和斐迪南——是最有希望给他许可的两个王室。

葡萄牙人的大西洋

哥伦布第一次与国王若昂二世接触大概在 1484 年。这是向葡萄牙王室鼓吹远洋探险的大好机会：若昂二世是中世纪晚期典型的有兴国大志的人物，亟愿加强葡萄牙中央机构的权力和财政保障。下一章我们会详谈这一进程。在这里需要说明的是，对若昂二世而言，为了成就兴国大业，王室必须参与并控制海外的贸易和探险之旅。之前王室只要从收益中抽成，而若昂二世打算由王室来指挥所有在非洲的商业活动。哥伦布应该在去几内亚湾时到访过"黄金海岸"，此处的"圣乔治矿山"贸易港的建立就是不折不扣的王室项目。[22]

见到非洲探险带来滚滚财源，若昂二世决定比商人戈梅斯的沿岸之行再多走一程。1482—1486 年，探险队在迪奥戈·卡奥带领下，曾有两次，更可能是三次穿过赤道抵达刚果河，并沿河而上，后来更往南到了今日的安哥拉和纳米比亚海岸。当时在非洲不断设置的贸易项目获利颇丰,进一步探险的建议更显得十分在理:如果黄金、象牙和奴隶在几内亚都如此丰富,谁知道再往南还会有什么发现呢?[23]

找寻贸易机会只不过是所费不赀的探险之旅背后的原因之一,还有不少其他因素也在考虑之列。正在进行的对伊斯兰世界西部据点北非的争夺就是其一。数百年来一直有这样一个传说:在穆斯林的领土的另一边有一位出没不定、有钱有势的基督教国王,祭司王约翰。如果能同这位神秘君王联络上,或许就能一举平定伊斯兰世界,圣城即可重回基督教怀抱——这反映了葡萄牙王室血脉中流淌着的"救世"使命感,特别是若昂二世的继任者曼努埃尔一世的想法。另外一个因素就是简单的商业考虑了:印度是价格高昂的贸易品的来源地。香料的需求量一直很大,而有能耐的商人都知道埃及和奥斯曼帝国等伊斯兰国家阻挡了这些货物的直接流通,他们作为中间人从中收取了高额费用。如果能绕过他们直接联系来源地,这个商机的价值将是无法估量的。[24]

往南寻找非洲的末端,最终会把他们带到印度,但哥伦布还有一个选择:如果大西洋果然像他认为的那么窄,世界果然比较小,那么西行航线不但可行,而且更可取。因为在接近香料来源前无须长期忍受艰苦的南行之旅,朝红日西沉的方向驶去,印度应该就在地平线那端的不远处。

我们猜想,哥伦布就是用这些话来游说若昂二世的。可是葡萄牙国王没有上钩,理由有二。首先,若昂二世身边的航海专家和地理专家觉得他这个项目不靠谱。其次，若昂二世觉得哥伦布这个人自以为是，不招人喜欢，特别是他要的赏钱太高。若昂二世宁可用他自己的人——如迪奥戈·卡奥——进行这类探险，当然将合同分包出去也不是绝对不可以的。事实上，几年后他就授权身为佛拉芒人的航海家费迪南德·范·奥门往西探险，与哥伦布提出的计划很类似，不过他并未出资。总之，很可能是卡奥之行的成功和若昂二世对哥伦布的厌恶，把葡萄牙支持热那亚冒险家的希望搅黄了。无论如何，不久，若昂二世就开始了一个比哥伦布的建议更有雄心壮志的探险之旅。此行的指挥是巴托洛梅乌·迪亚斯，他们成功绕过好望角，于1487年和1488年进入印度洋的最南端。东方的财富已近在咫尺。[25]

找寻赞助人

不过，哥伦布还有其他选项。西班牙的两位君主，卡斯蒂利亚的伊莎贝拉和阿拉贡的斐迪南，也都在寻找对海外进行风险投资的机会。他们曾在1475—1479年内战期间多次发放远航许可，15世纪80年代晚期还曾支持对加那利群岛的最后一次征服战。哥伦布于是混迹宫廷，建立起对他自己及其计划的支持网。这一过程十分漫长，挫折不断，但哥伦布从来都不怀疑自己最终定能成功。他如此锲而不舍，终于如愿以偿，既得到了赞助，也争取到了资金，这是美洲发现之旅的两样必备要素。最终，使他的航行成为现实的是政治和金融两方面的支持,而不是他广博的、为人称道的地理知识。[26]

有关哥伦布计划的故事曾多次被描述为一幕幕不屈不挠的英勇场景:计划惨遭若昂二世专家团队羞辱性的拒绝;见到西班牙天主教的君王时,出身卑微的热那亚纺织工之子应对得当,让欧洲最伟大尊贵的王室人员对他的才干、他的正义事业佩服至极;这些有远见的王室成员在洞悉可能性后决定支持此次冒险,世界的面貌从此为之改观;他在充满异域风情、刚刚被征服的摩尔人的城市格拉纳达遭伊莎贝拉斥退,灰心丧气之余正打算离开该城,前往法国或热那亚,不承想在离城后被王室使者赶上,来人告诉他,女王改变了主意。

这些小道消息读起来津津有味,却与事实相距甚远。真相是此人立志攀高枝,坚持不懈地用他那三寸不烂之舌在政界和金融界拉关系,钻营长达六七年;而统治者日理万机,只能偶尔抽空听听他的推销话术。

哥伦布混入宫廷也是渐进式的,他一步步挤进本来已经对大西洋冒险感兴趣的众多官员显贵和金融家构成的网络中。有些人的兴趣缘于他们心怀最终打败穆斯林、夺回耶路撒冷的末日"救世"情结,还有顺便强迫异教徒皈依基督教的希望;而更多的人则是想在新地点追求荣誉和骑士精神。我们不能小看这些想法的价值,哥伦布就坚信这一论调,并知道它具有说服力。最后还有一些人的兴趣就纯粹是商业利益了:他们是想运用资本获取回报的各式各样的投资商人。以后我们会看到,这些人并不相互排斥，也并不是只能在斐迪南和伊莎贝拉的宫廷里见到。其实，葡萄牙和西班牙的整个大西洋扩张计划多少都是他们合作无间的成果。

最后是好几个团体，包括上述所有利益集团的共同努力，让哥伦布最终克服万难，率领"尼娜号""平塔号""圣马利亚号"于1492年出了海。他与伊莎贝拉和斐迪南的子嗣，即有些迟钝、能力平庸的阿斯图里亚斯亲王胡安关系比较近，于是他有了入宫的后门，也有了可以为自己的计划说上话的人。他的关系网中最重要的人物当数弗雷·迭戈·德萨，此人当时是亲王的老师，后来又做过主教、西班牙宗教裁判所的领导者和塞维利亚的大主教。胡安亲王身边尽是日后大权在握的显贵，有贵族也有神职人员。多年的摸爬滚打后，哥伦布期盼跻身贵族行列的雄心有增无减，他决心充分利用这些特殊关系往上爬。

另外一伙人则以同在安达卢西亚的帕洛斯港为中心。长期以来帕洛斯都是风头远逊于附近塞维利亚的无名小城，但在15世纪末的一段短暂时间内，它是刚刚起步的大西洋探险的枢纽。这座小港口城市的船和水手都曾在1475—1479年的卡斯蒂利亚王位争夺战期间参与过卡斯蒂利亚的贸易、贩奴和海盗生意，介入颇深，但运气不佳。虽然生意做得不成功，但帕洛斯倒是有不少航海经验丰富的水手。所以，哥伦布第一次命运多舛的远航就以它为母港。

最后一个支持哥伦布的关键团体是1480年最终确保了征服加那利群岛的金融家和贵族联盟。这伙人在大西洋冒险之旅中已经做了大量投入，他们的中心人物是卡斯蒂利亚的财务官阿隆索·德·金塔尼利亚。金塔尼利亚拉进了两名热那亚商人——弗朗切斯科·皮内利和弗朗切斯科·达·里瓦罗洛，以及佛罗伦萨的詹诺托·贝拉尔迪和安达卢西亚的梅迪纳-西多尼亚公爵。这些人的生意据点都在加那利冒险的出发地塞维利亚或附近，钱就集中在这里，所有人都是投资老手。热那亚的富商都抱团，彼此关系紧密，也与散居地中海各地和宫廷内的热那亚人联系。贝拉尔迪做过美第奇银行塞维利亚分行的代理人，自己也有事业，他从西非进口奴隶到里斯本再卖出。金塔尼利亚找到了这群人，并把他们拉到一起为征服加那利群岛投资。他给哥伦布也做了类似安排，找的人基本相同。

另外一个关键投资人与过去在加那利的冒险无关，他是阿拉贡的财务官员、金融奇才路易斯·德·圣坦杰尔。最后把不同来源的资金汇总，为哥伦布远航付钱的就是圣坦杰尔。[27]

航行所需资金约200万马拉维迪，相当于地方中等贵族一年的收入，这确实不少，但谈不上惊人。比如1491年圣坦杰尔就曾借给西班牙王室1 000万马拉维迪以支付各种花费，而当时征讨格拉纳达的摩尔人所需的贷款是它的16倍。这笔钱肯定不需要像故事里说的那样，得让伊莎贝拉女王典当珠宝来换取。即便与其他海上远征相比，如里斯本商人费尔南·戈梅斯有20艘船的船队，或15世纪70年代卡斯蒂利亚对西非的远征，所需金额也不算大。然而，这么多的钱也不可能凭空变出来。两位天主教君主还得资助其他花钱的项目——格拉纳达的最后征服。即便他们介入哥伦布远航项目的性质就是出钱,也不可能轻松地拿出这么多钱,更何况他们的参与性质有别于此。[28]

凑钱的过程让我们看清了整个商业投资世界及其背后的支撑。哥伦布要首先垫付四分之一,即50万马拉维迪。显然他没那么多现款,所以金塔尼利亚就找了塞维利亚的商人联盟提供。另外四分之一资本来自帕洛斯,帕洛斯还提供了两艘船。帕洛斯的渔民和商人已经逃税多时,两艘小的轻帆船"平塔号"和"尼娜号"就算是以物抵税。总费用的一半,100万马拉维迪,外加哥伦布的工资14万马拉维迪则由斐迪南和伊莎贝拉承担。王室一下子也拿不出这么多现款,于是路易斯·德·圣坦杰尔就利用差不多相同的金融网络,找了在塞维利亚的热那亚金融家给金塔尼利亚提供了一笔短期贷款,弗朗切斯科·皮内利是其中关键人物。为还上这笔贷款,圣坦杰尔在埃斯特雷马杜拉搞了一场销售赎罪券的活动。只要付费即可洗脱罪行,并能获得一纸凭证。销售收入扣除印刷费后均上交王室,然后再还给热那亚的金融家。圣坦杰尔这个活儿干得很漂亮,哥伦布也是这种国家与金融界既有关系网络的受益者。[29]

关于计划的这一部分,哥伦布也并非对钱财之事一概不懂,整日埋头看书、钻研地图的理想主义者。作为热那亚海员,他知道一直在给他所生活的商业冒险世界注资的正是这类投资同业联盟。他成年后的生活就围绕着大西洋转,而这类航行在大西洋也十分常见。他自己也没少参与,包括为"百人团"蔗糖贸易联盟前往马德拉群岛和其他大西洋岛屿,还有几内亚湾沿岸。其实，很可能就是因为他有这样的背景，投资人才愿意对他下这个赌注。他了解需要多少资金，知道不同支持者需要什么样的投资回报。哥伦布对这套游戏规则是知晓的。

哥伦布的最终命运并不取决于哥伦布本人，而是一系列不如他醒目的人物：在政界长袖善舞的七旬老翁金塔尼利亚，此人在王室与塞维利亚投资商人之间起了桥梁作用；想出聪明办法生财，还清投资人短期贷款的金融天才圣坦杰尔；还有许许多多头脑清醒、众多赚钱营生都少不了他们的意大利金融家。最后，哥伦布远征的成功就是在拥挤的会计室里精打细算的账单上，和对雇员大吵大嚷的命令声中确定下来的。商业合同和借条、手写的信用证和印刷机里涌出的数千张赎罪券、有钱有势的人在宫廷偏房及装潢讲究的商人住所里的对话，就是它们促成了哥伦布的探险之旅。

哥伦布的航行

哥伦布的第一次出航为时甚短。从他离开帕洛斯到返回里斯本只有7个月，比起15世纪80年代葡萄牙探险家迪奥戈·卡奥和巴托洛梅乌·迪亚斯饱经风霜的旅程，简直就是小菜一碟。但哥伦布回来后发生的事与航行本身同样重要：他在国王若昂二世面前吹嘘自己的大发现，国王气得差点儿拘留他，并且拒绝让他回到母港帕洛斯。不难想象，缺乏自知之明又自我感觉良好的哥伦布一定又在夸夸其谈，他还真以为自己到了"东方印度洋"的边缘。更重要的是，他曾给西班牙方面写过信。该信初成于2月15日他还在海上的时候，1493年3月4日到达里斯本后，他又在信上加了一段话。

就是这封他写给伊莎贝拉和斐迪南以及金融高手路易斯·德·圣坦杰尔的信，使得哥伦布和他的大发现声名大噪，从此开始了至今仍有人传唱的"神话"故事。这封信很快就传开了，被多次印行，人们对哥伦布本人及他所到之处的看法也因此永远被定格："承蒙救主给我们最显赫的国王与女王，给他们最卓著的王国如此崇高的成就，这是值得基督教世界众人欢庆之事，应为此感谢圣父、圣子、圣灵，许多人将皈依基督教，物质恩泽将使我们振奋与获利，我们应为此欢欣雀跃，虔心祷告。"[30]

这可以说最好地诠释了新兴的大西洋探险之旅背后的驱动力和活力。它将冒险的功劳归于王室，而那段让人皈依基督教的含糊赞美则成为支撑探险的理由。所有这些探险的目标及为此运作、出钱出力的背后，是大家对投资回报的期望，一切尽在不言中。其实，哥伦布与王室之间原先的合同只谈到贸易权利和对领土的控制，对传教的使命只字未提。[31]

看到哥伦布带回来的为数不多的黄金和其他高价商品后，大家纷纷为随后的探险之旅投钱，经过一个夏天的准备，17艘船立刻就要浩浩荡荡地驶往亚美利加洲。

为了不让这回探险的花费打水漂，哥伦布此时产生了一个主意，他要比照葡萄牙人在西非的做法，大规模奴役当地人民。此次航行中,哥伦布及其下属使用的手段十分残酷,包括对土著人口的极度剥削,也给以后所有西班牙人的美洲之行开了恶例。

葡萄牙人到印度的突破

到哥伦布1498年的第三次航行时,葡萄牙人终于突破了十年前卡奥和迪亚斯发现的航线。哥伦布发现的显然不是印度,而对葡萄牙人而言,真正的印度的无限利好已然在望。我们并不清楚为什么他们等了这么久才追随1488年迪亚斯环绕非洲的脚步继续往前;最可能的理由估计是国王若昂二世忙着处理其他更紧迫的事,诸如继承问题、与卡斯蒂利亚及阿拉贡的紧张关系、与葡萄牙贵族之间不间断的矛盾等。有的葡萄牙人对王权实力扩张不满,主张加以限制。海外扩张给王室膨胀的野心提供了资金,使各方因这个更大的问题发生了龃龉和冲突。[32]

同时,国王若昂二世在非洲的既有斩获非常赚钱。葡萄牙王室在1487—1489年每年可因此获得黄金8 000盎司(约227千克),足以铸造价值近6.4万威尼斯杜卡特的金币。这个数字已经不小,然而在1494—1496年,其收获又进一步增加到22 500盎司(约638千克,值18万杜卡特)。这些数字还不包括其他大笔收入,如佛罗伦萨商人马尔基翁尼在1487年为贝宁的经商垄断权支付的110万里斯。这笔钱是1469年费尔南·戈梅斯的非洲贸易垄断权价格的5倍。数字本身固然重要,更重要的是我们由此可见葡萄牙这些年活动骤增。[33]

1495年若昂二世逝世。因无子嗣，王位由堂弟曼努埃尔一世继承。他比这段时期的任何葡萄牙国王都更热衷于包抄伊斯兰并一劳永逸地击败他们的末日"救世"想法。只要能航行到印度，就能在这场战争中开启新战线，或许还能找到盟友，比如传说中信基督教的祭司王约翰。对曼努埃尔一世和他小圈子里的人来说，这些想法绝非无稽之谈，而是1495年以后恢复长途探险之旅的最大原因。不过，葡萄牙的贵族们却极力反对，认为风险太高，他们也担心探险收益将会进一步强化王室地位，于己不利。[34]

内讧和争吵的结果就是葡萄牙派了一支较小的远征船队，包括4艘船外加148~170人，领队人选是一个折中的结果，与有权势的贵族派系和曼努埃尔王室都有关系的瓦斯科·达·伽马。在葡萄牙精英内部纷争不断的情况下，船队规模也不可能再大了。4艘船上配备的全是在大西洋航行和经商的老手，比如其中一艘船的领航员就曾参与15世纪70年代早期费尔南·戈梅斯的航行。与其他同类探险之旅一样，部分资金也来自意大利的商业利益集团。其中一艘船"贝里奥号"就完全是1487年买得贝宁通商垄断权的马尔基翁尼出资的。不管曼努埃尔一世和他的谋士们的目的是不是围攻伊斯兰世界，商业利益依旧是为探险提供资金和装备的一个主要动机。

1497年7月8日，达·伽马的小船队从里斯本和塔霍河的河口出发。这一走就是两年，直到1499年9月来回行驶了20 000多英里之后才趔趄地回港。达·伽马和他的同胞在这次远航途中的发现与哥伦布的一样惊天动地,短期来看,成就甚至超过哥伦布。达·伽马开通了一条直通印度的航线,找到了最赚钱的世界贸易系统切入点。

印度洋贸易网络大致呈三角形,印度居中,西连东非海岸,东连马来半岛。从这里它的触角甚至可远及泰国湾、中国南海和红海,并深入非洲和亚洲内陆。印度洋提供了大量奢侈品,如豆蔻、肉桂、姜、胡椒、黄金、珍珠、丝绸,都是相对贫穷的欧洲求之不得的货品。欧洲的贫穷从达·伽马在卡利卡特用于交换奢侈品的蹩脚货中即可一目了然:毛布、十几件外套、六顶帽子、一袋糖、六个盆、两桶变了味的奶油、两桶蜂蜜和一些珊瑚。这有点儿像提着两袋褐色土豆和一口袋零钱走进苹果手机专卖店。不过达·伽马还是想法子获得了足够的香料,让他不虚此行。有人估计,此次航行所获利润是最初投入资金的6倍多。[35]

马尔基翁尼也在这次探险里投了钱,估计应该是赚得盆满钵满。其他投资人纷纷加入,所以紧接达·伽马之后的远航规模就大多了。他们于1500年3月,即达·伽马回航后的6个月,从里斯本启程,共有13艘船,船员超过1 500人。马尔基翁尼的行会给这次远航提供了一艘最大、装备最好的船,该船1501年回港时沉甸甸地堆满了胡椒、肉桂和其他香料。这个行会立即在同年支持又一次远航,这回完全是私人航行,一共有4艘船,领队是若昂·德·诺瓦。它们回来时同样满载香料,给所有投资人再次带来厚利。[36]

葡萄牙王室每年必定派船出海,而且规模越来越大。马尔基翁尼继续为远航投资,其他商人也是如此:里斯本一位出身名门的女富商卡塔里娜·迪亚斯·德·阿吉亚尔曾多次对印度洋船队投下重金,包括1503年的那次。葡萄牙许多贵族亦然。投资商人与贵族通过联姻和长期的商业联手使关系变得紧密,特别是在里斯本。贵族的地产很容易就能变现为海外远航投资的资本,这种现象到16世纪初已屡见不鲜。后来航行的资金来源就更远了,因为人人都想参与其中:德意志奥格斯堡的富格尔家族是欧洲最富有、最有权势的银行业主,他们就给1505年的航行投了不少钱。同年,还有一些由德意志投资商人组成的联盟提供了大量资金。

尽管这类冒险赚了不少钱,定期远航的背后除了做生意还有别的考虑。曼努埃尔一世并没有忘记一举击溃伊斯兰的长期目标。领导和参与这些航行的贵族对海盗行为——带点儿"圣战"色彩、主要针对印度洋的穆斯林商人及其口岸的"合法"劫掠——要比和平通商更感兴趣。其中一次尤为粗暴的行径更给后来的接触造成恶劣先例,达·伽马竟然纵火焚烧了他在海上俘虏的无助的穆斯林商船:据目击证人记载,"舰队司令〔达·伽马〕残酷无情地将整条船连同船上的人付之一炬"。烧烤人体和灰烬的气味就是葡萄牙人来过的不祥征兆。到1511年,葡萄牙舰船的暴行已遍布西起红海东至马六甲的大片区域。从非洲的莫桑比克到波斯湾的霍尔木兹海峡,葡萄牙人用斩首、毁尸、绞杀和无处不在的大炮轰鸣闯入了印度洋的贸易世界。[37]

由投资商人协会资助的船在寻找香料贸易利润的同时干起坏

事来也很带劲儿。1502年马尔基翁尼和其他投资人的纯粹的商业航行还是抽出了时间劫掠他人。这个行为从"航海者"恩里克的时代开始就经常被葡萄牙人用作在早期非洲沿岸贸易中追求利润的手段,并一直延续到后来。

哥伦布的结局

就在葡萄牙喜获来自印度洋的大量财富之时,哥伦布却没有那么顺遂,他很快就发现自己有点儿力不从心,天主教王室也有同感。不论他在航海方面的天赋多么出众,多么擅长自我吹嘘,他的领导才干或在压力下做决策的能力明显不足。

哥伦布对西印度群岛的统治一塌糊涂,可谓集残酷、昏庸、手足无措于一体。1495年前往伊斯帕尼奥拉岛中心的远征导致岛上数千当地人死亡。被俘虏后带回西班牙贩卖为奴的人数更多。在新兴的大西洋世界,将人视为活生生的利润与劳动力来源的想法已行之有年,在热那亚的历史则更长,当地是中世纪晚期的欧洲少数几个以奴隶制为常规的地方。哥伦布就是在热那亚和大西洋沿岸长大的,所以不难想象他会讨论贩奴经济模式的可能性。比如,他在1498年给斐迪南和伊莎贝拉的信中就说,在塞维利亚卖4 000名奴隶估计能净赚2 000万马拉维迪。"虽然目前他们会在运输途中死亡,"他写道,"但情况不会老是这样,因为黑人和加那利群岛的人一开始也有同样反应。"

这条因探险不赚钱而贩奴创收的捷径,给未来的悲剧打下了基础。即便后来他灰溜溜地被免去总督之职,哥伦布的恶毒和无能也已经深入整个西班牙殖民计划之中。[38]

哥伦布在1498年和1502—1504年的第二和第三次航行时,寻求亚洲大陆之心日益迫切,但此时他体力日衰,积年累月的劳累已让他落下多种病痛。他已经丧失了对他发现之地的永久治理权,天主教王室也早已剥夺了他的垄断权。西印度群岛仅有的财富就是奴隶和少量金矿,与印度的极度富庶不可同日而语。他自认为的最大成就是发现了一条通往东方的新航线,这显然也是错的。1506年他死的时候,他长期渴望获得的荣誉和财富大多已不复存在,毫无身后哀荣。

他的后人——儿子迭戈和私生子费尔南多——情况稍好。他们陆续获得的爵位、土地和收入都是他们的父亲曾经梦寐以求的。他们甚至还与王室打了几年官司(史称"哥伦布诉讼"),希望能讨要王室当初许诺给哥伦布的更多回报,其实王室一开始也没有期望他能有什么了不得的发现。从他们的诉讼偶尔获胜可知,当时投资方还是十分强势的,甚至可向王室挑战财产权。

16世纪早期的大多时候,西班牙王室都曾派遣总督和王室官员前往领地,但多半只是为了征收赋税和许可费。甚至在埃尔南·科尔特斯、弗朗西斯科·皮萨罗等征服者将大片亚美利加洲土地置于西班牙名义控制下时依然如此。而葡萄牙王室,一如既往,直接参与的更多。

把大西洋的扩张和探险说成是王室的主意,把瓦斯科·达·伽马、哥伦布和他们的后继者说成是王室的行动代言人，故事这么说比较容易、比较好听，但对西班牙历史而言，这是完完全全的误导。远航的资金几乎全部来自私人，绝大部分利润也进了投资者的腰包，通常都是热那亚人的口袋。对葡萄牙而言，这种说法反映的是15世纪末和16世纪初大西洋扩张的真实情况。但即便在这里，私人资本还是发挥了主要作用：葡萄牙国王从一开始就欢迎私人筹资船队的加入。1515年，王室放弃了在里斯本自己出面卖香料的做法，将整个事务转交一家安特卫普私人承包商打理。安特卫普是低地国家的关键金融枢纽，也是日后相当长一段时间的全球金融节点。[39]

欧洲向大西洋和印度洋的扩张并不是国家作为，也不是有远见的企业家为赢利采取的市场行为。不论是王室还是商人投资者，参与方都不认可有这么明确的区分。在这个过程中的每一阶段双方都纠缠颇多，投资商人在寻找垄断机会、最好的资本回报以及强而有力的保护伞——这让他们得以安心做生意、发展事业。缺钱的王室也在寻找收益，为他们日益庞大的项目筹资。不论他们对"圣战"理想、传播基督教或末日拯救说的信仰有多深，这段时间促使王室采取行动的主要还是对钱财的渴望。其实，只要收入够多，兴国派就能从事一些更具意识形态导向的项目，不再斤斤计较花费的多少。

海外冒险有王权的介入——彼时的王权与我们今日所理解的"公共"权威是不一样的——并将部分收益纳入国库，正好与提供资本的金融家的动机不谋而合。投资人想要的是垄断权，而王室的资源和力量正好可以建立垄断权。这不是"国家资本主义"——资本主义整个历史中具有前瞻性的发展，葡萄牙君王也不是完全不考虑经济现实、企图与意识形态假想敌交战的堂吉诃德。这是深思熟虑的现实政治与王室生意的相互交织，这种做法在中世纪早有先例。它并不一定是单纯从理性的经济思维出发，只追求利润的最大化，而是追求王室利益的最大化，这里的"利益"指的是广义的利益。[40]

15世纪90年代及其后，这一过程更因为投资与收入都较前大增而飞速发展。国王、王室官员和投资商人对自由市场或竞争性贸易并不感兴趣；他们要的是利润，显示在会计室和账簿上的利润，他们不仅能接受甚至还很欢迎垄断。他们因此获利惊人。为了这些利益，不少人付出了自由的代价，因为有成千上万来自摩洛哥、加那利群岛、西非和新大陆的人从此被贩卖为奴。更多人赔上了性命，包括被那些为追求荣耀而丧心病狂的葡萄牙贵族所砍杀、枪毙和炮轰致死的印度洋上的穆斯林。在新大陆，更多的土著不久就要因殖民者的直接行动和他们带来的疾病而死亡：据估计，1493—1518年，单单在西班牙统治下的最大的四个加勒比海岛屿上，就有约20万人丧生。这还只是前奏，后来的情况更糟。[41]

逐利者对这些事毫不动容。如果香料、黄金和其他值钱物品能用和平贸易的方式取得，那再好不过。如果贩奴是唯一的创收办法，或者如果它的回报特别高，他们也完全不会因道德顾虑而罢手。如果海上打劫赚钱既方便又快，即便造成死者无数他们也在所不惜。如果在加勒比海的新殖民地要用千万个土著的性命才能赚取些许回报，那么可以叫停此事的人可能会刻意不作为。这第一股全球化劲风的人命代价并非附带损失，而是整个计划成功并有利可图的关键。

1493年3月，"尼娜号"被危险凛冽的晚冬寒风推送至里斯本港口时，大多数事情尚未发生。但在里斯本，热那亚金融家会计室里西非纯金打造的克鲁扎多的敲击声、大炮铸造大师身旁锅炉的轰鸣声、造船厂的敲打声和锯木声，构成一幅骈肩杂沓的繁忙景象，就是对这个已然开始的进程的回应。

在大西洋的探险与扩张，及其后印度洋的探险和扩张，与这个时代的其他进程都有密切勾连，又与金融家对利润如饥似渴的追求、为高风险的探险之旅投资的意愿融合到了一起，这一切都在15世纪90年代同时发生。印刷术使哥伦布接触到了那些塑造其错误的地理观的书籍，印刷术迅速将他所谓的"发现"广为传播，印刷术也使得圣坦杰尔能够依靠发放一沓沓赎罪券来获利。葡萄牙的大炮在印度洋的殖民冒险中起到了主要作用，哥伦布也有大炮。所有这些花钱的项目都由金融家——其中有些是意大利人，有些是佛拉芒人，还有一些是伊比利亚半岛本地人——出资。西班牙和葡萄牙王室的兴国大业急需税收，需要加强国力，正好给整个事情开了绿灯，提供了驱动力。大家对待资本、投资和信贷的态度相同，对背后支撑它们的制度都深信不疑，由此舰船才得以扬帆起航，满载黄金、香料和奴隶而归。

第二章

卡斯蒂利亚的伊莎贝拉与国家的兴起

1466 年 4 月

天未黎明，女子就开始双膝跪地祈祷：再三祈求上天对她伸出援手。她面颊修长，一头棕褐色的长发，深邃的眼窝中是一对肿眼泡，眼帘紧闭。只见她的薄唇无声地蠕动。这是一名刚过 15 岁生日的少女。午后微弱的阳光穿过窄长的箭窗投入室内，屋内依旧昏暗，与摇曳的烛光一起勾勒出黑暗中这孤独的身影。

她不时扭动躯体以减轻双膝的疼痛，并滋润发干的双唇。卡斯蒂利亚中心地带 4 月干冷的空气习习吹入这寂静的教堂，厚厚的石墙挡住了不少四周城堡内的嘈杂声，她在寒气中瑟瑟发抖。

卡斯蒂利亚最有权势的一位贵族正在前往马德里的途中。佩德罗·希龙有意娶这位年轻女子为妻，他带着 3 000 人前去，以保证婚礼能如期举行。

事前没有人就此征求过这位女子的意见。

不过她并非等闲之辈。她的名字是伊莎贝拉，她是卡斯蒂利亚的公主，王位的第三继承人，是国王恩里克四世的同父异母妹妹。值得一提的是，安排她嫁给希龙的正是恩里克，他此举意在换得希龙在正在进行的激烈内战中的支持。伊莎贝拉不希望自己与这位贵族的联姻使对方与无能的同父异母哥哥结盟，因为这样做对自己毫无政治利益可言。她知道她的未来或不可限量，她甚至可能登上卡斯蒂利亚王位。伊莎贝拉在马德里没有军队，不过这并不代表她没有武器可用。对她而言，祷告与雇佣骑士团一样危险有力。她向上帝祈愿，希望置希龙于死地。不是希龙死就是她死。总之，她不愿意跟他结为连理。

午后的光线逐渐昏暗。就在教堂完全被黑暗笼罩之际，盖着罩布的圣坛和圣母的画像都不再清晰，伊莎贝拉拖着疼痛的双膝站起身来。吸进一口卡斯蒂利亚台地干冷空气的同时，她再一次祷告，希望上帝听到了她的求助。

几星期后，城堡院内传来急促的马蹄声，信使带来的消息是希龙已死。这位贵族离开自己的要塞不久后即死于途中。上帝的确听到了伊莎贝拉的祷告。[1]

伊莎贝拉原来是公主，后来成为女王，对她而言，祷告就是她的意志的表达，是"用耐心和意志力从命运之神手中攫取胜利的方式"。在她长大成人期间，周围尽是打算利用她实现一己之私的男人。最终，所有这些人都得屈从于她——恩里克四世、她后来的夫婿阿拉贡的斐迪南、多位教皇以及不可胜数的次要人物。那个时代从英格兰和法国，到卡斯蒂利亚和匈牙利，到处都有雄才大略、铁面无私的统治者，力图打造日益强大的国家，其中才华最为出众、成就最为非凡的却是这位女王。[2]

她在位的 30 年间（1474—1504 年），伊比利亚半岛最大的两个王国合为一体，成为日后西班牙的前身。她的军队完成了几个世纪之久的"收复失地运动"，使格拉纳达埃米尔国——穆斯林在西班牙的最后一个政权——从地图上消失。在此过程中，她建立起了足以开展更耗费金钱、更具摧毁力的战争的国家机器。臭名昭著、最具破坏性的西班牙宗教裁判所也是在伊莎贝拉眼皮子底下开始运作的，她把教会和国家的手伸进了臣民的私生活中。她的王室官员经过她首肯，将哥伦布送往大西洋，其结果影响深远，同时惨绝人寰。她的孩子与欧洲最高级别的王室哈布斯堡联姻，王朝之间的一系列联系决定了新世纪政界顶层的议程。最后，她和斐迪南的统治也为 16 世纪最大冲突——西班牙和哈布斯堡王朝与法国瓦卢瓦王朝之间的连年争战——埋下了隐患。

此时，西班牙及欧洲其他地区的政治运作都发生了巨变。伊莎贝拉的才干、魄力和绝情对这个改变的产生发挥了关键作用。

国家的兴起

伊莎贝拉是一个关键时代所有最重要的政治趋势的集中表现。欧洲各地的统治者，在一群受过高等教育、能干的助手的支持下都想让自己拥有更大的权力。随着王室法庭在越来越大的范围内解释法律，统治者介入了过去几乎从未接触过的领域。这些人想要发动战争，就像过去在中世纪所做的那样，但他们现在打仗可用的资源更丰富。军队规模更大，也更专业了，可以配备昂贵的大炮，并在公开市场出高价雇到能征善战的雇佣兵为其效力。打仗花的钱越多，国家就越需要在筹钱的办法上创新。于是为支持某处的围城或主要战役，这帮受过高等教育和能干的官员为国家财政找到的新赋税来源和信贷安排就日趋复杂。

这就是"兴国大业"的古老故事，发展到极致便成为一段被人称道的佳话：君主有远见，他们身边的文官将庞大低效的封建政府架构改革为高效的、具备现代化雏形的官僚机器。是这些新兴国家开启了近代早期专制君主制以及今日民族国家的先河。[3]

缓慢而稳健的前进步伐始于斯，从有远见的统治者开始，循序渐进，到现代化的萌芽。这听起来像一段理性的、线性的和有意为之的过程，其实事实远非如此。这段时期的统治者一开始并未想要建立现代化政府的雏形；他们心里所想的目标完全不同，没有那么长远。

到15世纪晚期有些事——很多事——都发生了根本改变。像伊莎贝拉这样的统治者无意按照某一种蓝图最终实现现代国家，但不容置疑的是这段时间里王权的确扩张了。统治者刻意寻找办法增加资源、加强控制力，而他们基本上也做到了。这与他们本身的聪明才智和当时一系列有利条件有关。

那么，此时究竟是什么力量在扩大呢？15世纪末的西欧诸王朝并非18世纪的行政化的财政-军事国家，也不是19世纪及其后的官僚民族国家，而是统治王朝经过几个世纪的不断积累，恰好拥有某些领土。

更确切地说，这是一群统治者对某些特定领土拥有一系列权利的主张。法国国王并不拥有其王国，只是他对该王国的统治权有主张。其他人则有更大或更小的、为许多人或极少数的人所承认的主张。除此之外，主张税收权、司法权、垄断盐税或关税权利的程度，或因领土而异。比如说，法国国王声称他对勃艮第公国有统治权，但这与他在阿基坦公国或阿图瓦省的权利无关。这些主张由统治者个人取得，也体现在他身上，他可以视情况收回或赠予他人。通常被称为"等级代表"（estate）的地方贵族和代议机构可以对统治者的这些主张提出异议或表示抗拒，想尽办法为自己争取一些特权和例外。一个强而有力的统治者能将自己的主张价值最大化，弱势统治者甚至连收取最基本的赋税和施加最基本的权威都得经过一番斗争。

13—14世纪欧洲成熟的政治版图是一张权利主张纵横交错、细密编织的三维挂毯。因为贵族、修道院、主教辖区、特许城镇和国王都为自己争权，这套系统总是纷争冲突不断。他们的主张范围重叠，彼此冲撞，形成对抗。一个高价值的庄园的税收究竟是归某一贵族家族还是国王所有？谁有权收取盐税，是地方领主还是主教？法院归领主还是归王室管辖？这便是中世纪政界斗争的主题。

按照历史学家约翰·沃茨的说法，在这许许多多的中世纪晚期政治争端中的大赢家是"王权政体"，他的选词精确但又有些勉强。王权政体的典型是王国，但又不一定是王国，它的统治者通常是国王，但又不一定是国王。政府的机构是以一个能成功行使司法权、税收权和基本上有武力使用专属权的人为中心设立的。[4]

王权政体——如英格兰、法兰西、卡斯蒂利亚、阿拉贡等——并非欧洲政界唯一的参与者，它们也并不一定会成为政治组织的默认形式。它们的竞争对手不外乎两大类。在好几个地区，城邦的势力很大，领土面积也不小。威尼斯就是一例，它有自己的海外帝国，反之，莱茵兰的斯特拉斯堡只对其周边地区有控制权。其实，由具备商业实力的商人精英管辖的城邦，最有可能使用最先进的治理和税收办法，要比得看乡绅脸色行事的王国的可能性大得多。威尼斯虽然核心领地不大，人口也不能与法国甚至阿拉贡的相提并论，可是对付起奥斯曼帝国及其他大国时却威力不凡。有的地区的城镇同盟势力较大。汉萨同盟（Hanseatic League）控制了波罗的海利润丰厚的贸易，像吕贝克、汉堡、格但斯克和里加等城市中心都是它的加盟城市。以伯尔尼、苏黎世和施维茨为中心的瑞士邦联也开始崭露头角，因为它挫败了勃艮第公爵"大胆查理"的野心，扩张了领地并摧毁了一些当时最先进的军队。[5]

事实上，所有中世纪晚期的政府形式，不只是王国，都经历了共同的演变，具有共同特性。它们的金融交易都更密集、更复杂，其军政人员的数目增加，能力都有所增强。这段时间里，还看不出城邦和城市同盟有朝一日会被作为其竞争对手的王室所取代的迹象。

最终王权政体还是胜出了，而这段时间正好是根本转折点。

驱动整个过程的是内部的合并与外部的合并。对内，统治者在其领土边界内，以牺牲其他主张权利者为代价巩固王权。统治者的权力扩大了，资源也多了，尽管他们对权力和资源的使用不如城邦那么有效率。对外，王国统治者之间相互合并。大国将小国吃掉，偶尔也用流血征服的方式，但更多的是通过联姻。

王权政体都由王室成员统治。它们基本上是王朝国家：国家的整体就是统治者对权利主张的总和，而统治者又将这些主张代代相传。获得更多权利主张最容易的办法就是联姻。中世纪以来人们一直都是这么做的，但到15世纪末，过程大大加快了。越来越多的领土逐渐落入越来越少的人手中。这些王朝国家不只是内部在合并，而且过程也变得更加高效、更加复杂；它们也的确变大了，而且变化速度非常快，因为统治者将其子女的婚姻都做了战略安排，增加了对领土统治的新主张。城邦和城镇同盟合并与扩张的规模速度很难与其比拟。

伊莎贝拉与王朝的合并

这段时间对王朝合并最为积极的直接参与人就是伊莎贝拉。希龙欲娶她为妻未果后，恩里克四世仍心有不甘，还打算再试。不过伊莎贝拉心意已决，决定牢牢掌握自己的命运。婚姻是她最大的问题，但也可能是她所面临难题的解决之道，这就是她1468年的处境。

难题出现在三年前离马德里不远的阿维拉城,此地防御工事森严、高耸的城墙沿着四周的山脉蜿蜒穿行,城垛密布其间。就是在这里,有几位卡斯蒂利亚的贵族和僧侣头面人物发声了,严厉抨击恩里克四世,说他施政不当。他们说国王太喜欢穆斯林了。他们还说国王个性软弱,像个阴柔的同性恋,缺乏统治能力;甚至说他不是他三岁女儿胡安娜的父亲,所以此女不能成为卡斯蒂利亚王位的继承人。这些贵族造反派支持伊莎贝拉的弟弟阿方索,不同于小胡安娜的是,这位精力充沛、有仇必报的男孩血统纯正。这些策划阴谋的人还将恩里克四世的木头人像扔到地上,宣布阿方索为王,给这次人称"阿维拉闹剧"事件更增添了戏剧色彩。

但随着三年后阿方索的去世,伊莎贝拉就变成了事实上可供选择的权力中心,而这是她原先看来不可能扮演的角色。恩里克四世在她孩提时代就把她和她的母亲赶到阿雷瓦洛(Arévalo)去住,而且还拒绝给她身为先王的女儿应有的收入。伊莎贝拉喜欢说起她那段艰辛的童年,并声称就是这段经历练就了她的政治领导力。阿雷瓦洛虽然略为偏远,但也不能说住在那里就等于遭到政治流放,不过伊莎贝拉的说辞确实可以透露出她大概的自我形象认知,我们从中能看出她知道如何让民众接纳一个领导人。[6]

17岁的她已深谙政治游戏规则。此外,她到底是前任国王的合法女儿,如果年幼的胡安娜公主血统有问题——这事已经有人明确质疑并加以政治炒作了——那么,伊莎贝拉就应该是恩里克的法定继承人。她就是这么想的:阿方索死后几星期,她在一封信里就自称是"蒙上帝恩典的卡斯蒂利亚及莱昂王国的公主兼合法继承人"。[7]

这段话既说明了自己的出身,表明了自己的意图,同时也清楚反映了伊莎贝拉的行事风格:直接、自信,并深信这一切都是上帝的旨意。为了维护并利用她这一新的显贵身份,她需要盟友。结婚,上策是赶快结婚。

追求伊莎贝拉者不乏其人。作为恩里克亡故后统治卡斯蒂利亚的最佳人选、卡斯蒂利亚王位的第一继承人,她可是所有热衷权势的贵族或王室的觊觎对象,因为她的丈夫或许可以分享甚至主导一个西欧大国的统治权。

由于条件优渥,欧洲大陆这一隅的每一座城堡、每一个领地和每一处宫殿,都涌现出不少有意与她一结良缘的人选。卡斯蒂利亚权贵中也有人跃跃欲试,但伊莎贝拉都没看上。恩里克四世和伊莎贝拉周围的某些臣子支持葡萄牙国王阿方索,可惜公主不感兴趣。英格兰国王爱德华四世的弟弟、17岁的格洛斯特公爵理查呼声很高:他日后成为理查三世,谋害了自己的侄子,并成为莎士比亚笔下的恶人,而在那之前他就已证明自己艺高胆大,能征善战。但当时英格兰政局不稳,正在进行玫瑰战争,令他失色不少,再说,英格兰也太远了。理查最终篡夺王位,却死于疆场,声名狼藉,并没有走上通往西班牙王位的阶梯。

另外一个选择是法兰西国王路易十一的弟弟,王国当时的继承人,吉耶讷和贝里的公爵查理。与格洛斯特的理查不同,查理这个人乏善可陈。他此前的主要成就只是在一场血腥内战"公益同盟战争"（La guerre du Bien public，后面会对这场战争做进一步解说）中在他哥哥的敌人那里充当人质。虽然他拥有大片土地，可以作为独立的权力基地，但查理不具备对它们善加利用并且让伊莎贝拉看得上的能力。虽然他的血统和亲属都不可谓不尊贵，但这位法国公爵也没戏。

伊莎贝拉已经做出了选择。她心仪的对象是西西里国王兼阿拉贡王座的继承人，年方十七的斐迪南。阿拉贡与葡萄牙和卡斯蒂利亚一样，都是伊比利亚半岛上的大王国，它是地中海沿岸不可小觑的力量。其中心城市是萨拉戈萨和巴伦西亚，巴塞罗那则是王国内一个强大的半独立势力。阿拉贡的国王长期掌握着在撒丁岛、西西里岛的海外权益，偶尔还在那不勒斯王国等地有海外利益。一旦与斐迪南成婚，伊莎贝拉就能将西班牙两个最大、最重要的王朝合而为一，随之而来的还有对几个更遥远的领地的权利主张。

这就是王朝合并的精髓。卡斯蒂利亚本身就是两个更老的王国卡斯蒂利亚与莱昂合并的结果。斐迪南是阿拉贡王室的继承人，而阿拉贡也是好几块领土合并而成的，除了阿拉贡本身，还有巴塞罗那伯爵领地、巴伦西亚城及其在地中海的延伸部分。每一处领土都有自己的历史，通常也有自己的制度、风俗、代议机构和法律，只有对其主张权利的统治者才能把它们联合起来。不仅如此，它们可能有着完全不同的继承法，对统治者在内部有权做什么也有全然不同的规定。卡斯蒂利亚和阿拉贡在这方面的情况并非独一无二，这个时候欧洲每一个大王国都是一个综合体，只是大（神圣罗马帝国）小（英格兰）不同。这是区域内每位统治者经常要面对的问题，也是不断出现紧张、内部冲突乃至内战的根源。[8]

阿拉贡的斐迪南

伊莎贝拉当然晓得与斐迪南联姻成功意味什么：西班牙两个最大的王国将结成一个联合体。这将是一个史无前例的联合体。斐迪南的父亲——阿拉贡老谋深算的国王胡安二世——铁了心要让自己的儿子陪伴在伊莎贝拉身旁，一起统治整个伊比利亚半岛。而恩里克四世也同样铁了心不想让它成为现实。他极力支持与葡萄牙联姻，甚至教唆一群葡萄牙使者在伊莎贝拉试图与这个阿拉贡人成婚时，用武力约束她。一旦伊莎贝拉与斐迪南的事成了，恩里克四世的统治必将结束，他的女儿胡安娜也就继承无望了。

恩里克四世不幸的地方在于，伊莎贝拉了解民情。这位公主在给她哥哥的信中写道："我，被剥夺了公平和正义的自由，被剥夺了在婚姻谈判中根据上帝的恩典必须行使自由意志的原则，我私下征求了大公、高级教士、骑士、你的子民们的意见。"如果卡斯蒂利亚权贵们——他们都没少拿阿拉贡国王的慷慨馈赠——的态度还不够明确，且听听路边嬉戏的儿童口中呼喊的"阿拉贡大旗"，就连他们都认为应该选择与阿拉贡而不是葡萄牙联姻。18岁的伊莎贝拉就这样耐心机智地将恩里克四世逼到了棋盘的一角。[9]

不过,她的处境依然危险。眼看自己的新娘被潜在的敌人重重围困,斐迪南也不再继续等待了。他与几位伙伴乔装打扮成商人,在危机四伏的地区行走了数百英里抵达巴利亚多利德。恩里克四世的手下四处寻找他的下落,斐迪南随时有被俘虏或暗杀的危险。但不入虎穴,焉得虎子,如果是为了阿拉贡与卡斯蒂利亚的联合,那么斐迪南也甘冒风险。他借夜色的掩护骑行至巴利亚多利德与伊莎贝拉见面,两人立即坠入爱河。

斐迪南抵达巴利亚多利德初次与未来新娘见面时,出现在伊莎贝拉面前的,是位17岁的体魄健壮、中等身材的小伙儿,他一头棕发,还有一张经常带笑的圆脸。那张充满领袖魅力与吸引力的面庞,容易令男人与他结谊,让女人为他着迷,日后伊莎贝拉为此自然也没少生气。从孩提时代起,斐迪南就开始接受对未来领导人的培养,被刻意灌输当时政界精英最重视的骑士精神和王者风范。他热衷并擅长马背上的长矛比武,十几岁即混迹疆场:他第一次上战场时只有12岁。随着时间的推移,他逐渐成了政坛上特别无情甚至无原则的圆熟政客,同样精明的伊莎贝拉与他颇有惺惺相惜之感。就在他们见面的前一年,斐迪南主持了自己母亲的葬礼,在巴伦西亚市政当局面前说了一番感人肺腑的话,城市内部的派系斗争竟因此画上了句号。即便在青年时代,斐迪南也特别擅长营造戏剧性的时刻,这使他深得新娘子的喜爱。

虽然王子单骑穿越西班牙乡下表达他娶伊莎贝拉的决心，绝非单纯的浪漫之举，但这确实是两人一辈子长相厮守的基础。中世纪晚期的统治艺术不只讲究冷酷无情的现实政治和但求目的不择手段的兴国大业。国王和未来的国王都是贵族社会团体的成员，他们有自己明确的行为规则和规范。这一套复杂的行为规范除了要求对妇女献殷勤外，还要求他们博采众议、慷慨大度，个人胆识更是尤为重要，这是一个具备理想中骑士精神的国王必不可少的素质。不畏艰险前往巴利亚多利德去见自己的新娘是睿智的公关之举，也恰恰说明斐迪南具备未来干练领导人的要件。

对伊莎贝拉而言，选择夫婿的过程真可谓陷阱重重，稍有不慎就可能招来横祸，或被监禁，或为恩里克四世所害，或选错了人，或误了时机。可是她终究走过了钢索，不但找到了理想夫婿，而且时间也把握得非常好。1469年10月12日，她给当国王的哥哥去信说："通过我写的信和派去的使者，我谨通知国王陛下，关于我的婚姻一事，我意已定。"她并未奏请国王批准。伊莎贝拉已经决定了，两天后她便会与斐迪南完婚。[10]

伊莎贝拉与斐迪南的结合——广而言之就是卡斯蒂利亚与阿拉贡的统一——是结构性力量与机缘巧合爆炸性混合的最佳例证。不管已经发生了多少次合并，这对情投意合的年轻情侣的婚姻是15世纪60年代末卡斯蒂利亚的特殊政治环境以及内战时期结盟需求的结果，更是伊莎贝拉和斐迪南两人的个人品质的结果。这两位主角，特别是伊莎贝拉，面对选择时眼光明快锐利，把自己的政治角色发挥到了极致。他们的才智与当时的结构性趋势完美配合，进而促使趋势向前发展，推动了国家的崛起，也给整个世界带来了巨大改变。

王权的兴衰

在中世纪晚期的王国中，像卡斯蒂利亚的伊莎贝拉这样有野心的领导人并不是在意识形态的真空当中追求客观、纯粹的国家利益。其实，在冷酷的权力现实与重视领导人某些特质的政治环境之间是有一条反馈环的。在一个笃信基督教的大的社会环境中，子民期待国王运用王权伸张正义，发动战争，做不到的人就不配做统治者，他们的王位也就岌岌可危。而雄心勃勃的统治者也可以借助司法和战争这两样东西来延伸他们的权威和国家权力。

这在15世纪晚期并非新现象。数百年来，中世纪有兴国之志的统治者在这两条路上都曾获得或多或少的成功。[11]虽然大趋势是王权逐步上升，但不同时代，不同地方则兴衰各异。14世纪中叶，爱德华三世统治下的英格兰在百年战争的高潮时期取得了控制其法兰西对手的绝对优势，因此这位金雀花王朝的国王的威望如日中天，达到巅峰。而法兰西的威望则在1415年阿让库尔战役惨败后跌入谷底。后来，法兰西的领土一分为三，国王因疯癫只能被锁在深宫之中，一身污秽，无法处理朝政达数年之久，王权到底掌握在何人手中，各方亦莫衷一是。

15世纪60年代伊莎贝拉和斐迪南执政之初，卡斯蒂利亚和阿拉贡的王权处于低潮。此时整个欧洲，还不只是伊比利亚半岛，都为内战和内部纷争所苦。英格兰在将近一代人的时间里处于政治不稳定状态，而且玫瑰战争还在继续。法兰西的权贵反抗国王路易十一，造成公开的内战，即人称的"公益同盟战争"，导致法兰西在这十年的中期极度动荡。每一个王国情况并不完全一样，但所有这些抗争都有一个中心不满：对国王的角色和行为以及王国政府权力的激烈不满，人们不是认为它们太软弱就是认为它们太专横。法兰西国王对勃艮第公爵的土地有什么权利？如果英格兰国王有精神疾病不能视事，该由哪一位高级贵族代行王权，有什么合法根据吗？

此外，这类冲突经常有外国统治者介入，支持与他们有王朝婚姻关系的一方，使事情进一步复杂化。王国之间并非界限分明，一个国家的主要政治人物完全可以与另一个国家的权贵或国王建立关系，政界精英甚至认为他们搞这种政治游戏是上帝赋予的权利。到最后，内战都不是互不相干的内战，而是笼罩在欧洲大陆上的一张暴力的、错综复杂的政治纠缠网络，从西班牙中部的台地一直延伸到苏格兰边界。它们都是结构性的纠缠，而非人际关系纠葛，植根于中世纪晚期政治的基因中，是中世纪历史进程中人们对王权日益增长趋势的普遍反应。[12]

伊莎贝拉和斐迪南就是在这种内部争斗的环境里，在政治上趋于成熟的。阿拉贡与一心想独立的加泰罗尼亚公国打了十年内战。该地农民曾多次叛乱，其代议团体，即议会（Corts），将该公国交予卡斯蒂利亚的恩里克四世管辖。路易十一支持阿拉贡国王胡安二世，即斐迪南的父亲，对抗加泰罗尼亚；后来他又改而支持加泰罗尼亚，反对胡安二世，想乘机拿到一点阿拉贡的领土。

恩里克四世、伊莎贝拉和斐迪南暂时缓和了彼此的紧张关系，他们之间协议的基础是恩里克四世一旦驾崩，将由伊莎贝拉继承王位。可是终于挨到1474年恩里克四世逝世时，这个解决方案立即瓦解。一边是伊莎贝拉和斐迪南；另一边则是恩里克四世的12岁女儿胡安娜，而且她有可能并非他的亲生女。卡斯蒂利亚的贵族纷纷选边站队。此事还牵扯到另一个复杂因素，那就是胡安娜已经与葡萄牙50岁的国王阿方索五世结婚。从理论上来讲，这是一场内战，但因牵扯到阿方索五世，所以就不那么单纯了，它成了将几个王国纠缠在一起的纷争之网的产物。卡斯蒂利亚的继承战争持续了4年之久，1479年，战争以伊莎贝拉和斐迪南获胜而告终。

这场卡斯蒂利亚继承战给伊莎贝拉和斐迪南熟悉统治之道提供了一个混乱而又残酷的环境。前些年的冲突教会了他们在想方设法行使王权的同时，要与贵族和城镇官员——他们说到底还是起关键作用的支持者——搞好关系。特别是伊莎贝拉祖上有强大的王室特权传统，认为王室有征税权、土地所有权和司法权，她的父亲就是这么做的，只是到了恩里克四世时有些乱套了。等到她亲政后，这些王室特权不但恢复，而且得到了加强。[13]

这是此时欧洲各地这一代统治者的一贯作风：几百年来的王

权边界之争经过一次次内战和政治动荡，终于以统治者获胜得到了解决，同时还让胜利的王室学会了如何扩大权力。

在卡斯蒂利亚境内，王权归伊莎贝拉所有，而不是斐迪南。这一点在两人签订的婚姻契约上写得很清楚，只不过在她登上王位后就更明确了。斐迪南是以"女王陛下的合法丈夫"的身份统治的，意思就是他是"王夫"，他本人并非卡斯蒂利亚的统治者。[14] 伊莎贝拉安慰夫婿自己一定顺从他，如同15世纪晚期其他尽职的妻子一样，不过共治的事实还是很清楚。只要伊莎贝拉活着，她就打算与他以伙伴关系行统治之责，而不会成为任由心机颇深的丈夫摆布的傀儡。

两人之间摩擦不断，这是任何共治的通病，矛盾更因斐迪南经常拈花惹草而加深，不过一般而言，两人在大方向上彼此十分配合，颇具成效。经历了卡斯蒂利亚继承战后，他们很快弄清楚哪些事需要优先处理。他们召开了国会（Cortes），即卡斯蒂利亚的代议机构，加强了王室对体制的控制，目的是集中权力和加强管理。结果之一就是他们请来与王室利益密切相关的法学家来编纂卡斯蒂利亚法律。具体的改革有几方面：更依赖王室敕令，设立了直接对统治者负责的裁判所，改组了处理法律事务的法庭。最重要的是他们拿回了许多曾经属于王室的土地，并从卡斯蒂利亚贵族手中收回他们因世代支持王室而获得的特权——特别是拨款的权利。所有这些都打着王室法庭的旗号，这也是中世纪晚期欧洲各地扩充王权的传统做法之一。[15]

不过，虽然王室法庭可以用来扩充王权，但最有效的集权办法莫过于造成和另一名统治者发生武装冲突的紧急事态。人们期待国王发动战争，这是中世纪发展出来的王权思想的根本组成部分，也是国王与他的子民——不分贵贱——之间联系的一部分。战争需要国王与军中担任要职的贵族密切接触，国王借机可以把他们拉到王室这一边来。中世纪的战争中，每走一步都要钱，到15世纪尤其如此，因为打胜仗越来越需要昂贵的大炮和会打仗的雇佣兵。

统治者的私人资源，即王室资产，远不足以支付连年不断的战争的费用。于是国王就得想其他办法获取收益：简而言之就是课税。征税需要王室政府与权力掮客达成共识，不管这些掮客是代议机构、城镇官员还是贵族。这使得被统治者与中央政府进一步发生联系。王室司法也一样，它需要一群忠于王室的、有学识的官僚来管理，这样国家可以趁机进一步扩权。知名社会学家查尔斯·蒂利说过，战争造就国家，国家造就战争。[16]

对伊莎贝拉和斐迪南而言，讨伐西班牙的最后一个穆斯林政权、格拉纳达埃米尔国的战争正向他们伸出欢迎之手。

收复失地运动与格拉纳达

收复失地运动的目的就是把伊斯兰国家逐出西班牙，等到伊莎贝拉和斐迪南开始注意格拉纳达时，这项努力已经持续了700多年。穆斯林最初进入伊比利亚半岛是在711年，不到几年的时间就拿下了自 6 世纪以来即雄踞该区的西哥特王国。西班牙仍在基督教统治之下的就剩下最北部山岭纵横、乏善可陈的零星领土。面对体量更大、更富有、更复杂的西班牙穆斯林社会,收复失地运动就在这样卑微的处境下开始了。9 世纪时这些小王国的基督教作家萌生了西班牙本应属于他们,必须将穆斯林驱赶出去的思想。[17]

有人总喜欢把整个中世纪描绘成西班牙基督徒与穆斯林长期冲突不断的世纪,其实不然。基督教的国王们除了跟 11 世纪统一的科尔多瓦哈里发国瓦解后出现的叫"泰法"(taifa)的伊斯兰小国打仗之外,彼此间也经常兵刃相向。而统治这些伊斯兰小国的国王也不时与基督教国王结盟,或向其进贡。在这个混乱局面中,信仰并非政治效忠的保证。领土扩张和毫不含糊的现实政治,与由衷信奉宗教战争是并行不悖的。

1095 年以后,横扫基督教世界的"圣战"思想又让事情进一步复杂化了。教皇宣布,凡在圣地与异教徒一战,在西班牙参与反穆斯林战争,或在波罗的海参与反异教徒战争者,皆得救赎。欧洲各地的士兵在大力鼓动下涌入伊比利亚半岛。教皇可以动用的"圣战"特别税赋同样可用于鼓动西班牙统治者的积极性。国王发动战争不只是顺理成章的事,他们也确实想要打仗,这是中世纪领导人的义务。如果打仗有人出钱,顺便还可以让自己灵魂得"永生",疆域扩张,何乐而不为呢? 12—13 世纪,穆斯林掌控的土地逐步落入卡斯蒂利亚、阿拉贡和葡萄牙之手。1247—1248 年,塞维利亚和科尔多瓦落入卡斯蒂利亚国王斐迪

第二章　卡斯蒂利亚的伊莎贝拉与国家的兴起

南三世手中时，西班牙穆斯林的末日似乎即将到来。只剩下小小的格拉纳达埃米尔国和直布罗陀了。三个日益富有、国势日增的基督教王国拿下这个小不点应该是迟早的事。

谁晓得这样的局面竟然又延续了两百多年。直布罗陀最终于 1462 年被卡斯蒂利亚攻陷，而且这是那段时间唯一值得一提的进展。[18] 伊莎贝拉没用的哥哥恩里克四世在 1454 年登基之初曾信誓旦旦要向格拉纳达进军，后来却又没能成事，这也是他不得民心的一大原因。他还真的用钱买通了卡斯蒂利亚的关键政治人物。在集结了大量军队，包括王国的主要贵族，一切开支均由议会和城镇的赋税承担后，恩里克四世在最后一刻并没有一举将这个小埃米尔国消灭，反而犹豫再三。他半心半意地围困了几个据点，袭击了穆斯林的领土，却将多次战役最丰厚的回报给了他最亲密的支持者，而没有给王国重要的权力掮客。

此举犯了两个大忌：首先，这不符合国王作为主要宣战者的角色；其次，更严重的是，这不符合收复失地运动的宗旨。英格兰的国王不能向法兰西宣战已经够难看了。作为伊比利亚半岛自称的基督教国王，面对宗教敌人时却步不不前就更糟了。到 15 世纪中叶，卡斯蒂利亚的统治者对西班牙的宗教和文化的独特性都深信不疑。这种"救世"思维认为西班牙是上帝所选的国度，它的统治者也是上帝选出来的，要带领他们直到世界末日、耶稣再临的时刻。如史学家佩姬·莉斯所写，历史由"神意"写就，而西班牙统治者在过去和未来的作用都十分关键。但是恩里克四世就因为不想与格拉纳达全面开战而未能承担这一职责，伊莎贝拉和斐迪南即位后，打算反其道而行。与不同宗教信仰的敌人开战是"正义之君"该做的事。[19]

对伊莎贝拉和斐迪南而言，对格拉纳达开战好处不胜枚举。首先，从现实政治的利益考虑，卡斯蒂利亚和阿拉贡那些门阀之见甚深的贵族，将摈弃几十年的嫌隙，围绕着统治者齐心效力。战争远比任何其他事情都更能体现王国主要权力集团与王室利益的一致性。战争也会让权贵与统治者继续不断近距离接触，这一点很重要。对政治精英而言，统治艺术的关键是人而不是制度。一次豪情盛意的表态，一次在同僚面前的表扬，在宴会和节庆时的杯觥交错，这些都是拉近权贵与统治者关系的举动。统治者也是权贵，而权贵理应是能征善战之辈。这个角色斐迪南可谓当之无愧。战争是贵族成名发财之道，战役如果成功，伊莎贝拉和斐迪南就有机会将战利品犒赏给忠心的仆从。而伊莎贝拉，她十分称职地扮演了骑士侠义故事中的女性角色，让不少英勇骑士为她奋不顾身。她对这套文化剧本十分了解，也知道应该如何鼓动男性贵族在她征服格拉纳达时，给她提供必需的兵器和私人军队。

理论上，格拉纳达的奈斯尔王朝并不是特别难缠的对手。这个埃米尔国只占据了伊比利亚南端一隅，以格拉纳达城和繁忙的港市马拉加为中心，人口约30万，与卡斯蒂利亚的500万人口和阿拉贡的100万人口不可同日而语。过去几个世纪的冲突中，每当基督徒获得领土时，强有力的摩洛哥穆斯林就跨越直布罗陀海峡为西班牙的穆斯林拔刀相助。可如今，这个忙没有人帮了。

卡斯蒂利亚和阿拉贡热情高涨。尽管1478年双方签订过停战协定,伊莎贝拉和斐迪南显然还是想打一仗,而且已经想了好多年。其实,他们在婚约中就已经明言要打仗了。史官普尔加曾记述说,两人"始终有征服格拉纳达,把摩尔人的统治和穆罕默德的名字从西班牙全境赶走的崇高理想"。一而再,再而三的内战也经常被说成为来日不可避免的卡斯蒂利亚与格拉纳达一战而做的准备。[20] 就在卡斯蒂利亚王位继承战终告结束,伊莎贝拉和斐迪南能稳定控制这两个王国后——斐迪南于1479年正式获得王位——两人即开始备战。王室的代理人把前几十年赠予他人的大量财产和收益悉数收回,政府的财源更丰沛了。卡斯蒂利亚各个城镇的民兵,作为王权的关键基础,均已整装待发。

冲突的开端有点儿出人意料,1481年的年尾,前线的萨阿拉要塞突遭格拉纳达偷袭。1482年的头几个月,卡斯蒂利亚人展开反击,就在伊莎贝拉和斐迪南向南边的战地进发并集结好军队的时候,他们拿下了阿拉马城。城市民兵、以服役换得土地赏赐的骑士、贵族和他们的私人军队,以及统治者在公开市场上花钱使其效命的、训练有素的雇佣兵,都等待着统治者一声令下。他们的集结地是安达卢西亚的贸易金融枢纽梅迪纳德尔坎波。在这个地方,无论是为即将到来的冲突指挥兵马还是筹钱,都再适合不过了。

这不仅是两国间的地缘博弈或简单的土地争夺,参战方视其为一场宗教战争。教会征收了大量赋税,名义上都是为了"圣战"(虽然真正用在这方面的钱很少)。教皇、国王和女王经过激烈讨论,决定把这些钱留在西班牙而没有上交罗马。又经过几轮磋商后，大家说服教皇发表了一篇关于"圣战"的训谕。"天堂之门将开启,让圣徒与光荣的烈士通往永远的荣耀。"教皇西斯克特四世许诺,不论以任何身份参与征战,都可以得到赦免。[21] 格拉纳达之战是将近 400 年来不仅在西班牙,而且在整个地中海世界基督徒与穆斯林之间"圣战"的延续,也是最后的一场。

在这场新式战争伊始来到梅迪纳德尔坎波的访客既可以看到过去中世纪"圣战"的高潮,也可以一睹未来战争的走向。大炮和一桶桶弹药大量涌向战场。因前十年功业彪炳而令人闻风丧胆的瑞士雇佣兵也不少见,他们也是后来一个世纪欧洲各地战场的主力军。这虽然可能是最后一场"圣战",但基本上也开了 16 世纪初一系列残酷的、破坏性的冲突之先河。

女王的战争

格拉纳达之战在记载中看似一场一面倒的战争,其实却是一场残酷的持久战。埃米尔国的规模虽然比不上卡斯蒂利亚和阿拉贡,却有内华达山脉为积雪覆盖的重岩叠嶂庇佑。前往其主要城市的途中处处是堡垒,市镇设防森严,外加必经之路上峡谷、山崖和险境比比皆是。这里是打游击战和埋伏战的绝佳场所。原来信心满满的卡斯蒂利亚人和他们不可一世的女王,很快就吃尽了苦头。

1482 年的战役让人们学到了最先进作战方法的必要条件。

斐迪南攻打洛哈堡垒以失败告终，面上无光。他手下的士兵纪律欠缺、准备不足，长期围城必不可少的大炮和其他补给又远远跟不上。第二年的情况也好不了多少。卡迪斯侯爵连同与圣殿骑士团或医院骑士团齐名的圣地亚哥宗教骑士团一起，计划对马拉加附近的山区展开武力袭击。骑士团不久就发现他们被困在通往马拉加途中的狭窄山沟之中，藏身山脊的格拉纳达人向他们头顶上射箭、扔石块。3月份的严寒将他们冻得瑟瑟发抖，他们在错综复杂的峡谷中进退两难，数以千计的卡斯蒂利亚人在此丧命。被俘虏的人还要多。只有极少数人死里逃生，在天气干燥的山里找东西果腹，差点儿没渴死。在萨其亚（al-Sharqiyya）的大溃败可谓一场灾难，他们袭击边界不成，反而让自己损兵折将、颜面尽失，可见格拉纳达并不会在面对一个姑且算是崛起中的大国时轻易服软。[22]

从那之后，卡斯蒂利亚人的行动就变得谨慎了。军队人数更多，更讲求纪律，并开展系统性作战，用大炮和石弩围困堡垒，劫掠农村以切断敌人的资源输送。瑞士雇佣兵、法国工程师和德意志的铸炮工匠纷纷南下，协助卡斯蒂利亚人使用最先进的作战技术。布尔戈斯的纺织工、塞维利亚的铁匠都离开作坊，加入了战斗行列。安达卢西亚的烈日下，穿戴精铁盔甲在黄尘滚滚的路上骑行的部队感到酷热难当。一列列驮畜在前往内华达山脉的山路上穿行，运送谷物、弹药、石弓弹丸及所有其他军需用品。一年又一年，随着一座座城堡、一座座城镇地争夺，战局出现了有利于伊莎贝拉和斐迪南的变化。

了解这种新的作战方式是一回事，为此支付军费就是另一回事了，所涉费用可谓天价。1482—1491 年，每年都有数千名士兵前往格拉纳达，随着战争的持续，部队人数还在不断增加：1484 年的一次战役开始时有 6 000 名骑士和 12 000 名步兵参与，到 1491 年最后接近格拉纳达时，骑士已增至 10 000 人，步兵增至 40 000 人。他们可算得上是中世纪最大规模的军队，让英格兰的亨利五世带往阿让库尔的大军相形见绌。每一名卡斯蒂利亚士兵都得在这不友好的、地理条件艰难的环境中坚持数月，王室不仅需要解决他们的吃饭问题，还得满足其他军需。要为这么多士兵携带供给，所需的驮畜数量相当惊人：1484 年，18 000 名士兵需要马、驴和牛等驮畜共 30 000 匹（头），随着军队扩充，驮畜也得成比例增加。[23] 而法国此时进犯阿拉贡的北边领土，使得情况更为复杂，斐迪南不得不两线作战。同时打两场仗可要比集中力量打一场仗复杂得多。伊莎贝拉和斐迪南都得想法子应对，还得筹集钱财。

国家财政

战争是烧钱的买卖。"狮心王"理查一世为了给第三次十字军运动筹钱，几乎把英格兰都抵押出去了——从王室的土地到官位。百年战争中，英格兰或法兰西之所以占上风，都是因为自家王国的财政情况有所改善。但以前打仗从没有像 15 世纪这么花钱。百年战争的最后,英格兰败下阵来与亨利六世政治无能有关,但英格兰的财政枯竭也是一大原因。随后发生的玫瑰战争其实是前一场战争留下大量债务的直接后果。[24] 勃艮第公爵"大胆查理"是当时最杰出的军事奇才之一,就因为他得养一支常备部队不断打仗,所以欧洲最富有的领土——佛兰德斯、皮卡第、布拉班特和勃艮第自身——纷纷破产。财政上的失败直接导致公爵于1477年在南锡城外遭瑞士斧枪兵砍杀,他的野心告终,统治亦随之覆灭。[25]

为避免遭遇"大胆查理"或亨利六世的下场——被斧枪劈成两半,或被篡位者囚禁,死于棍棒之下——伊莎贝拉和斐迪南需要想办法为自己的好战出资。由于二人对资本的无尽需求,他们采用了各种各样的筹资方式。我们已经看到他们与教皇反复谈判,让他们动用教会的税款。战争期间,动用的数目还真不小:60多万阿拉贡弗罗林,或1.59亿马拉维迪。可是这还远远不够。就因为这是一场"圣战",非战斗人员只要年复一年地捐钱也可以得救赎。于是卡斯蒂利亚和阿拉贡各地都有传教士用三寸不烂之舌鼓动大家捐款,就这样又筹得4.5亿马拉维迪。[26] 这些数目令人咋舌,毕竟1492年哥伦布的航行总共也就用了200万马拉维迪,但还是不够。

伊莎贝拉、斐迪南和他们的财政要员穷尽了各种渠道筹钱。他们尽可能让战争成为生财之道:1487年马拉加城陷落,城内所有居民都得付赎金来赎身。付不起的人——绝大多数老百姓付不起——被贩卖为奴,以支付作战开支。贩卖人口还得向王室缴纳数额不少的营业税,此外王室还从450名生活在城中的犹太市民手中获得了大量黄金作为赎金。[27]数百年来边疆战争都是靠劫掠来养战,随着参战人数的膨胀,劫掠范围也在增加。卡斯蒂利亚国会以赠金形式缴纳的税收也起了补缺作用。来自卡斯蒂利亚各地的宗教/军事组织"兄弟会"的税收、各式各样的营业税和关税都不无小补。[28]

但这还不够,要补上这个缺口只有借贷一途。借钱给诸侯和国王本身就有风险,公司之所以愿意贷款给统治者,并不是因为他们理性地预计投资能得到回报,而是冀望借此提升自己的社会和政治地位。统治者完全可以勾销自己的债务,也可能骤然亡故,而继任国王不一定会为前任的债务负责。不止一家大银行因为赌错了王朝而破产。中世纪最大的两家商业公司佛罗伦萨的巴尔迪银行和佩鲁齐银行,就是因为英格兰国王爱德华三世在百年战争早期没有了偿还能力而破产的。爱德华三世挺过来以后又成了一条好汉,巴尔迪银行和佩鲁齐银行却未能起死回生。美第奇银行是15世纪最重要的金融机构,其布鲁日分行因"大胆查理"生前的贷款而蒙受损失,最后竟然拖垮了整个银行。[29]

很多时候银行别无选择。统治者也可以强迫富商或全社会提供贷款,这种做法在欧洲屡见不鲜。伊莎贝拉和斐迪南就以这种办法筹集到不少钱,西班牙称之为"贷款"(emprésitos),这些钱他们原来就没打算全还。还有些钱就是东拼西凑借来的,出借方有的是贵族,有的是城市社区、主教、商会和热那亚的商人投资者,其中有些不久后也将为哥伦布的航行投资。

在这段旷日持久、所费不赀的战争期间,王室的财政情况就像许多不断旋转的陀螺。就拿 1489 年的巴萨战役为例,巴萨是格拉纳达北边的边防重镇。为了打这一仗,王室强行向城市社区、主教和贵族借贷,每一头牛都有加征的特税,除了什一税外,所有教士还要缴纳额外费用,还有前面提到的,为"圣战"贩卖的赎罪券也是一项收入。随着战事的延续,费用跟着水涨船高,资金的需求量更大。后来给哥伦布远征筹资出谋策划的路易斯·德·圣坦杰尔出面安排了国际贷款。可是这笔钱到账需要时间,而眼前就有发薪和补充供给的需要,于是圣坦杰尔自己先垫钱满足眼前所需。此外,热那亚的商人银行家弗朗切斯科·皮内利(在卡斯蒂利亚被称为弗朗西斯科·皮内洛)和其他人也提供贷款,补上了资金缺口。最后,战役接近尾声时还需要投钱,伊莎贝拉以她的珠宝为抵押又借了几笔贷款。[30]

巴萨战役在伊莎贝拉在王室簇拥下威风凛凛亲临战场后结束,不久该城即宣布投降。但这只不过是那一年的一次战役。战争持续十年后,王室财力已不堪重负。像这样大规模的战事需要更周全的财政安排、更好的管理以及像路易斯·德·圣坦杰尔和阿隆索·金塔尼利亚——两人后来都为哥伦布的远航筹资——那样精明的金融顾问。这套机制看起来纷繁复杂,但与一场十年之久的战争相比实在不算什么。

伊莎贝拉、斐迪南和他们的谋臣所使用的一个战争筹款法成为日后得到长期运用的生财之道:发行长期公债,买方购买年金,定期从王室收入中获得利息。听起来有点儿耳熟吧,这是因为其基本模式与今天的国债一样。伊莎贝拉和斐迪南让两人合并后的王国成为欧洲第一个采用这种筹资方式的国家，其他国家于16世纪纷纷起而效行。

长期公债并非新概念。早在1262年威尼斯就发行过公债，不少其他城邦，如热那亚、佛罗伦萨、汉堡和科隆也曾跟进。阿拉贡内部的自治城市巴塞罗那（虽然并不是正式的城邦）也有一只从1360年开始发行的长期公债。这是众所周知的有效筹资办法，不过在伊莎贝拉和斐迪南于1489年使用之前，以前的王国统治者却无法使用。为什么？理由之一是，国王是靠不住的借贷方，起码与那些由十分熟悉债务和信贷的商业寡头实际控制的、五脏俱全的小城邦比起来是如此。[31]

不过，从1489年开始，颇为巴萨战役财政负担所累的伊莎贝拉和斐迪南却能对这一新收入来源善加利用。他们因此获得很大的行动灵活性，而且也阔绰了不少，满足了正在崛起的统治者发动规模日增、旷日持久的战争之所需。由一批精明能干、受过良好教育的官员来打理长期公债是崛起中的大国得以主宰下一个世纪的关键要素。[32]

格拉纳达之战结束后，开始聚焦国内

女王的眼角出现了长长的细纹，眼睛四周的皮肤饱满圆润不再。双下巴开始在圆脸下端若隐若现。生来的肿眼泡上的双眼经过几十年的操劳显得愈益深陷。伊莎贝拉这些年的日子并不容易，不过她的两眼仍然炯炯有神，薄薄的嘴唇微微上扬，显露出一丝微笑。1492年1月2日，这一天是她的胜利时刻。她头戴金冠，身着丝裳，胯下是一匹有些急躁的骏马，正用马蹄挠着格拉纳达城门外的草地。围绕着她的是家臣和数万名排列整齐的士兵。

城门开启，50名身披铠甲的骑士鱼贯而出。为首的是阿布·阿布德·阿拉，人称巴布狄尔，格拉纳达的最后一位埃米尔，他的坐骑是一头驴。女王看了一眼这位埃米尔，继而看着自己的夫婿斐迪南。埃米尔摘帽向斐迪南躬身，对阿拉贡国王而言，这样的谦卑表示就够了。这群人又回头向伊莎贝拉走去。阿布·阿布德·阿拉想亲吻她的手表示自己投降之意，但为伊莎贝拉所拒；不过，她还是叮嘱他以后行为必须检点。女王一如既往地彰显了究竟谁是王朝真正的掌权人。城门的钥匙由埃米尔交给了斐迪南，又由斐迪南交给了妻子，手中的这把钥匙是如此沉重。[33]

近乎十年之后，格拉纳达之战终于在1492年年初结束。对伊莎贝拉和斐迪南而言，那是命运攸关的一年，标志着一个结束和一个开始：收复失地运动结束了，而哥伦布胜算甚微的大西洋之行刚开始。长达十多年对宗教正统的投资也达到高潮，西班牙的宗教裁判所在伊莎贝拉和斐迪南的坚决赞同与支持下，成功地迫使数十万西班牙犹太人要么皈依基督教，要么被驱逐出境。这是国家力量崛起的阴暗面，好像十年无休止的宗教战争和苛捐杂税还不够似的。中世纪末期统治者搞出的新花样还不只是战争和司法，这些花样使他们更深入地触及他们子民的生活的方方面面。

西班牙的宗教裁判所是一项国家计划。而12—15世纪许多中世纪的宗教审判则是非国家行为，它们毫无例外都是教廷主使的并向教廷负责的行为。西班牙的宗教裁判所虽然任用了不少教士，但他们听命于伊莎贝拉和斐迪南，而非教皇西斯克特四世和他在罗马的继任人。宗教裁判所主要追求的目标是西班牙境内宗教的一致和正统：这是与伊莎贝拉和斐迪南更大的大一统目标和王室控制目标完全契合的、具有政治性质的计划。伊莎贝拉和斐迪南能够利用宗教裁判所处理卡斯蒂利亚和阿拉贡内部的顽固派系和个人，把它当成打击他们眼中敌对势力的大棒，他们也确实这样做了。

不过，宗教裁判所的发展很快就失控了。连一开始同意卡斯蒂利亚加上后来的阿拉贡使用它的教皇西斯克特四世，也觉得他们做得过分。几百名表面上假装皈依基督教，私下里继续尊奉原来宗教的犹太人，被绑在火刑柱上烧死。还有数千人在等候审问和刑讯。连最后被认为不用受审的人也得缴纳重罚。宗教裁判所没收了大批土地和海量钱财，不少钱最后都进了同意迫害他们的世俗官员和教会官员的腰包，当然伊莎贝拉和斐迪南也从中抽成。整个15世纪八九十年代，宗教裁判所的实际运作虽然在王室控制之外，但都得到了他们的首肯。虽然1492年春天和夏天，宗教裁判所最终驱逐了犹太人，这出乎伊莎贝拉和斐迪南的预料，但他们并未出面反对。

第二章 卡斯蒂利亚的伊莎贝拉与国家的兴起　　67

从财产充公、酷刑到公开处决，所有这些行动都是伊莎贝拉和斐迪南的更大计划的组成部分，也是他们日后成功的基本因素。他们，尤其是伊莎贝拉，自认是数百年来西班牙的政治和宗教例外主义的传人。发动"圣战"与相信应密切监视已皈依基督教的犹太人——他们是宗教裁判所的主要审判对象——二者是并行不悖的，如果发现他们有问题，必严惩不贷。绝大多数的皈依者其实并没有犯错，甚至不少遭酷刑、被处决的人也完全是无辜的，但这一切都无关紧要。伊莎贝拉和斐迪南的统治有一种非常强烈的"救世"情绪，认为自己得履行迎接末日的基督徒使命。国家行政、财政、军事力量的膨胀——国家崛起的实质内容——与其说是具有前瞻性的、现代化的冷静理性表现，不如说是他们试图履行几个世纪之前所订立目标的结果。[34]

王朝的纠缠

给征服格拉纳达提供后盾的金融家和高效的财务机制，在1492年夏天把克里斯托弗·哥伦布送往大西洋探险。他远行之际正是西班牙新纪元的开始。对任何中世纪统治者来说，发动"圣战"都会给自己带来威望，伊莎贝拉和斐迪南在这一场公开的宗教战争中赢得了胜利，欧洲各地的教会纷纷举行祈祷以表庆贺。两人在国内进行了行政改革，同时建立了坚实的财政基础。王室法庭在整个卡斯蒂利亚雷厉风行。格拉纳达战役初期缺乏纪律、能力不足的卡斯蒂利亚士兵如今已被磨炼成一支专业常备部队的前身。十年的鏖战也令卡斯蒂利亚和阿拉贡的贵族和城镇更紧密地团结在他们领导人的周围。两个信奉天主教的王室也整顿了自己境内的教会，替换掉不称职的神职人员，基本上已自命为境内信仰的裁决者。令人望而生畏的宗教裁判所充当国家权力的另一个打手，由它完成宗教和文化的统一。在伊莎贝拉和斐迪南的领导下，日益团结的西班牙如今已跻身欧洲强权之列。

王朝声望日增意味着两个结果：第一，与其他王朝通过联姻建立联系的机会更多；第二，统治者顺便也可以夺取一些不怎么为人信服的权利主张。一个统治者的曾祖或曾担任过某地的公爵或国王，本来都是些没有太大意义的名分，但是有了常备军队、财政能力和王朝的野心，这个没有太大意义的权利主张就可能构成延伸至整个大陆的战争基础。15世纪90年代，伊莎贝拉和斐迪南没有少用这两种手段，跟欧洲其他几个主要王朝攀上了关系，同时还主张他们对大片领土的所有权。他们也因此被卷入欧洲大陆更广阔的政治圈，开始主宰整个16世纪及其后的命运走向。

伊莎贝拉和斐迪南建立的这种新兴秩序，初露头角是在1494年，也就是法国国王查理八世入侵意大利的那一年。法国的瓦卢瓦王朝长期以来一直主张那不勒斯王国为己所有，那年那不勒斯君主驾崩，年轻的查理脑袋一热觉得机不可失。于是他带领着常备部队、瑞士雇佣兵和欧洲有史以来最长列阵的大炮，轻而易举地击溃了弱小的意大利的抵抗。但他的举动得罪了自称那不勒斯王国为己所有的阿拉贡的斐迪南。

在臭名昭著的阿拉贡人、新当选教皇的罗德里戈·博尔贾波吉亚的支持下，斐迪南决定与查理一战。这就是长达 65 年的意大利战争的开始，是法国瓦卢瓦王朝与欧洲对手之间的对决，一场没完没了的欧洲大陆争夺战。战争的扩大伴随着国家的兴起，造成了暴力和扩张互为因果的死循环。

国家规模也因此变大了。法国瓦卢瓦王朝原先的对手是阿拉贡的斐迪南，斐迪南有财力雄厚的西班牙王室提供资源，而西班牙又是由阿拉贡和卡斯蒂利亚及其下各个实体组合而成。但王朝合并的进程此时才刚刚开始。伊莎贝拉与斐迪南育有子女数人，都与其他王朝有联姻关系：两个女儿后来都做了葡萄牙王后，著名的阿拉贡的凯瑟琳先后许配给两位英格兰王子；最重要的是他们的长女胡安娜嫁给了哈布斯堡王朝的王子"美男子"腓力。更需一提的是，腓力是庞大的哈布斯堡王朝领地的继承人，其继承的土地包括低地国家和奥地利，他也是神圣罗马帝国呼声最高的皇帝接班人。

伊莎贝拉的身体在历经多次怀胎与疾病外加两度丧子之痛后，已大不如前，1503 年情况更糟。当时卡斯蒂利亚和阿拉贡已经打了 20 多年的仗。斐迪南此时正在加泰罗尼亚北边与法国交战，他们的军队不久前才拿下那不勒斯。在积年累月的重压下，伊莎贝拉出现阵发性高烧和药石无济的体内疼痛。整个 1503 年，病况时好时坏，但情况再坏她依旧坚持工作：签发文件，不断写信，在斐迪南作战时处理王国日常行政事务。伊莎贝拉尤其重视培养她的接班人——女儿胡安娜,接手对卡斯蒂利亚的管理重任。

伊莎贝拉信不过"美男子"腓力,此人似乎对他新婚妻子的未来王国有觊觎之心。胡安娜没有她母亲的魄力,缺乏玩政治游戏的本能,也不像她那样冷酷无情。这位公主可以说是位悲剧人物,情感丰富、性格忧郁,不过并不像她背信弃义的夫婿和她极善权谋的父亲斐迪南说的那样无亲政能力。腓力确实打算通过她来统治卡斯蒂利亚,而斐迪南又不打算在几面受敌的情况下,放弃卡斯蒂利亚这块肥肉。

1504年,伊莎贝拉的情况不断恶化,高烧加剧。只有在最重要的文件上才能看见她的签名,再后来连那些文件上也没有她的签名了。最后一份文件就是她的遗嘱,在其中她重申由胡安娜继位。"这是我应该做的,也是法律规定我该做的事,我命令并立她为我全部的继承人。"伊莎贝拉如此写道,虽然她对这一安排显然并不十分热衷。最后,1504年11月26日,年仅53岁的她在领用圣餐后安详地走了,斐迪南陪伴在她身边。[35]

胡安娜接替了王位,但卡斯蒂利亚与"美男子"腓力打交道的时间并不长。腓力于1506年身亡,他与斐迪南之间在王国统治方面酝酿已久的冲突都还没来得及爆发。之后斐迪南成功地自胡安娜手中夺权,直到她与腓力的孩子查理成年。成年后的查理成了16世纪最强大的统治者,这是王朝兼并过程的巅峰之作。他从伊莎贝拉那里继承了卡斯蒂利亚,从斐迪南那里继承了阿拉贡,从他早已辞世的祖母勃艮第的玛丽那里继承了广袤而又富庶的低地国家，又从他的祖父马克西米利安处继承了哈布斯堡的奥地利领地。就好像这一切都还不够，查理，和过去的马克西米利安一样，又被选为神圣罗马帝国的皇帝。

权利主张更多了，统治者却变少了。这些统治者辖下土地的行政和财政管理日益复杂。战争越打越长，破坏性更大，花费也更昂贵。斐迪南与查理八世之间因为那不勒斯而产生的冲突，经过一代人的时间，战火从意大利蔓延到低地国家，从比利牛斯山脉一直到莱茵兰。欧洲各地的国家都在崛起，尤以伊莎贝拉的西班牙为最。她的冷酷无情、她的才干在当时无人能出其右，从而奠定了西班牙的政治、意识形态和财政基础。她个人的天赋与个性带动了王国内外一次结构性变革的浪潮。可以毫不夸张同时形象地说，她的血液是下一个世纪冲突、胜利与灾难的种因。

第三章

雅各布·富格尔与银行业

1508 年 2 月

狭长谷地四周隆起的峰峦在晚冬积雪的覆盖下柔和了许多。山峰裂缝中有一条在常绿树丛间蜿蜒穿梭的路，忽隐忽现。气温刚刚攀升到冰点以上，树梢上的冰挂开始滴滴答答往下滴水。

马蹄和士兵的靴子踏在青石板上的响声淹没了滴水声和冬季微风吹动下枝叶发出的轻柔的沙沙声，只见一列纵队正沿路南行。他们在寒风中瑟瑟发抖，呼气在山间化为团团白色水汽。步兵肩上扛着沉重的、两人高的长矛和大口径的火绳枪，腿上穿的是花色各异的耀眼马裤，有深红的、黄的、蓝的和黑的。

他们都是德意志雇佣兵，向南跨越阿尔卑斯山脉，准备加入神圣罗马帝国皇帝马克西米利安一世的军队。虽然是冬季，路上行走的还不只是士兵。一辆辆满载着铜的货车在缓缓南行，前往威尼斯和它富有的市场。还有装载着大量丝织品和香料的车队往北走。信使们身背重要文件——信函、信贷票据和汇票等新兴银行业的命脉——抽打着胯下疲惫的马匹，往布伦纳山口疾驰而去。

这南来北往交通的背后都有一个人的身影。他本人并不在路上，但对个中内情了如指掌，尽管这条路他已经有多年没走了。士兵口袋里叮当作响的银钱都是凭他公司提供的信用证提取的，证上说明了这一笔钱是借给马克西米利安皇帝的。钱币都是银币，而铸造银币的白银则来自他租赁的银矿。那些颠簸南行的货车上拉的都是他矿上的铜，目的地是他在威尼斯的货仓。满载奢侈品北去的车辆要前往利润丰厚的北方市场，它们都装有他的威尼斯公司账册上明文记载的投资。而在阿尔卑斯山脉的寒冬中鞭策疲惫的马匹赶路的信使，有些也是在替他传送重要的信用证和汇票。

他的名字是雅各布·富格尔，此时此刻他正在200英里开外奥格斯堡的豪宅中恬静地享受室内的温馨和干爽。年轻的时候，他跑过很多地方，在奥格斯堡通往各地的贸易路线上一跑就是几个月，不过这已经是很久以前的事了。如今，随着他势力的无远弗届，欧洲首屈一指的权贵都要派专人登门求见。蒂罗尔和匈牙利的矿，教会的汇款事宜，在葡萄牙与印度之间的贸易航运投资，在安特卫普货币市场对汇兑的风险投资：这些只不过是在欧洲富可敌国的"乌尔里希·富格尔及奥格斯堡兄弟"公司经营的众多业务中的一小部分，雅各布是兄弟中最年轻也是最活跃的代表。

1525年雅各布逝世，享年67岁。此前，公司在他的经营下已成为欧洲最大的金融投资实体，后来公司改名为"雅各布·富格尔及其兄弟之子的公司"。他与哈布斯堡王朝的关系由来已久，他和他的代理人曾为皇帝的选举以及规模和暴力程度均与日俱增的战争筹资。从他经营的范围及业务在国家力量增长和战争演变中所起的中心作用，还有他独狼式的行事风格来说，雅各布·富格尔在欧洲商界可谓独占鳌头。据记载，他去世时的财富为有史以来之最。

在阿尔布雷希特·丢勒绘制的那幅有名的肖像画中，他冷眼凝视着前方，平静而自信，甚至还透露着些许得意的神情。平凡的外表下面呼之欲出的是他对自己的过人才智和拼搏精神的笃信不疑，这种信念当然也不无道理。他尤其对自己的财富、获得财富所付出的努力感到自豪。他深信他账簿上数百万的弗罗林都是他挣得的良心钱。"世界上很多人都恨我，"他写道，"他们说我有钱。我是蒙上帝的恩典在未行不义的情况下致富的。"也有人不赞成他，他们说正是他的所作所为使得他变得贪婪，变得不像基督徒。屠杀成千上万名意大利城镇居民的军队背后的筹资人是他，不择手段拼命逐利，导致其银矿和铜矿工人不堪压迫而奋起反抗的也是他。马丁·路德觉得他像一匹脱缰野马，需要管束，最令路德反感的是他贩卖赎罪券，而这又是富格尔的众多筹钱花招之一，路德因此写了《九十五条论纲》，并开始了他的改革运动。[1]

雅各布·富格尔之所以能富可敌国，不只是因为他才智过人，也因为他生逢其时，正好赶上银行业、金融业和整个欧洲经济结构发生巨变的时机。他本人是位飞黄腾达、心狠手辣的商人不假，他的公司也是1500年前后几十年德意志南部突然崛起的许多类似公司中的一个。公司的业务范围涵盖面广，从银行存款和汇款到工业投资，不一而足，其他公司亦如是。哈布斯堡历任君王总因经费不足而四处借贷，也包括从富格尔公司处借贷。

富格尔生活的年代，经济重心正由地中海边缘往北欧转移。金融工具如贷款、货币兑换、会计和汇款越来越重要。它们脱离了意大利和德意志南部的中世纪商贸城市，而融入了整个经济结构：不论是蒂罗尔和斯洛伐克深入山体内的矿井、德意志北部乡下的教会，还是前往印度的商船甲板上，都有它们的身影。矿业和战争等关键部门的资本密集现象日益凸显。资本就像汽油，给难以为继的王室野心和技术改革提供了燃料，火势就此再度燃起。富格尔的公司提供了资本，在把火点旺的同时自己也大发其财。

中世纪的银行业与高利贷

16世纪初，在雅各布·富格尔的账簿上记录的弗罗林、荷兰盾*和杜卡特的数字越来越大时，银行业作为富格尔的业务核心，早已深入人心。它起源于中世纪鼎盛时期的商业革命，也就是富格尔诞生的数百年前。

---

* 荷兰盾是于13世纪开始流通的荷兰货币，至2002年被欧元所取代。——译者注

罗马帝国时代的先进经济已经具有密集的区域间贸易网络，并实现了全面的货币化，这就意味着有大量流通货币，同时人们对货物和服务的估值也是以货币计价的。于是就出现了各式各样的银行业务，包括提供消费性贷款和投资性贷款。不过，在罗马帝国解体后的几百年中，经济规模及复杂程度均急剧萎缩。银行业只有在经济完全货币化、信息充分流通、中程和远程贸易相当发达的时候才有必要，但所有这些在中世纪早期均已不复存在。[2] 直到公元 1000 年以后，情况才有所好转。人口增加了，农业生产力上去了，贸易也不只限于丝绸和香料等高价奢侈品，开始有了比较便宜的散货贸易，特别是布料贸易。意大利商人最为活跃，往东到达君士坦丁堡、黎凡特、埃及，往北翻越阿尔卑斯山脉到达法国香槟地区和低地国家。渐渐地，威尼斯、热那亚、锡耶纳、佛罗伦萨和卢卡等城市都变成了国际贸易中心，商人们每年都得去几趟市场集中的地方完成小交易并短期驻留。香槟地区的集市就这样逐渐成了欧洲大陆闻名的交易场所。[3]

到 12 世纪中叶，意大利人的远程贸易把银行业带入了一个新纪元。这类贸易有明确的需要：需要货币兑换，因为 12 世纪的欧洲有十多种不同的货币系统；需要汇款，因为从热那亚把大量银币送到香槟地区的做法，等于是公开邀请小领主与其骑士团伙来抢劫；需要投资的资本，因为越大的探险之旅所需的资金也越多。银行业最初的营业方式是小企业主带着少量现金进行交易，现金数量小到可以放到箱子里每天带回家。到 13 世纪末，银行业已发展成一大行业，从业者可归纳为三类：从事典当业者——通常被认为是社会糟粕,吸收有息存款的货币兑换商,以及商人银行家。头两类是日常贸易和信贷业务中不可或缺的人物,主宰中世纪银行业的却是最后一类,商人银行家。[4]

占据中世纪银行业鳌头的个人和公司涉猎永远多样。财富和权力名噪一时的佛罗伦萨美第奇家族的发迹靠的就是银行业,他们的银行是 15 世纪举足轻重的金融机构。美第奇家族基本上只要有钱赚什么都干,包括给罗马教廷提供金融服务,涉足威尼斯的香料贸易,给米兰公爵内廷提供奢侈品,参与佛罗伦萨本地的布料生产等,另外美第奇家族也经营有息存款、汇款、货币兑换和借贷等业务。[5]关键在于资本的有效使用和增长,而不在于具体从事的行业。对雅各布·富格尔和他的家族而言也如此。

然而,贷款——提供信贷——其实是银行业的核心。当今世界有直截了当的学贷、车贷,也有极度复杂的分档信贷,在我们这个信贷时代,这一切都理所当然。但是在中世纪的商业环境里提供信贷是有严重后果的。教会对高利贷极为反感,所以做了具体规定:凡还款超出本金者均构成高利贷(Quidquid sorti accedit, usura est)。但出借方都希望投资有回报,这条禁收利息的规定就变成了一大障碍。不过在具体操作时,人们认为只有用借贷谋得"某种"好处才会构成高利贷。银行业者对这一条禁令是严肃对待的,也着实为自己的灵魂有一定的担忧。还真有不少成功的中世纪投资人士在遗嘱里明确要求将一部分钱捐献给教会,以洗脱不经意间犯下的放高利贷罪。"放高利贷者将下地狱,"一位 14 世纪的意大利人曾如此写道,"不

为者则一贫如洗。"⁶

这就意味着，我们所了解的规定了利息和还款期限的标准贷款，是被禁止的。可是，银行家依然提供信贷。他们是怎么做到的呢？如果贷款涉及货币兑换，或者是用于投机性投资的，里面有风险，那么在神学上就可以被接受。利息可以说成与核心交易无关的礼金，或是投资利润的一部分，或在汇款时对汇率稍做手脚，予以化解。严禁高利贷不是闹着玩儿的，凡在乎自己社会地位的银行家都不愿意成为街头的方济各会教士喋喋不休谴责贪婪和高利贷时的攻击对象，因此这也在很大程度上决定了银行业所使用的工具。⁷

到15世纪的最后25年，也就是富格尔家族在奥格斯堡商界傲视群雄时，欧洲各地的金融家对汇票等工具，不但了解，而且在使用。纵横交错的金融网络开始从主要的商业和金融中心——伦敦、低地国家、沿波罗的海的汉萨同盟的贸易城市、莱茵兰、加泰罗尼亚和意大利等——向外延伸。用于兑换货币和隐藏贷款利息的汇票在佛罗伦萨与布鲁日、里昂、米兰、威尼斯与斯特拉斯堡之间流通顺利。卢卡开出的信用证可以在伦敦伦巴第街的银行兑现，这些钱可用来购买英格兰商人联盟的羊毛。银行业有稳固的制度基础，有大家同意的经营方式和集体管理手段，彼此信赖又有合同诚信。它可以说是欧洲各地基本信贷概念以及支持这些概念的经济制度最成熟的表现形式。

1200—1500年，银行业还是意大利人的天下，从业者是佛罗伦萨的美第奇家族以及热那亚人、卢凯塞家族、锡耶纳人等。

可是到 16 世纪初，金融重心突然转移到了阿尔卑斯山北麓。德意志南部的城市变成了国际贸易和金融的中转站，奥格斯堡和富格尔家族成了这一新现象的中心。

德意志南部的崛起

德意志南部的大致范围是西起莱茵兰，东至慕尼黑，南临奥地利，北接法兰克福的区域，它在进入 16 世纪的当口，并非中世纪欧洲经济的明星，但也不能算落后。用中世纪的标准来看，德意志南部有奥格斯堡、纽伦堡和乌尔姆等一些人口众多的居住地，却没有低地国家、意大利北部甚至是莱茵兰那么多人口密集的大城市。它的纺织业很发达，可是还比不上佛兰德斯、皮卡第或托斯卡纳。

德意志南部的发达其实应归因于天时和地利。它地处欧洲中心，是欧洲大陆几条关键贸易路线的交会点，又赶上区域贸易猛增、全欧洲市场一体化的时期。它与意大利北部的米兰和威尼斯这样庞大而富有的城市仅有一条阿尔卑斯山脉相隔，另外一条重要的南北动脉莱茵兰就在附近，连接该地区与匈牙利和波兰平原的东西通道恰恰穿过德意志南部。它与奥地利和匈牙利产量日增的矿场间的交通也很便利。简而言之，德意志南部在地理上与欧洲世界最重要的贸易路线和市场都有天然连接。

中世纪历史上有一件大怪事，就是黑死病导致欧洲约 5 000

万人也即 40%~60% 的人口死亡，却让幸存人口的生活水平大幅提高。稀缺资源集中在少数人手中，这些人的消费态度发生了改变，变得更招摇、更公开。人们对上好衣料的需求增加就是最明显的生活水平提升迹象，欧洲各地的纺织品产量剧增。德意志南部是最适合发展新兴纺织业的地方，它特别擅长生产一种名为"纬起绒布"（fustian）的棉毛混纺布。纬起绒布的生产需要一系列基础——从意大利进口原棉，给厂商提供信贷，制成品还必须能送往欧洲各地的市场——而德意志南方大城的商人最能满足这些需要。他们纷纷出现在威尼斯、米兰、斯特拉斯堡、科隆、安特卫普、伦敦，甚至远至里斯本，经销高品质纺织品，将绵密的商业网络编织到欧洲大陆的各个角落。[8]

银行业的突然北移和富格尔的发家其实都可追溯到纬起绒布行业的兴起。一旦打下基础，中世纪的商业网络往往十分稳固并且灵活。只要某地有信得过的人，通晓当地市场的运作，知道走哪条路，货物连同钱财都可以使用同样路径，找到同样的中间人。14 世纪和 15 世纪的佛罗伦萨人是这么干的，15 世纪后半叶和 16 世纪的德意志南部的人也是这么干的。[9]

奥格斯堡的富格尔家族就是这一环境的产物。富格尔家族的老祖先是一个名叫汉斯·富格尔的纺织工，1367 年他从附近一个村庄搬到奥格斯堡。汉斯在织布行业干得顺风顺水，搬到城里后不久，他就不再在织布机跟前干活，改行从事更赚钱的工种。我们对细节所知不多，但猜想他应该是涉猎了贸易和金融领域。1396 年过世时汉斯已跻身奥格斯堡富人行列，早已不是昔日寂寂无闻的纺织工了。[10]

家族企业由汉斯能干的妻子伊丽莎白和两个儿子安德烈亚斯和雅各布继承。两兄弟一开始是一块儿干,可能是在经营长途贸易,不过后来分别成立了两家公司。安德烈亚斯及其后人——因为他们的盾徽上有牡鹿而被称为"牡鹿富格尔"——的贸易和金融公司一度发展得很大也很成功,但于15世纪90年代破产。大雅各布·富格尔的后人被称为"百合富格尔",有名的"富贾雅各布·富格尔"即出自这一支。

15世纪的奥格斯堡特别适合大企业发展。如果你想靠买进、卖出、贸易或制造业发大财,它几乎是欧洲大陆上的不二之选。它的精英基本上都是商界人士,尽是该市经济和政坛最具影响力的富有贸易商、金融家和有一定规模的手工业主。这些人彼此抱团,有一定的排他性:他们靠婚姻纽带和错综复杂的投资联系彼此团结,但也会因政治和商业竞争而出现分裂。富格尔家族在其中已摸爬滚打多年,从汉斯·富格尔到大名鼎鼎的富贾雅各布这三代人时间里,已逐渐成长为名门望族。汉斯娶了纺织业行会会长的女儿,他的儿子雅各布又做了一名富有的金匠的乘龙快婿。这两位妇人本身都是经商高手,两人也都在夫婿死后继续让家产翻番。[11]

奥格斯堡鼎盛时期,在这些家族和商业网络当中流动的资本就像推动水车辂辘的河水一样,其总量越来越大。城里精英之间的每一桩联姻都代表一次新的商业联合,代表又一个有钱可赚的投资机会,这些投资多种多样而且遍布各地。布匹的长途贸易作为德意志南部新近发迹的基础,只不过是个开端。

富格尔家族

"百合富格尔"的创始人汉斯·富格尔的儿子大雅各布·富格尔有儿女数人。这对德意志南部的商人家族而言可是一大福气：儿子们可以送到其他城市去管理分行业务，女儿们则可以在其他商界精英家族中被用来安排与己有利的婚姻。每件事都是进一步提升家族财富和名望的机会，这些价值相互纠缠，密不可分。对大雅各布·富格尔这条血脉的未来而言，特别重要的是他的三个儿子：乌尔里希、格奥尔格和小雅各布。后者就是我们知道的"富贾雅各布"。

虽然富贾雅各布是富格尔家族中最知名的人物，但硬把他与家族分开来谈则是对当时的商业现实和社会环境的根本扭曲。汉斯·富格尔已经发家，大雅各布生前也是奥格斯堡屈指可数的富豪。富贾雅各布绝非白手起家，更谈不上出身寒微。他不是从天而降的人物，而是那个时代的产物。家族就是一切，是锚定，是地基，从物质角度而言，也是一个能提供可靠商业伙伴、能让你获得最宝贵的流动资金的广泛网络基础。

1469年大雅各布逝世后，家业由家人接掌。他的妻子芭芭拉·贝辛格对公司业务介入颇深，几十年来皆是如此。从法律上讲，丈夫死后的家族财富完全由她掌控，需缴纳税捐的家产在1472—1486年翻了一番。他们的七个儿子都在家族企业中扮演了一定的角色；其中六人直接参与公司工作，有三人英年早逝。老四马克斯·富格尔是教士，1478年卒于罗马，他也曾让教会的小笔金融交易朝家族方向倾斜。所以当1459年才出生的雅各布成年时,家族企业已经是一个欣欣向荣、多种经营、地域广阔的实体了。

有这么一个传说,说小雅各布跟他哥哥马克斯一样,本来也要当教士,因为家里在他孩提时代就给他购得一个有薪俸的教士职位。据说,小雅各布还是被硬从教会给拉回肮脏的商业世界的,在金钱与灵性的"灵魂"拔河赛中,金钱胜出。其实不是这么回事。他父亲确实给他在奥格斯堡以北约60英里的黑里登村的所属教区购得了圣职。有时,圣职的所有者确实在某个教区履行文书职责,但更多的时候他会出钱请别的教士代行其职,圣俸则归自己。有俸圣职其实是蒸蒸日上的商人家庭的一项聪明的投资,为了众多的儿子中可能有人日后愿意从事圣职而做的准备。[12] 小雅各布·富格尔似乎在黑里登只待过几个月,就于1479年正式放弃了这个有俸圣职。

早在他辞去圣职之前,对金钱的追求就与小雅各布不期而遇。1473年,在家族企业工作的哥哥彼得在纽伦堡逝世。另外两个哥哥汉斯和安德烈亚斯去世得更早,他们还在威尼斯学艺期间就过世了。于是,加入家族企业本来对他来说只是一种可能——他到底在十来岁的时候就已经获得了圣职——现在变成必须做的事了。1473年,也就是他哥哥彼得过世那年,雅各布就来到了威尼斯,开始学习经商。

威尼斯与中世纪晚期的商业地理

从德意志南部一个新兴商业集团到意大利北部的中世纪晚期贸易世界中心的这条路，决定了雅各布·富格尔的职业生涯以及欧洲经济的巨变。这条路从奥格斯堡出发，经过蒂罗尔的中心城市因斯布鲁克，继而向南翻越阿尔卑斯山进入威尼托，再到水城威尼斯。

小雅各布·富格尔踏上这趟旅途时顶多14岁。他没有留下日记或书信告诉我们他当时的感觉，或者对哥哥去世的感受。他这一路先往南，途经莱希河谷的平原和小丘，沿着河边富饶的农地和偶尔穿插其间的一片片森林前行。教堂的尖顶说明道路两旁有密集的村落存在。农民们或在田间工作，或照看牲口，是他们的丰产养活了像奥格斯堡、英戈尔施塔特、慕尼黑、乌尔姆、梅明根、纽伦堡这样的繁华大城和更远的地方。谷物沿陆路和莱希河北去。布料都是城里的商人——估计也包括富格尔家族——以外加工的方式生产的，他们先收购原毛和原棉交予农民纺织，再将制成品收回，分销至欧洲各地，布料也是从乡村往城里送的。或许十几岁的小雅各布·富格尔在南行的路上也捎带了一批货；如果没有，他起码会在路上见到途中在重压之下前行的驮畜。德意志南部就是靠批发布料生意发迹的，这一点即便是十来岁拜师学商的学徒应该也都知道。

道路继续往南，莱希河谷一望无际的平原延伸到韦特施泰因山脉时，就变成了岩峰处处。转而东行进入狭长的因河河谷时，四周全是层岩叠嶂。作为奥地利公国一部分的蒂罗尔的中心城市因斯布鲁克,正处于其心脏地带。这是哈布斯堡王朝其中一脉的发源地,不久之后它即发展为欧洲炙手可热的贵族王朝,对富格尔日后的进一步发迹也起了关键作用。继续往东沿因河河谷而上,就是施瓦茨,这里大大小小的银矿生产的贵金属让西吉斯蒙德大公越发贪婪。十几岁的小雅各布或许对矿业发达的全面影响并不了解,可是成年之后的他肯定知道,因为开矿不久,矿业就成了他们公司的一项主要业务。

跨越阿尔卑斯山的主要关口是布伦纳山口,距北面的因斯布鲁克只有 20 英里。狭窄山路上的车辆和负重累累的驮畜争先恐后:布匹和金属往南,高级丝绸、香料和原棉则往北。西边几个山口来往的人、驮畜、车辆更多,所运货物包括来自米兰的精铁盔甲、其他种类的布料和羊毛。行至高高的山口时,小雅各布感受到山间稀薄空气中的阵阵寒意。这是他第一次南行,但绝对不是最后一次。

小雅各布一行人往南穿越草场,四周只见三两放牧的羊群和一丛丛盛开的野花,途经常绿森林时能感受到树木提供的阴凉。经过几天的跋涉,层峦叠嶂逐渐演变为柔和起伏的山丘,终于,广阔的波河河谷映入眼帘。北意大利城市建筑密集,人口众多。维琴察和帕多瓦的人口都有数千,都比小雅各布的家乡奥格斯堡要大,其间还分布着许多小城、小镇和乡村。

波河河谷的黑土论肥沃度堪称欧洲之最,但还不足以养活北意大利的众多人口。他们仍需要到半岛南端的西西里和那不勒斯甚至更远的地方，将当地大片农田所产的大量谷物不断北运才能满足所需。这是一笔大生意，需要大腹便便的商人经常奔波于亚得里亚海与第勒尼安海之间，需要给航运提供短期信贷，并通过银行家大量汇款。欧洲的另一个大都市区低地国家，也有同样的贸易安排，只不过它们的谷物来自波兰，而经手者则是波罗的海的商业行会。

横跨波河谷地时，小雅各布看到了在许多袋谷物重压下吱嘎作响、缓缓前行的车。同样在路上奔波的还有携带商业文件及合同风尘仆仆的信使、满怀虔诚前往罗马朝圣的信徒，以及携带着经历无数鏖战的武器的疲惫雇佣兵。满载粮食的拖船缓缓驶入谷地众多的运河和支流。往东朝亚得里亚海方向前进，脚下稳固、肥沃的土地逐渐被围绕威尼斯潟湖的沼泽淹没。威尼斯就像矗立在沼泽地中的灯塔，是中世纪欧洲最大商业地区皇冠上的明珠。这就是小雅各布的目的地，是他几个哥哥过世的地方，也是他开始向行业老手拜师，学习银行业务和经商门道的地方。

威尼斯是世界这一隅的贸易网络的基石。关键的通商道路由此向各方辐射而出。潟湖内的港口直接为北意大利和亚得里亚海沿岸服务，运入来自达尔马提亚的造船用木材，和整个地区嗷嗷待哺的人口期盼的南意大利粮食。珍贵的香料和丝绸从亚历山德里亚来到这里，之前它们已途经尼罗河、跨越红海，再之前还经过了印度洋。德意志南部的商人往北运送棉花经过这里，一些给纬起绒布制品寻找好市场的人亦然。通过佛罗伦萨的美第奇家族及其他众多银行运转的意大利资本，在这里找到了大量投资机

第三章　雅各布·富格尔与银行业

会。"圣战"的税赋和出售赎罪券——说白了就是用金钱购得救赎——的收入,也是经过威尼斯的货币市场从远在匈牙利、波兰、斯堪的纳维亚的教会送到罗马的。坐落在里亚尔托桥边的德国商馆(Fondaco dei Tedeschi)就是小雅各布学习经商之道的教室,在那里他能看到货币兑换商和银行家。这里离骈肩杂沓的码头和堆满货物的货仓也只有几步之遥。[13]

全欧洲商业工具最完善、最发达的地方非这里莫属。日后的小雅各布·富格尔以精通记账知识而闻名,可能就是得益于15世纪70年代他在威尼斯对这门技艺和科学的最前沿的经验。会计之所以重要,是因为账册上资产和负债反映得越准确,经理才能越准确地掌握公司状况,知道钱都流向了何处,更重要的是,更清楚公司可以承担多大的风险。公司越大,交易越复杂,会计就越重要。

小雅各布·富格尔的公司日后以破天荒的速度壮大发展,公司的账目永远清清楚楚。小雅各布在威尼斯逗留之后的几十年中,一位年轻的奥格斯堡人马特乌斯·施瓦茨花了几年时间四处学习会计,曾前往米兰、热那亚和威尼斯等地拜师,绝对称得上求知若渴,回到奥格斯堡后,他到小雅各布·富格尔处赴任。小雅各布亲自对他的会计知识进行了严格面试。据施瓦茨后来记述,此时他才发现自己几年所学,与小雅各布对金融会计的深厚经验和直觉相比"仅属皮毛",早知如此,待在奥格斯堡跟这位大师学艺就行了。

中世纪贸易世界的各个角色均可以在威尼斯码头一览无余:

英格兰羊毛、印度香料、佛罗伦萨的汇票，不一而足。十几岁的小雅各布对于他在这所开放式学校的所闻所见，去芜存菁后加以吸收。他喜欢上了威尼斯，一直将他名字的意大利称呼"哈科沃"（Jacobo）沿用到晚年；也许也是在威尼斯，他养成了戴金色贝雷帽的习惯，丢勒笔下那张最有名的他的画像里，他头上就戴着一顶漂亮的贝雷帽。小雅各布的性格有冷酷、无情、理性的深深烙印，但这些不重情感的表现也是对他性格另一面的一点提示。[14]

国家财政

15 世纪 80 年代初，小雅各布成年时，家族企业面前开始呈现新机遇。乌尔里希、格奥尔格、母亲芭芭拉与小雅各布一同精心打理，生意蒸蒸日上；他的哥哥们和他的母亲都是理财高手，小雅各布也不逊色。

以后几十年家族企业的惊人增长主要靠的是国家财政和矿业，这两方面所需要的资金量之大远高于过去。对小雅各布·富格尔和他同时代的人来说，这一明显的规模改变是他们与前人最大的差异所在。他们累积了更多资金，投资于更大的风险事业，也从中获得了更多利润。

15 世纪 80 年代，统治蒂罗尔的是神圣罗马帝国皇帝腓特烈三世的堂弟西吉斯蒙德大公。当时的他已年逾五旬，过去长期混迹政坛充当掮客，乏善可陈。他的主要成就也就是用几块地与另一块地交换，把某些地抵押出去换现金，还曾参与过一个最终令他的昔日盟友勃艮第公爵"大胆查理"一蹶不振的联盟。这对当时野心勃勃的君主而言都是稀松平常的事，几番努力后成败参半也算正常。并不是人人都是赢家，哈布斯堡王朝的人也不例外。不过西吉斯蒙德有一点优势是其他人都没有的：蒂罗尔的银矿。银矿在使用成本高昂的新技术后，生产力提高了。整个地区矿业欣欣向荣，产量激增。

西吉斯蒙德大公对银矿的产出保有相当大的习惯权利，他用这笔新财源不断为自己的政治雄心注资（只是都没成功）。不过，需打点的地方太多，他老觉得手头的钱不够用。当然西吉斯蒙德的处境也并非个例，前面说过，伊莎贝拉和斐迪南也需要不断为战争注资。他们之间的最大差异就是成功率很不一样。

解决西吉斯蒙德大公财政困境的法子当然又是贷款。幸运的是德意志南部兴旺的商业城镇就在蒂罗尔旁边，城里同样事业兴旺的商人精英手上有的是供借贷的本钱。问题是，这些商人也不是傻子。不管大公本人是多么显贵的皇亲国戚，要是拿不出担保，他们是不可能愿意在他身上投入巨资的。那个年代德意志南部的企业家，包括富格尔家族，就这样与国家财政和矿业建立起了密不可分的关系。毕竟，你能找到比纯银更好的贷款担保吗？

乌尔里希、格奥尔格和小雅各布·富格尔给西吉斯蒙德大公提供第一笔贷款是在1485年。这笔贷款总数只有3 000弗罗林，比起西吉斯蒙德欠另一家贸易公司的10 000弗罗林和他向蒂罗尔财政管理大臣借的60 000弗罗林，实在是小巫见大巫。富格尔家族对这笔数额相对较小的款项不收利息，完全规避了高利贷禁令，只是讲好了直接用银子还钱：1 000马克[*]，相当于现在的618磅。1487年西吉斯蒙德与威尼斯共和国开战后，他们的关系即快速攀升。我们都知道打仗是个烧钱的活儿，而西吉斯蒙德本来手头就拮据。1487年秋，他借了一笔14 500弗罗林的贷款，紧接着1488年春又借了8 000弗罗林，同年夏天又添了令人惊讶的150 000弗罗林。代价是大公在施瓦茨银矿的全部产出归富格尔家族所有。

这中间的交易复杂得像迷宫。理论上，富格尔家族以每马克8弗罗林的固定价格获取银子，而冶炼费的价格是每马克5弗罗林，每马克3弗罗林的差价就用来抵消大公的贷款。每周都有200马克的银子送到大公在哈尔镇的铸币厂铸成银币，其余的则交由富格尔家族在公开市场出售。固定购买价与银子的实际市场价之间的差价，就是富格尔家族这一交易的利润。

到1489年年底，西吉斯蒙德欠富格尔家族的钱已达268 000弗罗林的天文数字。他们几兄弟手边不可能有这么多钱出借，所以肯定是从别处找到了投资。最可能的来源就是富格尔家族在奥格斯堡的庞大关系网：妻子们的嫁妆、姻亲、堂表亲、代表奥格斯堡上流社会的精英饮酒俱乐部的友人。所有这些人的投资也都是要还的。可能他们借出去的钱中，有些也是借来的，他们肯定

---

[*] 中世纪欧洲各地的1马克的质量并不固定，此处应是以1维也纳马克=280克计算。——编者注

第三章 雅各布·富格尔与银行业

算过，知道两者之间的利润差足够他们支付利息。[15]

确保盈余本身就不是一件容易的事，会计不能出差错，需要做一系列复杂的计算——对于 Z 金额的贷款，需以到时候白银可能的价格 Y 计算的 X 量白银偿还——同时还得对欧洲金属市场有深入了解，这样才能保证上述计算有一定的准确性。小雅各布·富格尔的会计马特乌斯·施瓦茨说起他和他的主人家与其他同行所使用计算方法的差异时这样说："这些家伙在杂乱无章的小本子上，或在随随便便的一张纸上记录他们的交易，还把纸粘在墙上，就在窗台上算来算去。"这对富格尔兄弟来说可是行不通的。他们的精密计算是整个家族企业成功的秘诀。[16]

最终，西吉斯蒙德大公因债台高筑被赶出了他的属地，灰溜溜地退位了。取代他的是他在哈布斯堡家族的堂弟马克西米利安，马克西米利安是神圣罗马帝国皇帝腓特烈三世的儿子，日后也是他的接班人。1477 年，他年方十八，精力充沛，体格健硕，曾豪赌一把，骑行跨越由对手统治的数百英里领地去表达他的爱意，终于赢得勃艮第女继承人玛丽的芳心。他原本就继承了神圣罗马帝国的各处领地，这一潇洒豪迈的举动又使他成了富有的低地国家的共治者。但因玛丽去世过早，统治不易，马克西米利安只能让他稚龄的儿子腓力担任地位不稳、不受待见的摄政——此人我们前面已经提到过。这块堪称肥肉的地产是跟法国打了一仗，在战场上奋勇杀敌后，才有幸夺回的，耗费巨大自不在话下。另一支富格尔家族，"牡鹿富格尔"是 15 世纪 80 年代晚期众多借钱并汇款到佛兰德斯支付马克西米利安士兵军饷的银行业集团中的一个。其实，（今属比利时的）勒芬城本来是马克西米利安向"牡鹿富格尔"贷款时的担保，但因为勒芬城拒不认账，直接导致富格尔家族的这一支宣告破产。[17]

马克西米利安一辈子都在想方设法扩张领土，给自己的孩子争取更多所得。他做到了，可是也付出了天价。1490年接替大公位时，他挥金如土的作风已不是什么秘密，到晚年更是一发不可收拾。"有时候他想出征，"几十年后奥格斯堡的一位商人曾有这样的记载，"可是他的仆从手头都没钱，皇帝和他们连住店的钱都拿不出来。"[18]

即便国库空虚，也没挡住马克西米利安的雄心壮志。他就是这么一个闲不住的人，心里总在琢磨，凡事又没有常性。他一会儿支持某人拿下英格兰王座，一会儿又张罗出资印刷最早的一批政治宣传品，接着又想到娶布列塔尼公国的女继承人去挫败法兰西国王，下个月他又盘算如何夺取威尼斯共和国的领土。[19]他不断冒出新点子，发动新战役，提出新的外交倡议，所有这些都需要钱，而马克西米利安手边根本就没有钱。

奥格斯堡的乌尔里希·富格尔和兄弟们都很愿意借钱给马克西米利安，继续维持他们与他的堂哥兼前任大公西吉斯蒙德之间的关系。人们不禁要问，为什么要跟这么一个挥霍无度、好大喜功的主儿打交道？答案很简单：担保物。与如今已宣布破产的堂兄弟"牡鹿富格尔"那一支不同的是，乌尔里希、格奥尔格和小雅各布拿到的抵押是贵金属，跟他们与西吉斯蒙德的安排一样。大量银子换得越来越多的贷款，富格尔家族也赚得盆满钵

第三章　雅各布·富格尔与银行业

满。据一项乐观估计，他们在1485—1494年的利润达400 000弗罗林，这个数字可能偏高，但也不会太离谱。[20]

其他人算得没有富格尔家族精准，也缺乏他们无懈可击的商业直觉。1494年富格尔家族向马克西米利安的银矿索要价值40 000弗罗林的银子，以偿付马克西米利安此前的贷款。可是马克西米利安已经用这笔银子做抵押，从一个纽伦堡商人联盟处借了一大笔钱。富格尔家族索要成功，而马克西米利安并没放弃已经借到手的钱，导致纽伦堡的商人血本无归。给一个国力日益雄厚的国家融资只可能有两个结果：大祸临头或大发横财。富格尔兄弟找到了一条路，既躲过了破产的祸害，也没得罪王公贵族。这段时间意图振兴国力的君王，他们的宏图伟略都需要获得信贷。有的债权人就混得比别人好。[21]

开 矿

蒂罗尔的银矿，以及富格尔家族和其他人以此为抵押提供的贷款，使马克西米利安得以追求他的某些（并非所有）不切实际的远大梦想。银矿作为马克西米利安的财政支柱，也是在15世纪末借助极其昂贵的开采方法和提炼方法才发展起来的。开矿变成高度资本密集型工业，而它所产生的巨额利润催生了另一个资本密集型的进程：国家的形成。这两个发展相互缠绕，二者背后都可见富格尔家族的身影。

开矿在 15 世纪末已算不上是新兴产业。铜和银一般是同时出现在一种矿石中的，中欧大小群山中蕴藏着大量的矿脉，经过几个世纪的开采已存在无数矿井。即便这段时间呈现爆发增长态势的矿石提炼工艺也不算新颖。熔析法需要将铅加入铜银矿石，多次加热直至铜与铅结合排出，最后只留下高纯度的银。这个办法或许在几个世纪前就出现了，但一直没有普及，成本效益比也不高。[22]

到 15 世纪下半叶，两大变化促使融析法得到大规模应用。一是银价由于欧洲较易开采的银矿产量不足而上涨，含铜多于银的矿脉也值得开采。这些矿脉更深入地下，所以需要花更多的钱开凿特殊坑道，用排水泵排水。建熔炼炉和冶炼工坊也要钱，工坊得足够大，好让工人能够把少量的银子从大量铜中分离出来。二是像富格尔兄弟这样的德意志南部商人都不缺建矿井和购置设备的资金。开矿的每一个步骤都很花钱，还需要大量技术工人和非技术工人，他们都是要薪水的。如果没有人愿意冒投资风险，矿业根本无法开展。幸运的是，像奥格斯堡、纽伦堡、乌尔姆和法兰克福这样的城市，其商界精英恰恰手头资本充裕、跃跃欲试。[23]

冶矿行业开始扩张的背后是大家对银子无止境的需求欲望。银子除了本身是贵金属，欧洲大陆日常使用的钱币也是银币，所以即便获取不易，其固有价值也让开采物有所值。不过，银矿还只是开始。在分离纯银与铜的工艺中，用同样的设备也可以生产出纯铜。当时正值连年征战，铸造青铜大炮和其他武器正需要铜，其需求量急剧上升。

要使技术上可行的工艺规模化来满足消费需求，就得有资本，就得有冰冷的硬通货。这个事实对今天开创行业新局面的技术公司如脸书（Facebook）、优步（Uber）来说是如此，对15世纪晚期的开矿行业而言亦如此。德意志南部的商人一如今天的风险投资人，看到机会即一拥而上；而最善于抢夺先机的莫过于富格尔兄弟。

不过，小雅各布和他的哥哥们在投身新发展领域前，该做的功课一定会先做。在没有查看西吉斯蒙德和其后的马克西米利安大公几年的财务往来情况前，他们是不会借出去一分钱的。富格尔兄弟毕生都生活在蒂罗尔附近不断扩张的矿藏附近，他们先仔细观察银子的成本及产量，之后才接受以银子为担保。他们涉足矿业并拥有铜矿的过程也一样谨慎。一开始，他们作为马克西米利安的代理，于1492年在威尼斯转卖他的铜，先对市场摸底；而后于1494年5月才直接买进蒂罗尔的铜。与此同时，他们的公司也买进了萨尔茨堡附近矿厂的股份，一步步从经销商变成矿主。

这一切都是为他们的下一步做铺垫。1494年11月15日，富格尔公司的代理与一位名叫汉斯·图尔佐的商人兼采矿工程师及其儿子格奥尔格签了一纸合同。图尔佐来自波兰的克拉科夫，才盘下了诺伊索尔（今称班斯卡-比斯特里察，属斯洛伐克）一个相当大的银矿和铜矿场没多久。他本人是矿业专家，是业界老手，与匈牙利的政界精英关系很深，唯一问题就是资金不足。而富格尔兄弟的代理摆在他面前的合同，恰恰可以给他提供资金。

这个新项目论规模和复杂程度都不可思议，政治上也有其微妙之处。理论上矿山属匈牙利王室所有,而国王最近才与马克西米利安达成了王朝间的协议。但佩奇的主教又声称矿山是他的,经过马克西米利安施压和富格尔家族送出一笔价值 700 杜卡特的厚礼之后,主教才同意将矿山租赁给汉斯·图尔佐。每一个新租约、每一项必需的建筑,都必须事先征得匈牙利国王批准,所以与国王的关系容不得造次。当然,给匈牙利王室提供信贷对此也不无小补,富格尔家族在 1494—1500 年向有权势的教士和匈牙利官员打点了高达 10 000 弗罗林的礼物,也起了一定作用。富格尔兄弟的计算没错,任何潜在的损失风险都能被大量采矿的盈余弥补。[24]

这还只涉及政治层面。开矿要赚钱就需要昂贵的机器,庞大的冶炼炉和锤式粉碎机。富格尔他们在诺伊索尔和其他地方添加了越来越大的设备。铅是融析法的要件,所以富格尔家族自己买下铅矿,同时也在公开市场中购买其他必要原料。他们除了运用与图尔佐的关系外,还在其他地方又买了一些矿,自建了冶炼设备。到 1504 年,他们在匈牙利矿业方面的投资就超过了 100 万弗罗林,每年都要投入 10 万弗罗林以上。

一旦完成了开采和冶炼,铜和银都得拿到市场上去。大部分铜和银被带到了威尼斯,特别是在初期。但很快矿场的产量就超过任何一个单一市场的交易量。唯一的解决办法就是建立一个庞大的全欧洲分销网,于是富格尔家族又出资兴修道路运送提炼后的金属。他们必须与运输沿线的土地拥有者——小领主、主教和诸侯等——搞好关系,以保证运送物资的安全,尽可能减少麻烦的过路费和延误。他们在沿途关键地点如弗罗茨瓦夫、克拉科夫、奥芬（即布达，今布达佩斯的一部分）、莱比锡等地都派驻代理人，协调运输。马车夫将货拉到波罗的海沿岸的格但斯克、斯德丁（今称什切青）和吕贝克，经码头工人装船后运往西北欧的新兴金融枢纽兼重要港口安特卫普。大量货币在各地流动，给每个地方的雇员发薪后，再将剩余资金汇回总部。网络中间的每个站点都不断将价格、往来存款账户的情况和下属人员的工作绩效等信息传回奥格斯堡。匈牙利的铜矿企业是不属于富格尔公司本身业务的单独合同实体；总公司专门从它那里买铜和银，然后再卖出，这一业务又增加了会计工作复杂程度。[25]

这些努力换得的盈利也是天文数字。且不谈他们本来就已经很赚钱的银矿生意，单单是诺伊索尔附近的几个矿就占了全欧洲铜产量的近40%，富格尔家族在阿尔卑斯山的铜矿贸易中也称得上龙头老大，其产量又占全欧洲铜产量的40%。1503年，富格尔兄弟将匈牙利生产的铜从格但斯克运到安特卫普，就用了整整41艘船；而这只不过是众多资源站点中的一个，只占他们的铜产量总体的一小部分。[26] 1504年，奥格斯堡的乌尔里希·富格尔和兄弟公司已经在欧洲富豪榜上名列前茅了。

利益多元化

就在富格尔兄弟的事业扩张并日趋复杂的时候，兄弟几人通过一系列新合同对公司做了新的安排。协议里明确规定三兄弟如今是平等伙伴，他们已投入资本中的多少应留在公司，一旦兄弟中任何人死亡应以何种方式对其继承人付款等。它取代了公司自成立之日起沿用多时的习惯传统做法。并不是只有富格尔兄弟做了这样的安排。这类合同规定明细，集中针对主要的伙伴而不是整个家族、完全排除言而无信或贪得无厌的继承人，德意志南部商人已逐渐接受这类合同。原来为期6年的合同到期后，兄弟几人曾续过一次，以后并没有再次正式续约而是让它自然延续。乌尔里希于1506年逝世，格奥尔格卒于1510年，欧洲最庞大的公司之一如今就只剩下小雅各布一人当家了。

此时公司才更名为"雅各布·富格尔及其兄弟之子的公司"，在剩余族人和涉猎利益广泛的复杂网络中，独掌大权的只有小雅各布一人。"我决心继续亲自管理公司业务，并精心培养我两个哥哥的儿子们，"小雅各布在新公司的章程中如是规定，"此外，上述四位侄儿也应视我为公司主管，给我应有的尊重，并勤力完成我交托给他们的任务。"小雅各布独挑大梁，这一点毋庸置疑。[27]

不久小雅各布就得到了"富贾"的不朽称号，公司经营得当功劳几乎完全由他独享；他是明星，是当时有史以来最富有的人。然而，小雅各布的经商手段固然出众——他是公司向采矿和国家财政方面发展的主要推手，但他的哥哥们当年也绝不是吃闲饭的。他们原来也有明确职责，也没听说他们把哪件事搞砸了或曾玩忽职守，迫使他们的弟弟伸出援手。格奥尔格常驻纽伦堡，负责协调公司在这个主要市场和转运站的活动。乌尔里希处理奥格斯堡的业务，包括搞好与城里其他商人精英之间的关系，这对筹集资金与物色可靠的代理人和雇员来说至关重要。小雅各布曾代表公司前往多地——他到过威尼斯，1494年为拿下匈牙利的新贸易合同曾途经蒂罗尔到维也纳，还到过法兰克福等地；正是因为哥哥们的扎实工作，他才能放心大胆地上路。因此，就像几乎所有德意志南部的商号一样，公司的成功是集体努力的结果。1510—1525年小雅各布的铁腕管理并非常态，只能算是例外。[28]

1510年以后，雅各布对公司业务的严格管控在他的同时代人和竞争对手中也不多见；奥格斯堡的韦尔泽家族拥有当时第二大公司，他们的合伙人不下于18人，可能还更多。不过，当时富格尔公司的疯狂增长和利益格外多元，确实是所有公司的常态。涉足蒂罗尔银矿或匈牙利铜矿的德意志南部商人或奥格斯堡本地人中，不只有富格尔家族，给贪得无厌的马克西米利安提供贷款的也不只有他们。富格尔家族并没有放弃原先让他们发家致富的散装布料生意，以及在威尼斯熙熙攘攘的里亚尔托购买奢侈物品的生意。他们还于1504年投资船队，参与了葡萄牙与印度之间新的贸易。其他公司的业务重点与他们的不同：韦尔泽家族和（同样来自奥格斯堡的）霍赫施泰德家族对葡萄牙航海和香料贸易的投资更多，而对小雅各布和他的哥哥们来说，虽然这方面的生意赚钱，但他们的参与只能算是蜻蜓点水。[29]

所有德意志南部的公司，不论窗外挂牌是怎么说的，不论各家的重点生意如何不同，大家都使用银行和金融工具。霍赫施泰德家族欢迎任何人在他们公司存款，并支付利息——客户从仆人到王子都有。富格尔家族对投资者就比较挑剔，基本上只接纳奥格斯堡商界精英和他们自己的庞大家庭的成员与姻亲的投资。他们也吸纳政治盟友和其他富有的金融家的钱，包括蒂罗尔政府里一位雄心勃勃的教士兼行政官，红衣主教梅尔希奥·冯·梅考。1509年此人突然去世，让富格尔兄弟措手不及，因为他的15万弗罗林的存款占当时他们周转现金的一大部分。富格尔家的银行和其他银行一样，是付利息的。但他们首先是商人，是投资者，搞银行业务只不过是达到目的的手段，是给他们各种生意筹集所需资金的一个手段。[30]

银行业真正的作用远不只是接收存款和支付利息，各种形式的汇票、信用证和汇款是银行的核心业务。富格尔家族和其他家族也一直保持着这些业务。他们都各有创新，并不仅是在工具方面的创新，而且是在使用规模和强度上的创新。几十年前，著名的美第奇家族经手的汇票业务规模还只有数万弗罗林，等到富格尔时代，他们的汇票业务规模已经达到数十万弗罗林。16世纪初安特卫普取代了意大利人青睐了几个世纪的布鲁日，成为欧洲金融世界的新中心，这并非巧合。他们的生意数额比以前大得多，这个时候规模就发挥了引力作用，让周围更大的商业世界圈围着它转了。[31]

由于他们繁复的商业利益的涵盖范围太广，像富格尔家族这样的公司总是不断将大笔钱款在各个地方调来调去，从一种货币换成另一种货币。给马克西米利安的贷款就不是单个交易，而是一系列交易。债权人用手头的钱加上新投资，或通过二次借贷来凑齐资金，每一笔钱都要单独汇款。比如1515年，小雅各布需要从"好朋友"处借一大笔钱，再出借给皇帝。[32] 富格尔兄弟随即通过一张或多张汇票将钱转往某地（或好几个地方），收到钱以后，富格尔家族的当地代理可能需要找个货币兑换商兑换成一定数量的硬通货，交易由是又多了一层。国家财政只不过是富格尔家族业务的一部分，这里牵涉到多重汇款，并需要详细掌握银行所有的财务工具。

富格尔家族同教会的生意往来与国家财政相比规模要小得多。教会依赖银行的业务工具来处理自己繁复的金融交易。每一位新当选的主教都欠教皇一笔税款（servitia）。教区的每一笔收入，如"富贾雅各布"年幼时从教会那里得到的圣俸，教皇都要拿一部分。每一个主教教区都收缴"圣战"税，这笔钱不一定真正用于"圣战"。有些地方还得上缴一笔特殊的"一便士奉金"（Peter's Pence）。最后，从长远来看十分重要的一点是，一部分贩卖赎罪券的收益也得上交给教皇；顾名思义，买赎罪券的人不但洗清了自己的罪恶，还能让自己的亲人免受炼狱之苦。这些钱的数目不一定很大，大概就是这儿几千弗罗林，那儿几千弗罗林，不过总量很大，从事这种汇款的教士都是大公司愿意结交的好友。

早在1476年，富格尔家族就开始承担教会的汇款业务，也许是不久后去世的马克斯·富格尔牵的线，因为他曾经是家族企业派驻罗马的教士。以后几十年只要有需要，这种交易关系一直延续，包括1501年匈牙利王国与奥斯曼土耳其帝国作战，他们还事先垫付了远征的补贴款。他们也曾多次给教皇尤利乌斯二世和教皇利奥十世转过赎罪券的钱，利奥十世就是为罗马圣彼得大教堂集资的人。他们之间最有名的交易发生在1516年，富格尔兄弟借了一大笔钱给一个人买得主教官职。主教用卖赎罪券的钱来还这笔借款，富格尔兄弟于是把收益转给了罗马。对富格尔兄弟来说，这本来是一笔稀松平常的买卖，可是这次销售招致了意想不到的后果：马丁·路德对赎罪券剥削式的推销极度不满，迫不及待地写下了《九十五条论纲》，点燃了宗教改革的火苗。

颇具讽刺意味的是，在罗马当局于1518年传唤路德到奥格斯堡为他危言耸听的言论做解释时，这位改革家慷慨陈词为自己辩护的地点，正是小雅各布·富格尔的豪宅。[33]

哈布斯堡的未来

蒂罗尔的银矿给国家财政提升规模打开了大门，继而又给矿业的资本投资创造了新机会，最后赚来的钱可用于提供更多贷款。这是典型的资本主义反馈回路，也是富格尔家族企业的基础。但富格尔家族也因此在马克西米利安无穷无尽、昂贵而难得成功的诸多项目中越陷越深。

16世纪头二十年，马克西米利安的债务已经越滚越大，到了荒谬的地步，主要是因为他对意大利"情有独钟"。理论上，接替其父亲登上皇位的马克西米利安,作为神圣罗马帝国的皇帝,享有对意大利半岛大部分地区的法律管辖权、赋税权以及控制权。但这些权利到14世纪中叶以后,因为皇帝的注意力都放到德意志身上而逐步流失。意大利人变得富有,更能捍卫自己,对自己的文化和政治独立也更自信了。不过,皇帝只要够强势,愿意过问此事,总可以试图将流失的权利要回来;而不死心的马克西米利安就这样不断投钱,耗尽了自己的所有财力。

1494年法国国王查理八世进攻意大利引发了后来法国与西班牙的斐迪南和伊莎贝拉之间的战争,马克西米利安觉得自己的机会来了。1508年他参加了一个反威尼斯共和国的联盟,希望能将阿尔卑斯山这一侧的争议土地抢到手。马克西米利安一直与意大利和低地国家断断续续地作战,这个仗一辈子也没打完。一开始他与法国、西班牙和教皇联手对付威尼斯,不久又将矛头对准了法国。结果就像马克西米利安干过的所有事情一样,好坏参半。1508年他的士兵初次进入威尼斯领土即遭遇惨败,十分丢脸。1509年他带着一支规模更大的部队御驾亲征,结果连帕多瓦都没拿下,最后还是法国人插手救了他一命。马克西米利安后来又倒戈,联合英格兰和阿拉贡的斐迪南来对付法国,于1513年在低地国家打赢了一个大仗。马克西米利安这一辈子就是这么一个两面三刀、自作聪明、时而打仗时而搞政治权术的人。意大利战争及其相关冲突论规模和费用都较前大有增加,马克西米利安得设法筹钱支付这笔费用。[34]

在这关键时刻,富格尔兄弟再次出现,补充了马克西米利安的国库，使得争斗得以继续。马克西米利安以未来的采矿产出为担保，于1508年10月借得30万弗罗林，这笔贷款次年即在帕多瓦之役失利时耗费殆尽。其他债权人，如佛罗伦萨的弗雷斯科巴尔迪，甚至还跟富格尔家族借钱，以便为马克西米利安提供更多贷款，并帮他汇钱。借款数额不断增加，用来支付后续的战争、豪华的排场和各种千奇百怪的项目。"我们必须款待皇室兄弟和他们的子弟以及随之造访的高官，皇家仪仗、银餐具和其他象征身份的器物缺一不可，"马克西米利安1515年写道，"你能想见，这需要花费大量钱财。"再也找不出一句比这更合适的话，当作这位挥霍无度的皇帝的墓志铭了。[35]

到1518年马克西米利安垂暮之年，他已破产。小雅各布·富格尔还不时给他提供小额贷款，1 000~2 000弗罗林不等，以维持他的日常家用开销和膳食。[36] 此时他欠富格尔兄弟的钱已经大到小雅各布想与他切割都无法做到的地步，而小雅各布·富格尔也无意这么做。尽管与马克西米利安交易麻烦不小，困难很多，但过去30年也的确让他们赚了不少。采矿成为小雅各布财富的支柱，靠的就是多次借贷培养起来的这层政治关系。

马克西米利安19岁的继承人查理似乎比较靠谱，在他身上投资要安全些。查理是卡斯蒂利亚的伊莎贝拉和阿拉贡的斐迪南的外孙，1516年斐迪南死后他已经继承了两个王国的统治权。作为早已作古的勃艮第公爵"大胆查理"的曾孙，他还拥有低地国家的管辖权。最重要的是，马克西米利安驾崩时他是最有可能继承祖父的神圣罗马帝国皇位的人选。

第三章 雅各布·富格尔与银行业

不过，神圣罗马帝国皇帝一职是遴选产生的。1519年有投票资格的关键贵族有七人：美因茨、科隆和特里尔的大主教们各一票，波希米亚国王一票，掌管莱茵河周边零碎领地的普法尔茨伯爵有一票，领地以柏林为中心的勃兰登堡藩侯有一票，萨克森选帝侯一票。再说，查理并非唯一的候选人。法国的国王弗朗索瓦一世和英格兰的亨利八世都是候选人，而且对这个位子十分热衷的弗朗索瓦一世已经拉到两张铁票了。

马克西米利安知道他和查理必须买选票。可是老皇帝实在没钱了，好在查理还有。这位年轻国王在西班牙和低地国家都有大量资源可以作为贷款担保，而能够拿得出这么多钱的又只有一个人。于是马克西米利安开始与雅各布·富格尔好好商量此事，终于在1518年年底达成了协议。1519年1月，老皇帝在临终之际终于安心了，因为他一辈子精心策划却连连失败，并且为自己的雄心壮志欠下了重债，但自己的孙子成为16世纪最有权势的统治者已指日可待。

小雅各布·富格尔促成了皇帝的加冕。他同意拿出543 585弗罗林的惊人巨款，这相当于查理所需费用的三分之二。最后小雅各布将奥格斯堡韦尔泽家族以及意大利三家公司的汇票兑现后，补足了其余的三分之一，一个人凑足了所有850 000弗罗林的贷款。查理成为查理五世，罗马人的国王，很快即将加冕为皇帝。他拥有了皇位，但也许更重要的是，他也有了一位债权人。[37]

小雅各布·富格尔的结局

这一举措让小雅各布·富格尔从商人摇身一变,成为政坛呼风唤雨的人物,自此声名鹊起。"大家都知道皇帝陛下如果没有我的协助就不可能戴上神圣罗马帝国的皇冠,"雅各布几年后在给查理五世的信中写道,"我可以通过陛下代理人的手迹来证明我此言不虚。"[38]

不论债务多少,查理五世并不比他的爷爷更关心还不还得起贷款的问题。不过,这并不对小雅各布·富格尔的公司财务健康构成影响。贷款和还款的旋转门继续在转。几十万弗罗林缓缓流入富格尔公司的账簿,但流出去给查理支付军饷,并且满足一位位高权重、壮心不已的皇帝无数开销的钱则更多。

然而,小雅各布早已不是当年的青春少年,老年的他疾病缠身。1525 年他 66 岁,仍然不改昔日的工作节奏,若非不得已还是不愿意让侄子们代其行事。圣诞临近,身体每况愈下的他还在坚持工作。查理五世的弟弟,奥地利的斐迪南大公,到奥格斯堡与地方政要举行了一次秘密会议。大公的助理说服了病榻上的小雅各布·富格尔看在老朋友的分上同意最后一次借贷。就在他去世之前两天,他作为公司负责人所做的最后一个决定,是拒绝普鲁士的阿尔布雷希特公爵的贷款申请。阿尔布雷希特刚改信路德宗不久,而小雅各布·富格尔这位传统的天主教的坚定支持者,是不会跟异教徒做生意的。[39]

1525 年 12 月 30 日凌晨,远未及拂晓时分,奥格斯堡街头一片沉寂。只见小雅各布·富格尔的豪宅玻璃窗内烛光摇曳，投射到街边的光影随着一位教士在一片死寂的屋内的走动而晃动。这个垂死之人身边只有一名护士，教士来做临终祈祷时老人处于昏迷状态已经快两天了。小雅各布·富格尔的妻子在外地，或许正跟丈夫死后不久她的再婚对象在一起。他唯一的骨肉就是他的私生女，此时正在她母亲和未来的继父处。他的侄子们，作为过去15年的亲密伙伴和副手，不是因生意需要而身在外地，就是无心前来。

小雅各布·富格尔凌晨4时去世时，全市正在酣睡。没有人记述后来几天的葬礼详情，也不见任何悲恸迹象。小雅各布·富格尔的笔记录的全是指示、命令和数字，没有情感。临终时周围都是至亲至爱者的场景与他格格不入，因为他没有与任何人培养过这样的关系。他的一生以不同方式显现了影响力：他给奥格斯堡留下了许多慈善基金会，他给这座城市带来了财富，他的家里收藏了艺术珍品，他还给侄子们以及他指定的接班人安东留下了一本本厚厚的账簿。从1511年到他逝世的1525年，小雅各布让公司的资产增加了近10倍。他出生时只是一位富商最小的儿子，走的时候已经是有史以来数一数二的首富了。[40]

安东·富格尔在叔叔死后，将公司变成服务于当时世界上最富有、最有权势的王室的银行，客户从秘鲁到匈牙利，同时也经历了战争和突变。尽管安东也十分能干，但到底他的家业靠的还是他叔叔打下的基础。从给西吉斯蒙德大公几千弗罗林的贷款到查理五世欠他的几十万弗罗林，这个规模上的改变才是最重要的改变，是全球巨变时期的决定性改变。小雅各布·富格尔的资本流入了采矿、兴国大业、战争、镇压农民起义、探险之旅和全球贸易等领域。他的钱带动了所有这些发展。

罗马路这条老街贯穿了奥格斯堡城区，虽然临街的富格尔宅邸渐趋沉寂，小雅各布的钱却在欧洲其他地方引发了震耳欲聋的喧嚣。水泵在矿井深处不断抽水。杵锤敲打矿石将其粉碎。炽热的高炉嘶啦作响，将矿石熔化。重压之下的牛在低吼，驴在嘶鸣。钱币掉进钱袋和钱柜，连连发出令人舒心的清脆声响。笔在账簿上挥写，一笔笔借贷、进账井井有条地记录在不同栏目内。即便人已亡故，小雅各布·富格尔的账依然一丝不苟。

第四章

葛兹·冯·贝利欣根与军事革命

1504年6月，巴伐利亚，兰茨胡特

夏天湿热的空气中弥漫着火药燃烧后的臭鸡蛋味儿，与马粪味儿和长期不洗澡身体上凝聚的汗味儿，一起刺激着嗅觉神经。牲口低声嘶鸣，但声音早已被刀剑的碰撞声、火绳枪发射时的噼啪声、弩弦松动的嘣嘣声和轰隆隆的炮声所淹没。人们的嘶喊声却能穿透这些杂音，一直传送到兰茨胡特城以及远处高高耸起的堡垒围墙。夏日的太阳在马背上全副武装的士兵们闪亮的头盔上折射出光芒，他们正将手中的长矛刺向藏身于浅壕中的敌方步兵。长矛向上挑起，火绳枪口开火后冒起阵阵白烟。

于是，被对方严密守势击退的战士们，夹紧马腹退回原地，旷野上的冲突仍在继续。其中一人将头盔前的面罩推起来。只见此人高高的额头上耷拉着被汗水浸湿的几绺金发，汗珠顺着圆滚的鼻头往下滴。这张20来岁的面庞上只有几条皱纹，不过多年的暴力生涯已经在他脸上留下了印记，除了伤疤还有被打弯变了形的鼻梁。胸甲和头盔上满是新旧凹痕和挫痕。他身体的右边还

挂着经多次战火洗礼的佩剑。

抹去眼边疲惫的汗水,他将面罩拉下重新加入了战斗,与其他战士一样用长矛冲刺,力图跨越或绕过壕沟。炮声震耳欲聋,不时遮盖战场上的铿锵声和嘶喊声。他将长矛紧握在身体一侧,从肩膀到拳头都准备使劲儿进行冲杀,但听得战场上一声炮响,紧接着的是惊心动魄的破碎声。这位年轻的战士陡然感觉到右前臂一阵剧痛,于是从面罩的细缝中往下看。长矛已掉落在马蹄边,但他不记得自己的手松开过。

等回过神来,他才意识到他的手与尚存的手臂之间只有一段窄长扭曲的肌肤相连。敌人的炮弹让他的剑柄和剑镡穿过铁手套与铠甲前臂中间的缝隙,深深打进了他的小臂,几乎让他当场截肢。

这一幕在他脑海里留下了不可磨灭的印象。许多年以后,在他双目失明后的很长一段时间里,葛兹·冯·贝利欣根还能将当时的每一个细节娓娓道来:身上的铠甲甲片边缘呈现出什么样的弯曲弧度,剑柄和剑镡是如何插进他的肉里的,他的手靠着仅有的皮肤组织,以不可能的角度在空中晃动。[1]

贝利欣根到底还是训练有素、身经百战的士兵,震惊之余他还能平静地策马远离疆场。他伤势过重,性命堪忧,即便此时逃生,伤口感染也可能致命。但或许因为他顽强的生命力和难得的运气,贝利欣根活了下来。经过长期休养,他血肉模糊的右手换上了铁制假肢,以后多年他得以继续他破坏、掠夺、寻仇和作战的生涯。

神圣罗马帝国皇帝宣布这位后来人称"铁手葛兹"的人物，既是亡命之徒又是不可多得的雇佣兵。他原来出身贵族，后来曾与农民一起参加过欧洲有史以来最大的一场社会叛乱。约翰·沃尔夫冈·冯·歌德在葛兹死后 200 年发现了他的回忆录，将他书写成名剧中的英雄人物。

作为低等级的贵族，贝利欣根的一生是战斗的一生，也是在社会中发挥更大作用的一生。贵族为物质回报和地位而斗争。但在 16 纪初，随着火药、国家兴起和大量资本的涌入，战争技术发生了根本改变。对于贝利欣根这样的人来说，随着这场"军事革命"而来的是一系列翻天覆地的变化。如果一个无名工匠能用手上的火绳枪穿透他考究昂贵的盔甲并赢得战斗，他该怎么办？身为骑士，他有以暴易暴来维护自己的名誉地位的自由，但如果皇帝和诸侯不断扩张权力，并认为他们有宣战权，他还有什么自由呢？

多数贵族对这种新现象选择接受。身着盔甲的侠义骑士在战场上威风八面的日子或许已经结束——如果过去的确有过这样的辉煌——不过，有土地有资源的骑士还是可以选择成为职业战士。毕竟这会儿正赶上高薪雇佣兵十分紧俏的时代。欧洲各地的骑士和贵族纷纷从封建斗士摇身一变成为军事企业家。信贷与合同——欧洲商业社会的"面包"和"奶油"——在打仗这桩生意上发挥的作用并不亚于它们在银行业、开矿或羊毛贸易中的作用。

贝利欣根的家乡在德意志南部地区，是整个这段时期战争事

第四章 葛兹·冯·贝利欣根与军事革命

业的中心。他庞大家族的成员、朋友、相识和对手，也就是所有骑士和贵族，都一头栽进了这个军事企业行列。他则坚持继续打他的私人战争，替人报仇，劫掠商家，与主教和其他骑士争吵，多次与当权者起冲突。由于他不安分，结果被软禁在家长达15年。最后，16世纪日益庞大的战争机器把像他这样桀骜不驯的士兵都给吸纳进来了。新旧思想相遇、碰撞，最后以新思想取胜结束。

军事革命

葛兹·冯·贝利欣根一生中亲历了作战方式深刻、迅速而又根本的转变。大量火药使得身穿盔甲的骑士成为过时之人，军队人数增加了，依赖这些庞大军队的战略战术都较前复杂了许多，野心也随之膨胀。社会为战争付出的代价越来越大：作物被焚烧，大批村民因无谓的劫掠而殒命，战场上年轻人尸横遍野，对百姓的压榨因军费上涨而愈演愈烈，1618—1648年的30年战争可谓绵延数十年的祸害的顶峰。这场战祸让整个中欧战火纷飞，导致该区域约15%的人口被杀害，从比例上说算得上是欧洲历史上最具毁灭性的冲突。这就是贝利欣根一生所见巨变的必然结果。火药和15世纪以后能抵抗炮轰的新防御工事，再加上军队规模递增和战争范围的扩大，导致悲剧连连发生。[2]

这些发展或许并不像它们表面看来那么具有革命性，因为它们都是1300—1500年发展的直接产物。中世纪的战争并非一成不变。过去印象中封建国王号召旗下诸侯——包括所有穿戴盔甲的骑士——帮他打仗，并以封地为报酬的时代已经一去不复返了。百年战争（1337—1453年）中英格兰军队的所有人都是拿军饷的。早在火绳枪被铸造出来以前，决定战场胜负的就已经不是贵族骑士，而是能万箭齐发的长弓射手了。14世纪中叶火炮第一次在战场上出现，到15世纪中叶它们已经成了围城战的主角。1453年，法国国王查理七世的炮兵一举摧毁了将战火带至法国领土的最后一支英格兰军队。同年，奥斯曼苏丹穆罕默德的大炮也将君士坦丁堡千年不破的城墙炸出了几个大洞。法国用一支主体为穿戴盔甲的长矛手和弓箭手的专业常备部队，结束了与英格兰长年的战争。勃艮第的公爵们于是纷纷效仿，当时许多意大利城邦也有样学样。在新世纪来临之际，日后在16世纪占主导地位的组织军队的技术和机制都已齐备，而且已经应用好一阵子了。[3]

但16世纪的头几十年又发生了一连串戏剧性的转变。原先已存在的技术更新和后勤结构，与运用尖矛、手枪、火炮和防御工事的独特作战方式进行了结合。步兵并未立即取代马背上的披甲战士，但从人数上和战术重要性上看，步兵的地位显然呈上升趋势。这一切都使得战争的规模扩大，强度上升，费用也迅速上涨。而所有这些都正好发生在葛兹·冯·贝利欣根眼前。

意大利战争作为下一个世纪的决定性冲突，爆发于1494年法国国王查理八世跨越阿尔卑斯山之际。这位23岁好大喜功的国王急于夺取土地，他带领着专业军队，其中既有瑞士长矛雇佣兵，又有意大利从未见过的最大的炮兵部队。他们浩浩荡荡南下，抵达那不勒斯王国之前一路劫掠，由此永远改变了欧洲的强权政治。次年，阿拉贡的斐迪南国王加入战事，于是国势日强的西班牙也掺和到冲突当中。接着神圣罗马帝国皇帝马克西米利安也决定出兵，希望自己也能斩获一些富饶的土地。威尼斯共和国参加了一个反对查理觊觎意大利领土野心的联盟。双方都在争取英格兰的亨利七世国王加入自己的阵营。

一场注定旷日持久、冲突不断、牵一发而动全身的大战就此摆开架势。一切始于查理八世拿下那不勒斯的愿望，但不久就演变成席卷全欧的王朝与地缘政治大战。从诺森伯兰郡的沼泽地到格拉纳达的岩岸，从比利牛斯山脉的山峰到匈牙利的广袤平原，一支支军队源源不断奔向战场、开展围城，让不幸生活在军队途经城镇的百姓饱受伤痛。在以后长达65年的时间里（1494—1559年），太平的日子最长不过5年。即便不在西欧大国鏖战范围的地方，大小冲突也比比皆是：在匈牙利和地中海有针对奥斯曼人的战役，柏柏里的海盗对意大利和西班牙沿岸不断侵扰，诸侯、贵族和城市间还总有规模较小的争战。贝利欣根正是最后这类战争的个中能手。虽然他自己并未直接参与意大利战争，周边却尽是生活与生意与这些大规模战事都脱不了干系的人。

战场上无休止的厮杀和费时耗日的围城给军事企业家和军事创新提供了沃土。国王、皇帝和诸侯们的财富流入了征兵官、雇佣兵、铸炮厂、盔甲制造厂、供应商以及汇钱的银行家的钱袋子里。实际到手的资金永远要比合同签订的数目少，但总数还是相当可观，统治者必须挤压财政资源才能勉强够用。军队人数越来越多，作战时间越来越长，不打仗的时间越来越短、越来越少。战争变成了一种众人习以为常的生意。这要比任何技术变革更能反映这场"军事革命"的实质。[4]

反其道而行

这个时代出现了不少了不起的征兵官，能为国王和皇帝依照合同要求招募数以千计的雇佣兵。有人尝试新的战地部署，将火绳枪和大炮的威力最大化；指挥官们则制订大战略和具有想象力的战术计划，以便在前所未有的大规模战斗中更好地调度士兵。

葛兹·冯·贝利欣根却未出现在他们的阵营中。他甚至到了年逾六旬、肚大腰圆时，仍然是全身盔甲、佩利剑、执长矛奔赴战场的马上战士。他参与的一般都是城邦间和贵族间的小型寻仇战役，而非王朝之间的大对抗。

但贝利欣根也算是"军事革命"的参与者。为荣耀和利益而战是他从年幼时直至退休时的职业，暴力是他的身份认同的根本。他继续按合同为领主、诸侯和皇帝招兵买马。他的家人、朋友和对手都做军事承包生意，有的规模堪称巨大。战争中历来英勇搏斗的时候少，行军、偷袭和小打小闹的时候多。贝利欣根在他的回忆录里将所有这些不厌其烦地娓娓道来。枪炮声构成了新式战争梦魇般的旋律，经常在他耳边响起。最能象征这场"军事革命"的莫过于贝利欣根受的伤：炮弹摧毁了他强壮的右臂，那只右臂正是他曾是位擅长挥剑掷矛的勇猛骑士的证明。

贝利欣根顽固地我行我素，恰恰与他周边国家权力蒸蒸日上的趋势背道而驰。他的职业核心和他标榜的自我形象就是为人报仇雪恨，在他啰唆又充满自我吹嘘的回忆录里，他对自己参加的十几次小战役都有详细记载；不过这种做法已然过时，贝利欣根是以此为生的最后一代人。诸侯和皇帝挤压着允许发动私人战争的政治和法律体系，最后也把像贝利欣根这样的人吸纳进他们的军事机器。在贝利欣根最后参加的战役中，他是神圣罗马帝国皇帝查理麾下的雇佣兵。即便是像贝利欣根这样桀骜不驯的独行杀手，最终也难逃被时代趋势左右的命运。

贵族的一生

尽管他有独特的铁手和自我吹嘘的回忆录，葛兹·冯·贝利欣根其实是他所处社会阶级里毫不出众的一员。他大概是在1480年出生于今日的巴登-符腾堡州境内，距东边的纽伦堡约80英里，他是小贵族基利安·冯·贝利欣根八个活下来的孩子中最小的一个，他上面有三个哥哥，所以继承家产无望。他得自己闯荡世界，而他的闯荡之道就是暴力。

"我的确从我父母亲和兄姐处，以及年老的男女仆人处听说我小时候就相当不一般，"他在回忆录一开始如是说，"三岁看老，他们都说自小就能看出我长大了会去骑马打仗。"[5]

如果此说可信——其实我们并没有理由怀疑他——他很小就立志投身战争，而且周围的人都知道这一点。他自幼即开始骑马、打猎、舞剑、掷矛等，这些训练为他一生战斗打下了基础。15 岁那年，他做了他堂哥康拉德·冯·贝利欣根的随从兼马夫，伺候这位有一定地位的骑士，直至此人于几年后死亡。贝利欣根第一次经历战事是在他 18 岁那年，当时康拉德已故，他以侍从的身份于 1498 年参加了神圣罗马帝国皇帝马克西米利安从法国手中重夺勃艮第的战役。战役以失败告终——贝利欣根对此役印象最深的是他的雇主给了他一件上好的法国罩袍作为报酬——但这是他头一次经历真正的战斗。他目睹了身着盔甲的长矛手死于中暑，他攻破城堡，火烧村庄，以后 60 年里同样的经历又多次重复。

暴力深深植根于贝利欣根的行事为人中。一次他与一名波兰随从拳脚相向，就因为他把这个波兰人精心打理的头发搞乱了，贝利欣根用短剑猛击对方头部。他当时大概只有 18 岁。同年，他和朋友一起与一个喇叭手发生了肢体冲突，这给他头上留下了一条又长又深的疤痕。这类事情对贝利欣根来说不啻家常便饭，类似的故事他还说了不少。他觉得这种事情值得叙述，他无暇细说的一定还有很多，这说明大凡碰到对他的荣誉或地位的挑战，暴力就是他的本能反应。

这就是像贝利欣根这样社会阶级的男人的典型作风。其实，它就是侠义骑士的本质。现代人理解的侠义是行侠仗义，是受人尊敬的骑士的行为准则；其实这与中世纪对骑士的定义大相径庭，骑士的核心是暴力。骑士和贵族用一些为一般人所接受的理由证明战斗的正当性，并以此维系自己的社会精英地位：反对穆斯林或异教徒的宗教战争最为崇高，不过聪明的骑士有本事把任何冲突都说成纯净灵魂的义举。骑士对自己的社会地位最为敏感，对任何不敬都必须狠狠还以颜色——不论对方是波兰仆役还是不着调的喇叭手，否则被冒犯的一方就不配以骑士自称。报复、愤怒和动武是骑士经验及情绪反应的基本组成部分。[6]

1500年，在与崛起的瑞士邦联和他们令人闻风丧胆的长矛兵的一场激战中，二十出头的贝利欣根"第一次穿戴上铠甲"，此后他即以专业战士自居。对当时的人来说，"骑士"代表社会地位；"战士"则代表拥有一定的技能，是一种职业，它指的是骑在马上、从头到脚穿戴昂贵铠甲、挥舞长矛和利剑打仗的人。即便在16世纪，贝利欣根义无反顾地走上这条路时，战士在欧洲战场上也远远没有过时，骑士精神亦然。尽管遂行战争的方法在技术和后勤方面都出现了改变，它也并未消亡。其实，贵族阶级为了在这些改变中维系自己在战争世界中的地位，侠义作风已经自然而然地融入了他们的精神。[7]

行侠仗义没错，贝利欣根在回忆录中对这类事迹叙述不少。他说到他有一次与配备了火炮的强化的战车作战，在阵列中闯开一个口子，而且坚持了很长时间，让其他同袍得以顺利通过，当时他不仅自己受了伤，坐骑的性命也危在旦夕。这类经历就是骑士的本钱,不过,贝利欣根也不经意地提到他劫掠并烧毁过一个教会,在一次争吵中杀害了几位农民,曾与一伙四处抢掠的骑士一起效命,还有其他与我们对侠义的理解格格不入的事件。当然,这些都是现代人的误解;对贝利欣根而言,根本不存在任何矛盾。[8]

拿钱与高尚的战斗之间也没有矛盾,其实恰恰相反。这与持续几个世纪之久的用土地换取军事服务的过时做法相去甚远。如今金钱报酬已为众人接受,贝利欣根和他哥哥菲利普以战士身份为勃兰登堡的腓特烈侯爵服役,所以得到2 000荷兰盾的报酬,这可是一笔不小的数目。金钱可以买到忠心,腓特烈对此深有体会。

从提供军事服务获取报酬,到为别人招兵买马获得报酬,只有几步之遥。仅仅是骑马、穿戴盔甲、手持武器前来,早已不能满足诸侯、国王和皇帝日益膨胀的军事需要了,而16世纪初战事激增,加速推动了这一已然开始的进程。像贝利欣根这样的贵族仍然视打仗为己任,做个军事企业家——负责招募、组织和带领雇佣兵——则给了他们继续发挥社会作用的可能。

这就是贝利欣根当时所处的大环境。早年他也不算是招兵买马的大人物,他在回忆录里提到他的第一笔生意一共招了三个人,其中两人就是他自己和他的一个哥哥,可是周围的大商家还真不少。[9]他对血缘关系的概念很宽松;他有六个兄姐都结了婚(第七个名叫基利安,是一位条顿骑士,所以一生未婚),所以贝利欣根与方圆百里内的几乎每位骑士都沾亲带故。正如奥格斯堡的商人一样，生意和家族是不分家的。他总有一位亲戚在为战争招兵买马，如他的堂表兄弟奈德哈德·葛兹（这是另一位葛兹，因为叫葛兹的人很多）和西格蒙德·冯·廷根等，而廷根就是雇他率领一支纵队，让他参加兰茨胡特一役的人，而这场战斗令他痛失右前臂。恰巧他有两个哥哥都在为对方阵营效力，贝利欣根当然希望能与他们站在一边。不过，这就是16世纪初贵族生活的现实：大家都是为了营生。[10]

承包制战争

"住手，住手！"一位战士喊道，他拼命想让自己的声音能压住随行的十几名战士骑马前来时盔甲和鞍辔发出的响声。这些人将两个在森林落叶和泥地里抱在一起猛烈厮打的人团团围住。只见上面那人抽出铁掌不断往另一人的脸上暴打，对方的鼻子破了，血花和牙齿飞溅。"住手！"那位战士再次喊道，同时拉开弩表示自己所言非虚。其他骑士跟他一样都拉开了弩。

铁手人停止了殴打，抬起头来。"他殴打我的俘虏。"贝利欣根边说边指着斜靠在树边站立的两名衣冠不整的农民。"哪个敢碰我，我就掰断他的手。"他接着说，但随即跟着这帮人到小酒馆喝酒，不再言声。现在的贝利欣根理论上已经是俘虏，但他既不担心也不觉得可耻：这个下场本来就是职业风险，扭转乾坤亦非难事。俘获他的人也是他的酒友，用贝利欣根自己的话说，

"我们一起喝酒寻欢"。他的大名是格奥尔格·冯·弗伦茨贝格，是一位有一定名气的贵族战士。他们曾一起参与兰茨胡特战役，并一起劫掠，不知是因为两人都嗜酒并且有同样的战争经历，还是因为两人有亲戚关系（他管贝利欣根叫"连襟"），分别后两人竟成莫逆之交。[11]

两人处得来其实也不难理解，他们在嘈杂的酒馆里畅饮啤酒和葡萄酒，畅谈仇怨、朋友和打仗的故事。1504年或1505年两人狭路相逢，其后在酒馆小叙，颇有惺惺相惜之感，他们有的是共同话题，如家庭和以暴力方式行侠仗义的世界观。他们还都是德意志南部人，老家相距顶多十几英里，贵族等级也类似。最重要的是两人的职业相同，都是雇佣兵，只不过在这回森林遭遇战中，双方正好分属不同阵营。

即便在这么早的时候，两人就已出现在军事光谱的两个极端。弗伦茨贝格是带着二三十名战士俘获贝利欣根的；对当时的他而言，二三十人算是少的，他一般纠集的人马比这更多。到晚年时分，弗伦茨贝格在战争规模骤增的年代，已经变成队伍规模最大的承包商兼指挥官了。1527年，他最后的那份合同竟然招募了高达16 000人之众的雇佣步兵。后来因为答应给他的钱没有到位，士兵们即对罗马肆意劫掠，还把教皇关进了监狱。

弗伦茨贝格是当时战争发生巨变的关键人物之一，同时也是战争规模创新人士，但他毕竟深受几个世纪的承包制作战传统的影响。到贝利欣根和格奥尔格·冯·弗伦茨贝格加入这个行业之时，这种做法已成为欧洲各地的常态，这是持续几个世纪的军事和商业制度逐渐形式趋同的演化结果。具体的协议名称因地而异。在英格兰这种合同叫作契约（indenture），法国叫收入函（lettre de revenue），意大利叫军事契约（condotta），德意志叫代理合同（Bestallung）。承包者的责任和交易的格式也不一样。在欧洲最为商业化、合同最发达的意大利，军事契约是明确而复杂的一桩生意。虽然德意志商业比较发达，但代理合同在1500年前后还都不太正式，甚至连书面形式都不一定存在，只有口头协议，或不明言的协议。在英格兰，负责招募士兵的征兵官通常从雇主——一般是国王或高级贵族——那里先拿到预付款，再将款项发放下去。在德意志，招募者通常得先自掏腰包，自己承担风险，这些军事企业家变得既是债权人，又是士兵。

同时存在着两种军事承包方法。第一种是征兵官先招兵买马，成立一支队伍，然后四处找合同。这种组合往往针对某一次战役，为时不长，贝利欣根年轻时参加的大多是这一种；他的堂表兄弟如廷根等人，当年应该是总指挥之下的分包合同商，就这样把他拉入了使他痛失右前臂的巴伐利亚战争。与此形成对比的是14世纪意大利的一些大的军队，像著名的雇佣兵约翰·霍克伍德的军队，存在的时间都比较长，可能会有好几年不断地操演、训练并支薪，随时准备迎接下一场战役。15世纪初期的意大利雇佣兵，如穆齐奥·阿滕多洛·斯福尔扎和布拉乔·达·蒙托内，他们的合同一般都很长，手下的士兵就跟随他们为不同的雇主打仗。

第二种军事承包方法是雇主去找士兵,或找人给他招募士兵,而不是士兵找雇主。这种情形在法兰西和英格兰格外常见。英格兰的领主特别喜欢"留用"法,平日留一些人薪水照发,遇到战争时就跟他们正式签约,并由他们出面去招募其他人。德意志也有类似这样的中间人,叫"家中之仆"(Diener von Haus aus)。玫瑰战争中的军队就是这样召集来的,英格兰中世纪晚期的军队无一例外都是这一安排的产物。到1500年,第二类承包方法已被或正在被欧洲普遍采纳:不直接与雇佣国签约的常设部队根本就不存在。[12]

其实,在1500年左右,欧洲的军事体系的安排已经趋同。统领通常都是贵族,他在收到雇主(诸侯、国王或皇帝)要求他招募一定数量士兵的合同后即开始招人。差别就在于招募者与雇主之间的关系性质,还有就是雇主或招募人是不是预付了费用。这套体系需要一个庞大的、先进的、以合同为基础的、地域广阔的雇佣兵市场。打仗是一项私人事业,大多由统治者分包给企业家,并非由常备部队承担的国家事务。已经存在的常备部队或许是一个统治者的军事实力的核心,在法国就是如此;但如果真要打仗,就必须雇专业士兵来服役。[13]

贝利欣根成年并开始他的征战生涯时,就是在这样一个存在承包制作战和军事企业家的大环境内。格奥尔格·冯·弗伦茨贝格在森林里俘获贝利欣根的那段时间里,大多时候是在为马克西米利安皇帝的众多战争召集成千上万的人马。贝利欣根的生意要小得多,不过模式相同:为了1514年的战役,他招募并带领了150名战士，次年又为自己的连襟招募了七八十人。无论如何，大部队都是由小部队组成的，召集人由十多人到一百人或五百人不等，他们都是主要招募人的分包商。对二人来说，每人的业务规模不同，安排的关键就看信誉了。贵族的土地、资产和招募者作为士兵的声誉就是付款的担保。为什么一个雇佣兵战士或一群步兵愿意接受弗伦茨贝格或贝利欣根的合同？因为他们相信这两个人答应给的钱一定会给。这就是信誉，理论上和实际上的信誉。[14]

两人从小受骑士精神熏陶，在这种环境里如鱼得水。对他们这样的贵族来说，打仗既是荣誉，也是符合身份的，经常还是很赚钱的行业，与他们在德意志南部老家常见的商业活动有许多共通之处。每一个人，不论是纺织工、银行家还是士兵，都知道合同是什么，也了解服务可换得钱财。战争跟别的行业没什么不一样，相比其他行业可能还好些，到底还带有那么一丝丝昔日贵族的风范。

贝利欣根的回忆录谈及暴力、暴力的使用和效益的篇幅，远大于有组织冲突的合同基础的篇幅，这并不是因为他忘了，其实正好相反。因为他对用军事服务换取物质报酬的概念深信不疑，所以才认为合同只不过是他生活的背景杂音。关于他是如何加入雇佣骑士团的，是根据书面协议还是口头协议去召集上百名战士为神圣罗马帝国皇帝查理五世效命的，根本就没有必要谈，谈这些东西也没有意思。在贝利欣根的世界里，无人不知晓这些。

德意志雇佣兵与瑞士人

德意志南部除了是战争这门生意的震中,也是国际雇佣兵市场的大动脉。这一部分是因为这里商业发达,合同无处不在,有的是可提供给征兵官和诸侯的信贷;一部分也是因为并没有某一位大领主以军力独霸群雄。前几章已经说过,马克西米利安皇帝野心勃勃,但即便他想,他也无力阻拦他手下的贵族在兰茨胡特一战,贝利欣根也就是在这一战中失去了右手。神圣罗马帝国权力分散,领主间和城市间龃龉不断,个个都觉得上帝给了他们为争夺财产、城镇或贸易路线而战的权利。如此一来,在地方和区域一级就不断需要雇佣兵。只要有某种服务的需要,市场即应运而生;而欧洲最发达的雇佣兵市场当推德意志南部。兰茨胡特之战的双方都在同一区域市场里招募步兵和像贝利欣根这样的当地战士。

16世纪伊始,欧洲有好几个区域性的雇佣兵市场。爱尔兰的许多小领主都雇挥舞斧头的北欧-苏格兰保镖为自己打仗。巴尔干半岛边缘地区——今阿尔巴尼亚、克罗地亚、希腊和塞尔维亚——也有不少不错的轻骑兵在待价而沽。此时意大利的市场尤为发达,这是半岛上150多年来富有而又分崩离析的小城邦不惜重金的结果。威尼斯、米兰、佛罗伦萨、教皇和那不勒斯王国都需要雇佣兵服役,于是意大利雇佣兵就形成了一套独特而有效的作战方式来满足这一需要。[15]

正在进行的意大利战争参战各方军队中,意大利雇佣兵的作用十分突出，特别是在领导层。因为他们是经验丰富的打仗专业户，自然与16世纪的新兴军事综合体十分契合。可是意大利又没有足够的兵源，或者说没有足够多符合条件的兵源来满足法国国王和神圣罗马帝国皇帝的无尽需求。只有德意志南部市场里有一种特别的士兵能满足他们的需要，而格奥尔格·冯·弗伦茨贝格特别擅长招募并领导这类士兵。

所谓德意志雇佣兵都是长矛步兵，能以密集阵型进行肩并肩战斗。他们的矛平均有13~18英尺*长，能抵御穿戴全套盔甲的骑兵的猛烈冲刺：任何马匹，不论披戴了多好的护甲或经过多少训练，都不愿意一头栽进满布矛尖的人墙。同时因为他们的方阵或长方阵的排布密集，所以可以在进攻时比对方步兵更具有碾压性优势。组成密集方阵的德意志雇佣兵移动时速度惊人、协调得当，其长矛可谓不可多得的利器。当长矛兵的队伍前行时可以说是所向披靡。

不过，它也有软肋，而且还不止一处。即便战场条件理想，长矛作为武器也不够灵便。要想有效地使用它，则需要训练和耐心，紧密排阵时的使用更是如此。即便没有任何差错，要保证队形工整并能调动得当已经不易。若是在双方激战之中，耳边传来令人胆战心惊的弩的呼啸、震耳欲聋的火绳枪响、接连不断的炮声时，困难就更大了。当两队长矛兵发生遭遇战，其暴力后果甚至会让久经战争洗礼的老兵都感到触目惊心。意大

---

*　1英尺约为0.3米。——编者注

利人管这种情况就叫作"恶战"：人与人互相刺杀、推搡，木柄碎裂，尖刺穿透肌肤，身体被踩踏至血肉模糊。斗志不强、训练不够的士兵在这种情况下是没法坚持的，一定会设法脱身。纪律和专业是关键，只有靠强烈的情感认同才能保持镇定。这些人彼此都认识，他们来自同样的社群，也是经过多年甚至几十年的摸爬滚打才学得了一定武艺。他们很有特点，确实与众不同。就是这一点额外的纪律和专业精神使得他们身价不凡，相当不凡。

这些先决条件和士兵较高的身价是这种独特作战方式首先在旧瑞士邦联出现的原因。瑞士多山，周边与神圣罗马帝国和哈布斯堡王朝的世袭领地为邻，民风独立，不愿意受两者制约。14—15世纪，它的各行政自治州，不论城乡都联合力量一致对外。原来的八个州——乌里、施维茨、翁特瓦尔登、格拉鲁斯、楚格、卢塞恩、伯尔尼和苏黎世——曾抵御奥地利的哈布斯堡王朝以及后来的勃艮第公爵的攻击，维护了自己的独立。瑞士自立国以来不断向四周扩张，后来又增加了好几个州，成为看似不可能却又不可小觑的势力。它之所以能在军事上顺风顺水，就是因为它的民兵体系十分有效，各州都能提供打短期战役的士兵，他们训练有素且装备齐整。部队内部的纪律就是定期与熟悉的人一起训练的结果。农民与附近的友人一起练习射箭，店主与邻人一起掷戟，工匠与亲戚兄弟们一起练长矛。

彪悍就是瑞士的商标：介入战场，在决定性的战役中将对方击溃，然后回家。他们进兵神速，是极具进攻性的碾压者，与中世纪晚期欧洲的其他长矛步兵如苏格兰和佛兰德斯的长矛兵不同：苏格兰人和佛拉芒人对付冲锋骑兵确实有一手，但遇到弓箭手、炮兵或手枪兵就成了瓮中之鳖。虽然瑞士人的正面出击会导致伤亡，但他们一心就想着早点回去种地或看店，所以能勇往直前。200年来，奥地利骑兵、勃艮第的专业士兵和意大利的雇佣兵都曾经与几乎无懈可击的瑞士民兵交过手，经常为此付出生命的代价。[16]

15世纪70年代以前，瑞士人在战场上的凌厉基本上还是中欧与西欧内部的行业机密。在后来的勃艮第战役（1474—1477年）中，欧洲首屈一指的军事创新人物兼激进的扩张主义者"大胆查理"对阵瑞士和洛林公爵的联盟，后者还有法国国王的暗中支持。经过三次连续激烈交锋，瑞士长矛兵方阵起了决胜作用，惨遭败绩的查理丢了军队，国库消耗一空，最后连自己的命都丢了。

瑞士的军事实力终于名扬四方。1481年，法国的路易十一招募了6 000名瑞士士兵打了一仗；1482年，在格拉纳达战役初期，瑞士人为卡斯蒂利亚的伊莎贝拉而战；1494年，当法国的查理八世入侵意大利开启了长达65年连续不断的战争时，雇佣兵已经成为数万名瑞士人最常见的第二职业。纯粹为瑞士本国利益而组织民兵训练的社群组织，同样能轻易地被请来给法国国王和米兰公爵按合同提供雇佣兵。由于多次参战，瑞士已造就了不少有战争经验的专业士兵，能够承担长矛方阵外缘的艰难任务，让不那么有经验的士兵留在中间，照常发挥大队方阵的作用。有效的组织体系，加上紧张而长期的独特高效的军事战术训练，使他们成为欧洲雇佣兵市场的宠儿。[17]

与不断扩张的瑞士各州接壤的不是别的，正是德意志南部。最真诚的奉承方式就是模仿。如未来的马克西米利安皇帝那样有远见的人，注意到了瑞士人的高效，羡慕之余难免警觉。德意志人自15世纪70年代观察了一阵子之后就拥有了自己的长矛步兵。他们就是德意志雇佣兵，其作战方式完全照搬瑞士模式。1479年马克西米利安把他们带到低地国家与入侵的法国一战，为了表示他与这帮新兵同心同德，自己还手握长矛，亲自参战。对马克西米利安而言，德意志雇佣兵亲密、忠实、虔诚，是奋发有为的统治者可靠而宝贵的雇工。

1493年正式成为皇帝后，马克西米利安第一次启用德意志雇佣兵，不过这帮人是彻头彻尾的雇佣兵，毫无忠诚可言：任何征兵官只要有王公贵族的一纸合同，就可以将武器挂在酒馆外面，到里面放话，接纳有意报名的任何人。当兵是个体面职业，德意志南部里里外外冲突不断，雇佣兵市场因而十分兴旺。对家里开店或是中农而又有意闯荡一番的年轻人来说，充当雇佣兵不但薪酬可观——比干一天零工多拿一倍的钱，也比四处找活儿干的工匠赚得多——还有一定的社会地位。根据皇帝敕令，德意志雇佣兵可以免受非贵族穿着不得过于奢华的禁令的约束。衣着华丽，帽子考究，配上上宽下紧的裤子、阴囊袋、珠宝、甲胄、武器，所有这些都让他们成为社会里的独特群体。他们无论到哪里都趾高气扬，也有张扬的底气。[18] 有的是人愿意跻身士兵行列。

瑞士人作为他们难缠的对手、不和睦的邻人，对德意志雇佣兵十分厌恶，在战场上相遇时基本不留活口。可是16世纪初，欧洲各地待价而沽的德意志雇佣兵要多于瑞士雇佣兵，从英格兰和低地国家到那不勒斯，到处都有他们的身影。瑞士雇佣兵是他们的民兵系统和兵源过剩的副产品，而德意志雇佣兵几乎完完全全是市场产物。招募德意志雇佣兵和瑞士雇佣兵，让他们一直留在战场上打仗是很花钱的，更因为动辄需要雇上千人而开销庞大。他们的每日工资随着战争久拖不决而不断上升，讨要工资时他们向来得理不饶人。瑞士人经常坐地起价，通常都是在开战前夕。如果不付德意志雇佣兵工钱是会有悲剧后果的：1527年对罗马的劫掠及其后的屠杀，就是未按合同履约的直接结果。

葛兹·冯·贝利欣根就是在这样的世界中心长大的。马克西米利安皇帝最后一次企图将瑞士各州置于哈布斯堡控制之下的战役，就是贝利欣根经历的第一次真正的战役。他看到教堂被烧毁，但并未上阵搏杀。也许这是件好事：如果一次冲刺时机不当，像许多战士一样撞上了瑞士人的长矛，我们就看不到他精彩的回忆录了。在兰茨胡特城外被炮弹击伤手臂后，多亏另一名德意志雇佣兵把他扶到了安全地带，他们一再出现在贝利欣根生平故事的背景之中。每一位在"铁手"贝利欣根的时代幸存下来的战士都知道，不起眼的长矛和挥舞长矛的人的价值和厉害。[19]

火　药

长矛步兵在战场上的优势日增以及能提供大量长矛步兵的雇佣兵制度是军事革命的一个关键部分。火药武器的抬头则是另一关键部分。长矛与手枪的独特结合构成了战场主力，一直到17世纪中叶。同时，大炮也使得中世纪城堡和城镇又高又薄的墙起不了防护作用，由是引发了一轮兴建新型防御工事的快速而价格高昂的军备竞赛。

这一幕幕就发生在贝利欣根眼前。一枚炮弹毁了他的右臂，之前他朝着有大炮加持的防御阵进行冲锋。他很愿意在自己参与的寻仇战争中使用带火药的枪手，也知道如何在混战和伏击战中部署他们，更知道直面上了膛的枪时是什么感受。从一开始，火药就是贝利欣根战争经验的一个根本部分。他仍然会经常看到弩，但连平民百姓都对火药武器十分熟悉了：贝利欣根曾受雇于一个裁缝，向别人追讨因输掉射击比赛而欠下的100弗罗林。[20]

贝利欣根最常见到的火器就是大名鼎鼎的火绳枪。早年的手枪都是靠点燃金属枪管中的火药从而发弹：威力极大，能击穿盔甲，但射击不够精准，对使用者来说有一定的危险。15世纪中期以后，开始取代其前身的火绳枪有多项改进：有了与枪栓相连的扳机装置，扣动扳机就能切实地开枪；另外还加了枪托，方便扛枪和瞄准。枪管加长了，平均有40英寸*长，武器射击

---

*　1英寸约为2.54厘米。——编者注

因此更精准，同时极大地增加了出膛速度。火绳枪最大的优点是价钱不算贵，容易生产。一般的铁匠只要有铁和木材，就都能制造。

与长矛步兵一样，德意志南部也是这一创新的震中。因为需要大量便于携带的有效武器在敌人来犯时用于守住城墙，所以火绳枪应运而生，此时恰逢德意志南部的城市密集、战事频仍，既有催生火器技术改良的需要，又有动机。连英语中的火绳枪（arquebus）都是由德文"Hackenbüchse"（本意为带钩的铁罐）经过其他语言几度转译而成的，贝利欣根在他的回忆录里多次提及不同大小的"Büchse"就是火绳枪的俗名。[21]

就在贝利欣根看见火器中放出的火焰，感受到枪弹嗖嗖划过时空气的震荡时，火绳枪已经在重新界定欧洲战场的胜负。1503年，即贝利欣根被炮弹炸掉右手的前一年，切里尼奥拉战役就是一个转捩点。西班牙指挥官贡萨洛·德·科尔多瓦是格拉纳达战役的老将，他用德意志雇佣长矛兵与西班牙火绳枪兵一起击退了由瑞士雇佣兵和骑兵战士组成的法国部队。在壕沟和胸墙的保护下，德意志长矛兵抵挡住了敌人的冲刺，同时火绳枪纷纷射向敌军，造成有三四十米宽的死伤区，瑞士长矛兵或法国近卫骑兵都无法跨越。有人说，这是火绳枪第一次在开阔战场获胜。其实，贡萨洛的胜利一半应归功于壕沟和胸墙，不过此后的战役几乎都由火绳枪扮演主角。1512年意大利的拉韦纳之战，火绳枪让入侵的德意志雇佣兵溃不成军；1515年，上千名瑞士长矛兵在马里纳诺战役中被歼灭；1525年，火绳枪又在帕维亚大杀法国贵族精锐部队的威风，国王弗朗索瓦一世的爱马卒于枪下，直接让他被生擒。[22]

虽然火绳枪（还有接下来出现的滑膛枪）改变了战场，火炮对围城的改变影响更大。1494年法国国王查理八世带领当时欧洲最精锐、最昂贵的军队进入意大利时，对意大利人来说最抢眼的倒不是瑞士长矛兵或那些职业战士，而是随军而来的庞大炮阵。"很快，它们就被安置在城墙边，其发炮速度迅捷，发炮间隔时间短，炮弹飞出去速率极快，威力强大，发炮几小时就相当于过去意大利发炮几天……这样的炮使得查理的部队在意大利全境都所向无敌。"佛罗伦萨史学家弗朗切斯科·圭恰迪尼写道。这个描述与查理的实际战绩相比显然是夸大了，给最初意大利意想不到的迅速溃败找到了借口，不过也有其真实之处：中世纪的建筑工事遇到操纵得当的大型火炮显然不是对手。

这种情况已经存在好一段时间了。查理八世并非第一位用大炮炸毁堡垒或城墙的统治者。他祖父查理七世仅凭威胁要炮轰诺曼底境内的英格兰军营和被占领的城镇就结束了百年战争，奥斯曼人征服君士坦丁堡时，大炮也发挥了关键作用。要组织像查理那样的炮阵是很花钱的，不过到了15世纪90年代基本上这个钱不花也得花。然而，攻方与守方之间孰胜孰负还很难说，似乎形势又逐渐向有利于守方的方向转移。

军事建筑师和工程师当然都知道大炮给他们的防御工事带来的挑战，早在查理八世入侵意大利之前，各方就已开始加强防御工事，让意图围城者更不容易得手。城墙的弧形表面或能使炮弹走偏,但真正的解决之道还是让墙矮一点,厚实一点,沿墙增设外突棱堡给侧翼提供火力,再加上宽广纵深的壕沟。完成之后就是时人所知的"意大利式要塞"。这种要塞虽属必要,但建造费用高得吓人,它的价值在于可在整个战役期间拒来袭敌军于城外,甚至坚持更长时间。于是军队人数进一步增加,费用亦水涨船高。火炮、工事和费用增加的恶性循环,就是军事革命的精髓所在。[23]

大战、小战,旧战、新战

贝利欣根义肢的铁指不耐烦地敲打着塔楼上经过雕琢的石头。从他所在城堡的制高点,他细细观察着四周的山谷,他日渐圆润的脸颊上伤疤依旧,眼睛眯着仔细端详远处山丘林间是否泛起说明骑者正前来的尘土。他在下一场为符腾堡的乌尔里希公爵而战时,正需要100位壮实、有经验的战士来支援。他已经在自己的堂表兄弟、连襟当中放话说他想找这样的人,如今只能等待和希望。

接着,但见西边似乎泛起了尘埃。贝利欣根眼看着朦胧中逐渐清晰的骑士身影正朝城堡外墙靠近,城堡特意建在一块突出的山岩上,以便于鸟瞰附近的小镇。他算了一下一共有十几个人,包括四名战士,其中有些熟面孔,还有八名帮他们拿武器和照看马匹的随从。人数还不够,但就算是开始吧。从塔楼上下来的时候,他已经能听到马蹄叩响院内的石板路。这个叫作"霍恩贝格城堡"的地方对贝利欣根而言是全新的,是他最近才用绑架黑森公爵的赎金买下来的。城堡内的部分结构已有数百年的历史,数百年间城堡上的石头对这样的场景已司空见惯:风尘仆仆的战士前来为赢得个人的荣誉和财富而战。霍恩贝格的领主举起铁手表示欢迎,笑着命人拿啤酒待客。

葛兹·冯·贝利欣根的专长是打小仗。神圣罗马帝国四分五裂的政治结构让贵族与城市、诸侯-主教与骑士、城镇联盟与大领主之间纷争不断。这是体制性质使然,这种政治体制还给像贝利欣根这样的暴力机会主义者充当职业打手提供了大量空间。他们在维护低层贵族的荣誉和地位的同时还有物质回报,于是他选择了这条名利双收之路。

贝利欣根在回忆录中对每一次小战役都有详细记载:因与科隆有仇,他抢劫了自法兰克福出发的科隆商人;为报复班贝格主教,他派枪手伏击河上的一艘大船;他还曾绑架一群贸易商,收取赎金;他也帮助符腾堡公爵守护默克米尔不被施瓦本联盟拿下,结果自己被捕。所有这些打斗涉及的人数都十分有限。在为公爵效劳时,贝利欣根曾招募过30名战士;在针对纽伦堡的一次较长的战事期间,他也召集过30人。当王室在那次冲突中出动400名骑士与他对垒时,即便像他这样有经验的、心无旁骛的亡命徒,也知道自己肯定寡不敌众。[24]

他做的这些事——绑架骑士、在宴会中刺杀、不断血债血偿——似乎与同时发生的军事革命相距甚远。在拉韦纳和帕维亚

第四章 葛兹·冯·贝利欣根与军事革命

等地的大屠杀，耗资无数的对新型堡垒的围城战，以及由数万名长矛兵和火枪手组成的日益庞大的军队，这些才是众人瞩目的事件和发展。与它们比起来，贝利欣根和他那屈指可数的战士，他那有几百年历史的城堡，和他数不清的报复打击行动，简直就不值一提，倒更像很久以前那些私人的、小规模的战事。[25]

但一个并不涵盖大多数军事活动的"军事革命"根本谈不上革命。这段时间大多数冲突是小规模战斗，是突袭，是地方性战事和规模较小的寻仇行动，而不是改写政治和军事历史的大规模战场冲突。最关键的战事都发生在大战役之内，而大战役必然包含旷日持久的围城、找食物、小规模战斗和袭击。地方性的争夺和仇怨以及两者必然带有的暴力色彩，都是在更大的政治动荡范畴内发生的。

小战和大战之间并没有真正的界限，新老作战方法之间也不存在真正的界限。贝利欣根并不傻——他曾多次目睹炮弹的威力，但他还是喜欢住在城堡里，只要没有对准它的炮阵，城堡还是有其防御功能的。再者说，那些身穿盔甲骑在马上的战士，那些中世纪骑士的直系后代，他们直到16世纪中叶还在战场上发挥着重要作用。贝利欣根压根儿没想过这些骑士——这些他找来打一些小战役的战士——会有过气的一天。这段时间，在最先进的部队里也能看到身披铠甲的战士手持矛枪，与炮兵、长矛兵和火枪手并肩作战。如果只是想整一整生意人、袭击村落或寻仇报复，谁也无法取代那些骑着马、穿戴盔甲的魁梧"魔怪"。

新与旧、大与小之间的联系更明显地体现在下述情况中：先前参加过各种大小战事、经过地方性和区域性战争锤炼的人,正是以后跋涉千百里参与更大战斗的人,他们返乡后还继续这一循环。

在贝利欣根于1522年在默克米尔被俘入狱数年后,又是谁出手让他被释放的呢?竟然是格奥尔格·冯·弗伦茨贝格,此时的他已经是德意志南部最显赫的雇佣兵征兵官兼指挥官,并且是新任神圣罗马帝国皇帝查理五世的手下要员。虽然他会不时带领自己按合同招募的大队人马前去佛兰德斯和意大利,但他并没有忘记为他任性的好友贝利欣根向地方政客进言。其实,弗伦茨贝格一结束在符腾堡的战事,也就是让贝利欣根被捕的战事,便开始为法国北部的皮卡第之役招募德意志雇佣兵。他就是在两次战役间的空当,出面为贝利欣根说情的。此时他经手的佣兵生意不可谓不大,经常得召集千百人之众。1526年,他以自己所有的身家为抵押,事先垫付了招募16 000名德意志雇佣兵的费用,最后劫掠罗马的就是这支部队,因为查理五世没有支付他们的薪水。[26]

弗伦茨贝格与许许多多其他同行一样,只管打仗,小大由之,也不考虑未来的观察家会认为这些战役是关键战役,还是无足轻重。不管他打的是小仗还是大仗,用的工具都一样;从长矛手到手枪兵,从炮兵到重骑兵,也都依靠同样的基于合同的招募办法。德意志普通的雇佣兵、火枪手和重骑兵们也一样,根据自己的需要、友人亲属的召唤和机会,转战于各个战役。大小战争所耗费的大量财力,除了支付士兵的薪水,还刺激了新发展和创新。职业士兵当然希望永远有仗可打,而新兵也觉得这是个有前途的行业。各类冲突不断，战争的车轮得以不停地运转。

铁手葛兹并非名噪一时的指挥官或军事承包商。他打的多数是小仗，基本上就是用暴力手段来解决法律争端，他没怎么参与国王和皇帝介入的大战。然而，军事革命正是通过各种大小冲突不断对话的结果。由于争战不断，职业士兵获得了市场，而他们又通过长期实践练就了武艺和军事技能。这个时代的战争真正的巨变得归功于葛兹·冯·贝利欣根这样的人：他们有方法，有手段，能把战争当成他们的事业。

最后一战：圣迪济耶，1544 年

眉间的汗水浸透了贝利欣根的手帕，法国东部 8 月的潮湿闷热难以被手帕抹去。如今的他要抹去的东西可要比年轻时多得多了。额前金发早已随发际线的后撤而失去了踪影，时值 1544 年，再过几个月他将年满 64 岁。兰茨胡特城外之战似乎是很久以前的事了，可不，细细算来时间已经过去了整整 40 年。腋下的汗水在保护他的层层盔甲之内浸透了他肥胖的身躯。他思忖道："这真是魔鬼的热度。"他心中想到的是多年前在一本印刷小册子上看到的恶魔在烈火中吞噬教皇的粗糙木刻版画。他的年纪已经不适合再干这一行了。

随着横冲直撞的军队而来的还有火药的味道，直冲着贝利欣根的鼻孔而来，在静止的空气中经久不去，硝烟形成的白雾随着偶尔几许的微风缓慢飘散。一排重型的围城炮不断散发出更多的硫黄气味和烟雾。他眯起眼，看见炮弹击垮了远处一方矮厚敦实的墙，留下一堆乱石和烟尘。保护圣迪济耶城的是崭新的防御工事，此前从未经受时间和战争的洗礼。贝利欣根暗想，与城堡的墙壁相比，它们显得如此怪异：矮、厚、呈多角形，沿墙有多处突出棱堡给侧翼提供火力，上面还设有炮台。这样的设计与保护骑士免受对手侵扰——起码过去曾保护过——的私人城堡大相径庭。他自己的"霍恩贝格城堡"多年来就发挥了这样的作用，起码在当局把他囚禁于此十多年之前保护过他：他为别人寻仇的次数太多，树敌无数，另外他曾参加过一次人们记忆中规模最大的农民起义。贝利欣根自称他是迫于造反农民的压力而担任指挥一职的，像是在为自己开脱，好在他没有在事后的血洗中被处决。[27]

不过现在他已是自由之身。穿着沉重的铠甲，完好的左手紧握剑把，听到兵营中粗俗的谈笑，闻到随风飘来的火药味，他有心满意足之感。两年前，神圣罗马帝国皇帝查理五世请他召集100名战士与不知好歹的奥斯曼土耳其人一战。他立即抓住了这个出来跑跑的机会。即便不少战士都死在去匈牙利的路上，他们并非死于苏丹亲兵的利箭或西帕希骑兵的刀剑之下，而是死于疾病，但这总比闲在家里好。出来以后他继续在外奔波，又随皇帝与另一群战士进军法国。不过，在旷日持久的围城战中，骑在全身披挂的马背上的铠甲士兵发挥不了什么作用。他们已将附近农村洗劫了一番，但对像贝利欣根这样有经验的洗劫者和寻仇者来说，劫掠还不够彻底："如果我是查理皇帝，我想我会这样做给自己留下一个纪念——放一把火把他们烧得干干净净,让他们百年之后都记得查理皇帝曾经来过,和平也会因此迅速来临。"他事后如此写道。[28]

贝利欣根背部的一阵疼痛——多年前他摔了一跤导致腰椎间盘突出——把他带回了现实世界。但听得有人用德语上下叫嚣。枪炮声停了,圣迪济耶的城门打开,一队骑兵出来谈判。贝利欣根脸上一阵抽搐,虽然右手已失去40年,幻觉痛感仍如影随形。他低头看看自己的铁制义肢,联想起他所有的失与得,不禁莞尔。

第五章

阿尔杜斯·马努蒂乌斯与印刷业

1508 年 9 月，威尼斯

就在清晨第一缕阳光拼命想穿透运河边鳞次栉比的巨型砖石结构时，威尼斯已经人声鼎沸。每个人都在赶路。市场里的摊贩需要准备新鲜果蔬。商人赶赴交易，急着签合同。银行家忙着去浏览账目、计算盈亏、安排汇票。威尼斯是一座商业城市，商业开市都早。

有一个人走在运河上方简易的木板桥上，并不为周遭的嘈杂声所动。"忙而不乱"是他的座右铭，他的步态正是如此：快速、准确，显然是一个对威尼斯迷魂阵般的街巷和广场十分熟悉之人的脚步。他的注意力都集中在双手捧着的一堆破旧皮革封皮的手稿上。他久经考验而敏锐的大脑就琢磨着一件事：如何将有几百年历史的手稿变成高质量的大批量印刷品。

运河里有人在喊叫，船夫边在水面上游弋，边高声交谈。一艘满载着水果和蔬菜的修长的船险些与载着两位贵族商人的船相撞。双方由此争吵起来。在狭窄的水域里，船夫们用撑船的长篙激动地来回比画，对其他来往的船构成了威胁，引发了另一轮相互指责。捧着手稿的人躲开船夫的叫骂和他们手中挥舞的长篙，却差点被二楼人家从窗子里泼出来的马桶污水浇身。

此人的名字是阿尔多·马努齐奥——他学术界的同行、他的顾客以及后世之人都叫他阿尔杜斯·马努蒂乌斯——他是整个欧洲最好的出版商。他的出版物在欧洲大陆的藏书家和专业学者中最为抢手，他们都知道如果书上印有阿尔定出版社的海豚与锚的商标，就能保证书中内容准确和排版精美。

阿尔杜斯此时年近花甲，由于经常搬运书籍，腰板已略呈弓形，因为近视，他习惯眯着眼看东西，不过他的头脑依然清晰。他在走街串巷或在运河的半咸水上方穿行时，每踏出一步，思绪都会在古典拉丁语、古希腊语和威尼斯方言之间来回跳跃——他最醉心于古希腊语——思索着某段诗句中某些优美的表达方式，或者数着诗句的节拍。他充分享受语言的美，并未将心思放在印刷这个单调的活儿上。

在接近他的住处兼印刷所的地方时，他下意识地放慢脚步。他的岳父兼生意伙伴，小气鬼安德烈亚·托雷萨尼，一定在等着跟他抱怨这个抱怨那个，告诉他该去做什么。"去他的。"阿尔杜斯想，但紧接着又觉得自己态度不对。托雷萨尼这个人或许不讨喜，但他估算出版物能否赚钱时，几乎从不出错，总不让阿尔杜斯抓到他的小辫子。

威尼斯城内有许多广场，当这位上了年纪的出版商出现在一个小广场时，抬头看见圣阿戈斯蒂诺教堂的钟楼。这是一处古建筑的遗迹，在很久以前，威尼斯还是潟湖中许多小块土地拼凑起来的城市，每一块土地上都有住房、作坊和位居中心面对广场的教堂。人们一千年来不断努力挖泥清淤、打木桩和填充碎石，打造出新土地，填补了原先各个小岛之间的缺口。威尼斯是在已被人遗忘的原始地形之上层层叠加起来的，错综复杂的街巷是曾经干涸的沟渠，而建筑的走势又标志着当年的旱地边界。

当他那不起眼的二层楼房映入眼帘时，阿尔杜斯叹了口气。他知道里面一定很热闹，他能听出排字工人在排字，墨水四溅，印刷机在运转，他的孩子们在嬉笑或哭闹。如果他再仔细聆听，也许还能听到托雷萨尼抱怨工人的工资太高，或鹿特丹的伊拉斯谟下笔的沙沙声，此人暂时住在阿尔杜斯家里，不久后他就获得了当时欧洲在世最伟大作家的美誉。阿尔杜斯一只手颤抖地捧着手稿，再次叹了口气，开门，一头栽进了这混乱世界。

在阿尔杜斯时代的威尼斯以及整个欧洲，到处都是印刷所。约翰·谷登堡在美因茨第一次用铅活字印刷时，阿尔杜斯还在襁褓之中；阿尔杜斯的一生见证了这项新技术像野火一般传遍欧洲大陆。印刷术不但对书籍出版业来说是一项革命，同时还带动了传播方式的大翻新，几乎在一瞬间，从学术到宗教信仰都发生了巨变。说起来，16 世纪的巨大转变——从宗教改革运动的动荡到全球探险，再到科学革命的来临——如果没有印刷机的出现都不可能发生。[1]

印刷行业竞争激烈。早年的印刷业者，包括谷登堡，最后都落得破产的下场，有些人甚至更惨。几十年间，这个新行业一直

第五章　阿尔杜斯·马努蒂乌斯与印刷业

在探讨读者会买什么样的产品，什么样的生产模式最为合理，人们曾为此进过不少死胡同，也走过不少弯路。印刷业者经常犯的错误是出书过多，市场消化不了。但投资者不断往印刷业里投钱，从威斯敏斯特到布拉格，印刷业终于慢慢地步入正轨，成了可以赚钱的生意。

阿尔杜斯·马努蒂乌斯本质上是位学者。他年轻时做过老师，如今则以漂亮的斜体字率先给读者提供古希腊名著，他同时还因与文学界泰斗级人物如伊拉斯谟等交往而闻名。当今收藏家愿意出高价购买他的精美印刷品，而他求知若渴的态度正是文艺复兴时期人文主义精神的写照。然而，阿尔杜斯能不能做出他的学术贡献，则取决于他自己和他的合伙人有没有资本主义生意人的精明头脑。这就是16世纪印刷业的大致情况：人们受利益驱使，使用了革新技术，从而迎来了第一个信息时代。

谷登堡与书

美因茨的工匠约翰内斯·谷登堡于15世纪40年代晚期第一次想到把活动的字模和一个简单的螺旋压榨机组合，当时欧洲的书籍出版已经从修道院转入私人书店。细眯着眼挤在缮写室里抄写《圣经》和古籍、从事神圣体力劳动的修士们并没有消失，不过，缮写工坊已开始兴起，许多都设在像巴黎这样的大学城，以满足中世纪晚期欧洲不断增加的书籍需求。

贵族们喜欢在自己的图书馆里收藏装帧精美、配有插图的传奇文学著作和祈祷书。孩子在学校里需要文法课本和其他课本。培养一拨又一拨神学和法学的大学生，也需要大量专门的教科书。对于佛罗伦萨、奥格斯堡、布鲁日、伦敦和威尼斯等城市里的公证人和从业者来说，阅读和书写是他们的专业技术，是向上爬的工具，他们都喜欢看书。为卡斯蒂利亚的伊莎贝拉等君主在王室法庭工作的学识官僚也要读书。15世纪中叶的读者人数比过去任何时候的都多（虽然比起后来几个世纪还是少多了），他们希望看到更多的书，价钱还要更便宜。印刷机的发明正好可以满足这些需求。[2]

约翰内斯·谷登堡在1448年左右开始对印书感兴趣时，已经是一位经验丰富的企业家了。当时的他已年近五旬，他接受过良好教育，成为工匠大师之前可能还在爱尔福特大学待过。在斯特拉斯堡生活期间，他教授金饰加工技术和造币工艺，同时也在投资开发大规模铸镜工艺。附近的亚琛城即将举办一次盛大的古物展览，大众相信凡照过这些圣物的镜子，将能留下一些灵力。于是谷登堡与伙伴们凑了点儿资金制造了大批镜子，打算卖给前来观看古物展的信徒们；不幸的是谷登堡把年份弄错了，镜子生产得过早。后来几年，错失良机和实际操作上的问题一直困扰着他，不过这件事却很好地反映了他作为工匠对工艺流程和经商环境都颇有了解。两者都是印刷业兴起的关键。[3]

谷登堡第一次试用活字印刷或许就是在斯特拉斯堡，但是商业伙伴间暗中相互攻讦的诉讼，以及早期印刷品不易保存的特性，使得我们没有这方面的确切证据。可以确定的是，1448年10月17日，十几年来都在为资本密集型工艺寻找投资的谷登堡回到了美因茨，他从表亲阿诺尔德·盖尔图斯处借到了150荷兰盾5分利的贷款。接着，谷登堡又从美因茨商人兼放贷人约翰·富斯特处借了800荷兰盾。

谷登堡心中有一幅美丽的蓝图。他利用他铸造钱币和制作金饰的经验，造出了几千个金属活字，每一个上面有一个字母或缩略符号。这项工作需要扎实的技巧和天赋，更不用说耐心和资本后盾了。在这项风险投资盈利之前，需要好几个月专心致志的苦干，先把字模弄出来，才能把字母排成词句，放在印刷机上，组成可供印刷的版面。印刷机本身比较简单，与酿酒商使用的压榨器类似：一块金属板由控制杆驱动下压，只是现在压的不是葡萄，而是将一张纸压到涂了墨汁的金属活字字模上。这个过程可视需要进行多次，等排版工人将下一页版面排好即可重复上述过程。于是同一页就能印出十份、百份甚至千份，就这样将整本书印出许多份。

整个流程每一步都需要投入大量劳动和资金，从造活字到买大批纸张，到连续数周数月地操作印刷机；不过，比起手工抄写整本文稿的工夫，这实在算不了什么。缮写员抄一本书，一干就是几个星期甚至几个月，如果是像《圣经》这样的厚书甚至得花几年，而且他们每次只能完成一本。使用印刷术的话，尽管前期投入大，并有一定的技术要求，但还是划算多了。

谷登堡印刷机的第一批产品或许只是对概念的证实，好让富斯特进一步投资，这个产品并不是他那一版最有名的《圣经》，而是几百本或几千本教科书：埃利乌斯·多纳图斯的《青年文法》(Ars minor)。这本书并不那么有名，买书的人对它也不珍惜。今天，谷登堡的第一本印刷物仅留残片，从中已很难看出它是日后改变世界的发明所造的第一份产品。

相形之下，《圣经》的印刷风险就大多了：这样的大部头十分昂贵，多数读者平日也用不上。既然印的是一本有威望的书籍，谷登堡尽可能沿用当时最流行的豪华缮写本形式。每一页分两栏，每一栏有42行紧密排列的优雅哥特式字体。头一批印刷的180本多数用的是上乘纸张，但也有40本选用了更为昂贵的羊皮纸。买家还可以加一些自己想要的华丽装饰，使得原来已经价格不菲的书本更加昂贵。

谷登堡印刷的《圣经》是说明早期印刷业机遇与挑战并存的最佳例证。印刷一本书需要铸造和排版100 000枚活字字模，印刷1 282页的《圣经》180本，印刷机得运行230 760次。12个印刷工人、6个排版工人、6架印刷机得连续工作330天。打从一开始到结束——从铸活字到装订成册，送到买家手中——肯定需要两年以上的时间。尽管费用贵得出奇，谷登堡出版的《圣经》首印立即售罄：纸张版一本20荷兰盾，大约是一位工匠大师一年的薪酬，羊皮纸版一本50荷兰盾。一个缮写员抄写一本《圣经》大概需要三年，而谷登堡印了180本，每一本的质量都无可挑剔。

但这个过程需要垫付大量现金来支付材料和劳工费用。给谷

第五章　阿尔杜斯·马努蒂乌斯与印刷业

登堡融资的富斯特至少曾两度注入资金；当《圣经》印刷完毕送到买家手中后，他立即要将他的投资悉数收回。可谷登堡不是碍于买家没有立即付账，就是已经把盈利重新投资到新项目上了，他拿不出这笔钱。

不论是出于什么原因，富斯特就是不愿意等。他将谷登堡告上法庭并且打赢了官司，法院判决将印刷人的唯一资产，也就是谷登堡的印刷厂里的一切，交给原告。就在完成他最伟大的项目不到一年后，这位印刷术创新者就被迫中断了事业。投资与回报的时间差是印刷业早期遇到的最根本的问题之一，这个问题经过几十年的实验和多次失败后才充分为人们理解，遑论解决了。[4]

威尼斯与印刷业的普及

在赶走不可靠的谷登堡之后，富斯特又找到谷登堡的助手、缮写员彼得·舍弗尔合作，此人曾在那场官司里充当控方证人致使谷登堡丢了生意。两人成为绝佳搭档：以后十年，富斯特与舍弗尔密切合作，印刷了诗集、法律文书以及一般印刷品，包括给教会印赎罪券。不过他们的垄断为期甚短。早在1460年，班贝格就出现了另一家印刷厂，使用的是谷登堡在印刷《圣经》以前用的比较粗糙的活字。到这个十年末期，斯特拉斯堡、科隆、莱比锡、巴塞尔和奥格斯堡等贸易城市的印刷厂都开始印书了，舍弗尔也去巴黎给自家印的书当分销商。（他与富斯特的伙伴关系在 1466 年富斯特死于黑死病时告终。）

1470 年法国首都有了第一家印刷厂，同年纽伦堡也开了一家。罗马在 1467 年有了自己的印刷厂，1471 年费拉拉、佛罗伦萨、米兰、博洛尼亚和那不勒斯也不甘人后，次年，更多的意大利城市开设了印刷厂。不久，富有的城市化低地国家在布鲁日、安特卫普和勒芬也有了自己的印刷厂。1476 年，有人在离伦敦不远的威斯敏斯特开设了一家印刷厂。趋势十分明显：凡是能给设厂找到投资又有产品分销网络的商业中心，都成了这一行业的新集中地。[5]

条件最好的商业中心非威尼斯莫属，这里的第一家印刷厂出现在 1469 年。威尼斯坐落在一片沼泽地之上，是由一块块小小人造土地拼凑起来的，靠当地人称为"利迪"（lidi）的一系列沙洲阻挡亚得里亚海的潮水，这里初看根本不可能跻身欧洲最富有贸易城市之列。不过，经过一千年的经营，威尼斯已经从处于罗马经济边缘、渔民和盐民仅能糊口的小镇，摇身一变成为中世纪世界的枢纽。它是当时各主要贸易路线的交会点，连接亚历山大与奥格斯堡，米兰与君士坦丁堡，突尼斯与布鲁日。大宗商品与奢侈品，包括谷物、木材、丝绸和香料，都经由威尼斯港转往 100 多个不同目的地。贸易路线数百年来几经变迁，逐渐从君士坦丁堡和十字军运动的战败国转往亚历山大和红海，但威尼斯的枢纽地位不曾动摇。

这些贸易路线相当于威尼斯的动脉和静脉，流淌其中的现金就是它赖以为生的血液。它有一套可靠的法律系统，对商业大

第五章　阿尔杜斯·马努蒂乌斯与印刷业

亨、外国贸易商和从事修补业的劳工都一视同仁，严格按照合同办事。威尼斯政府基本上被亲密无间的富商贵族小圈子所掌握，政府亦竭尽全力保护并促进其商业利益。国家出资在城中有名的兵工厂内建造战船和划桨舰船，并配备战士，为的是保护远在地中海上的威尼斯商人，威尼斯辖下还有一系列重要的海军基地和港口城市，分布在东地中海的小岛上。

其他意大利城邦和一般欧洲城市中经常出现的贵族之间的内斗和社会动荡，很少对威尼斯国内的基本稳定造成破坏。佛罗伦萨大名鼎鼎的美第奇家族银行在城里也设有分行，涉猎从货币兑换到长途贸易等多种业务。小雅各布·富格尔曾翻越阿尔卑斯山南下，到有名的里亚尔托桥附近当学徒，学到了一套扎实的理财本事。在威尼斯做生意既安全又可以赚钱。资本在这里有保障，商人如经营得当，还可能发大财。[6]

对新兴的印刷业来说，威尼斯可谓其天造地设的家园。该城与德意志地区一向关系密切，第一个到此设厂的是一位人称"施派尔的约翰"的德意志人，说起来这也是顺理成章的事，约翰与他的兄弟温德林合伙经营该厂。不过，到了威尼斯不久，约翰就过世了，威尼斯当局原来给他们的印刷垄断权也因此失效。一位法国人尼古拉斯·让松幸运地成了填补空缺的受益者。

让松此人来历不明。一个世纪以后在法国书友之间疯传的故事是，他曾经在巴黎一家铸币厂操作模压切割机，后来被法国国王查理七世秘密选派，前往美因茨向谷登堡学习印刷机的机密。据说，让松1461年回到法国时查理七世已亡故，其子路易十一

152　*欧洲之变*

世继位；路易痛恨自己的父亲和父亲的大臣，所以对让松的禀报不感兴趣。碰了一鼻子灰的让松几年后来到威尼斯工作，很快就成了该城首屈一指的印刷大师。另一个说法的来源是让松自己，他声称自己而不是谷登堡才是印刷机的真正发明人。让松肯定是法国人，技艺绝对高超，或许还真在巴黎的铸币厂工作过。其余的传说可能就是一个不择手段的商人为了在一个新兴而又竞争激烈的行业里崭露头角而搞的公关。[7]

这位法国人，如同威尼斯以及其他地方的所有早期印刷业者一样，并不针对大众市场印书。毕竟，在那个年代，阅读在一般老百姓当中还不够普遍，再者说，哪怕是印刷书籍，也是昂贵商品。所以，潜在的顾客数量仍十分有限。威尼斯既不缺投资的资本，又有大量熟练工人，特别能够吸引资本密集型的商业运作，故而成为印刷业者最激烈的竞争场所。到1473年，城里就活跃着十几家印刷厂。各种印刷文本充斥市场，特别是经常阅读书籍的时髦学者最为钟爱的古代拉丁语作者的作品。到了最后，能挺过来的就剩城里资金雄厚、技术上乘的几家了。像威尼斯这样的地方，早期印刷厂确实给读者提供了比之前更多的书籍，但也都饱尝兴衰。[8]

阿尔杜斯·马努蒂乌斯与学术精神

别墅大厅里传来热烈交谈的只言片语和阵阵笑声，在灰泥墙和光滑的石砖地上震荡回响。冰酒斟入讲究的银杯，几杯下肚畅谈更欢。酒酣耳热的几位男士正在认真讨论着什么。他们的对话外人很难弄明白，一会儿是希腊语，一会儿是拉丁语和意大利语，不时引用精确的哲学术语和语言学名词，议论起某些名不见经传的学界人士的学术贡献时，褒贬兼而有之。

这些人经常有书信来往，文字交往颇深，虽然彼此并不算熟悉。他们都是学者，或以学者自居，年龄从二十出头到中年不等。大家都因为能来到米兰多拉而十分兴奋；他们暂住的别墅属于米兰多拉领主家族，领主的弟弟，青年才俊乔瓦尼·皮科就是这次聚会的召集人。在座的还有以言辞激烈闻名的希腊学者曼努埃尔·安德拉米特尼斯，他是当时最有前途的青年才俊所熟悉的人物。其他人不是喜欢附庸风雅的贵族，就是古籍收藏家和研究古希腊语的人。

他们当中最不起眼的人物就是阿尔杜斯·马努蒂乌斯，他长发及肩，脸上最突出的除了那只长鼻子，就是一双闪烁着智慧的双眼，身上那一袭老旧长袍难掩仆仆风尘。他是一位周游各地的学者，刚刚在离米兰多拉几英里的卡尔皮住下，如今正担任新居所的少主们的专职教师。

有皮科的好酒助兴，又有一卷卷难得一见的古籍，大家相谈甚欢，直至入夜。他们议论荷马和柏拉图，争辩西塞罗的风格，一起抨击威尼斯印刷的古罗马诗人马提雅尔的诗集质量太差。皮科是所有人里面发言最有力、最富创见的一个，其他人对古典作品的某些细节意见更犀利，马努蒂乌斯则是和事佬，总希望找到大家想法中的共同点，停止争论，达成一致。人人都热爱古典时代，深信阅读并吸收其中智慧必能对当今世界有所助益。次日分别之际，他们想着不知以后还能否有此盛会，这个信念一直未曾动摇。

阿尔杜斯·马努蒂乌斯虽然称不上那个时代最杰出的学者，但这些人他几乎都认识。学者之间密切的书信往来建立起了一张致密的网络，他们交换珍贵古籍，在笔下不断交流新想法，这就是学术界文艺复兴的面包与黄油。阿尔杜斯就像这张学术大网中间的蜘蛛，这样的会晤让原先停留在书信上的联系变得具体。这场聚会的支柱人物乔瓦尼·皮科·德拉·米兰多拉日后成为当时最富创见的哲学思想家。阿尔杜斯在卡尔皮教的学生，尤其是该城未来的领主阿尔贝托·皮奥，后来都曾赞助严肃的学术活动。像安德拉米特尼斯这样的希腊人推广了基本上在西方已被遗忘了好几个世纪的希腊语研究，带来了关于哲学和现实本质的一些激进观点。阿尔杜斯走的路不一样，但对新生事物的催生同样功不可没。

那条路把阿尔杜斯带到威尼斯，进入印刷行业。从谷登堡到让松，几乎所有的早期印刷业者都是工匠出身，而阿尔杜斯是位学者，热爱教育，终生不渝。阿尔杜斯所在的意大利学术气氛浓厚，有的是狂热追随者甚众的大师级知识分子，根据拉丁语经典进行最前沿的研究与实践。1480 年左右，阿尔杜斯在卡尔皮担任年幼的未来领主的老师时，名声尚未远播。为他作传的马丁·劳里对当时的他是这样描述的，他"年近三十，为人稳重而文雅，有很好的拉丁语学术背景"，"他是一位身处学术界边缘的专业学者，见到机会即乘势而上"。[9]

他没有响当当的学术背景，在行业中也无影响力可言，难怪同时代的人对阿尔杜斯的早年生活并无记述。他在1450年左右出生于罗马附近，后来在城里受教育，曾听过各路巡游学者的讲学。这些学者游走于各个城市，投身于不同的赞助者门下，期望获得名声与财富。大概在15世纪70年代，他来到费拉拉，除了原先的拉丁语，他又学习了希腊语。当卡尔皮的统治者给他的两个儿子寻找教师时，阿尔杜斯便成了不二人选。罗马涅地区的当红知识分子都很熟悉他：他通晓拉丁文和希腊文，还能写作。到15世纪80年代末期，他结束了对阿尔贝托和莱奥内洛·皮奥的多年辅导之后，写了一段拉丁语韵文，谆谆教导他的这两位学生，嘱咐他们好好学习，以尤利乌斯·恺撒和亚历山大大帝为榜样。这无非是这类诗作标准的常见主题。

阿尔杜斯还写过一些韵文给阿尔贝托和莱奥内洛·皮奥，并印刷出来送给他们的母亲凯瑟琳娜，这些诗并不出众，但就拉丁语诗作的严格技术标准而言，称得上中规中矩。从这个意义上说可谓诗如其人，因为从既有资料来看，他似乎并不是光芒四射的那种人。他并不特别想在学术上留名青史，每逢争议都唯恐避之不及。这听上去有点儿奇怪，特别是考虑到他与学术人士过从甚密：当阿尔杜斯在帕多瓦大学相识的两位知名学者在15世纪80年代大打笔仗时，阿尔杜斯从来不站边，并且与双方都保持着良好关系。如果因为争议而成了名人，通常就会有富人出面支持，有了富人的赞助，日子自然好过。对住着豪宅、品尝好酒的乔瓦尼·皮科·德拉·米兰多拉来说，最大的愿望就是整理出一套完整而深入的哲学体系。阿尔杜斯一直支持他的朋友乔瓦尼，而且多年来一直与他保持联系。乔瓦尼的著作惹怒了意大利各地世俗政权与宗教权威，麻烦不断，连在气氛相对宽容的佛罗伦萨也不例外。这位才华横溢的年轻人最终于1494年，在他风华正茂的年纪被人投毒杀害。而阿尔杜斯并不愿在这件事情上做文章，或颠覆已经得到公认的知识界和法律界现状。

更奇怪的是，有人供养的舒适生活——有自己的住所，能读到书，又有机会与同样爱书的知识分子为伴——似乎也不是阿尔杜斯的追求。他的学生阿尔贝托·皮奥成年后曾经表示愿意给他提供这样的条件，却遭他一口回绝。阿尔杜斯已经到达教书育人的最高境界，甚至称得上教师典范：为人一丝不苟，注重细节，兴趣爱好和观点偏于保守，在某些事情上十分执着，最重要的是，对教育工作毫无保留地奉献。他对使用正确方法教授必要的拉丁文语言技巧保持着严格态度，在这方面的钻研最为专注。他热爱语言的各种形式、韵律和复杂性。他余生的精力都用于将他的热忱传达给其他人。[10]

我们不清楚阿尔杜斯究竟为什么离开了卡尔皮，离开了他的两个年轻学生。或许就是为了有更大的受众范围，这位传道授业的老师才于1490年左右到了威尼斯，进入了艰苦肮脏的印刷行业。他肯定不是因为与阿尔贝托·皮奥闹翻了，阿尔贝托在其不平凡的一生中，一直对这位恩师敬爱有加。我们唯一可以肯定的是，1490年阿尔杜斯打算通过印刷媒介来继续他的教育事业。

新知识

几乎所有早期的印刷业者都是有抱负的工匠,是主导欧洲大小城镇的行会成员。金匠、铸币大师、成功的纺织工匠之子、中层商人——人才基本上都来自这些行业,有的工艺精湛,有的知道如何大规模融资,是他们驱动了从谷登堡时代到阿尔杜斯时代的印刷业的蓬勃发展。阿尔杜斯与他们不同,他是学者,是教育家,是一位深受文艺复兴知识氛围熏陶的饱学之士。

"文艺复兴"是个刁钻难解的名词,历代史学家在用它来形容一个时代、一种文化趋势或一系列知识运动时,都曾不无道理地对其价值提出过质疑。如今,一个催生现代个体、现代世俗主义、现代国家,并为未来世界埋下种因的笼统的"文艺复兴"概念,基本上已不复存在,余下的就是意大利富有且民众文化程度越来越高的都市文明,催生出对古文献浓厚的文化兴趣的现实。这个运动以"复兴"自许,意在重振古罗马(和后来的古希腊)的昔日光芒,并于1300—1500年绽放异彩。从14世纪的但丁和彼特拉克开始,后来扩散到更广泛的专业学者、政府官员和饶有兴趣的业余爱好者之中,对古典名著的学术关注成了阿尔杜斯时代教育的主流。[11]

从广义上说,我们可将这种教育范式及其重点称为"人文主义"(humanism)。这个词从时间上看有错位感,它是1808年或1809年一位德国学者创造的名词,但其词源是"人文学者"(studia humanitatis),指的是掌握人文知识(humanista)也即文法、修辞学、历史和哲学，并将知识传授给学生的人。他们所教授的内容，以及催生这场知识运动的核心，是对古代文学巨擘的智慧与口才的绝对崇敬。通过李维、维吉尔、奥维德、斯维托尼乌斯，特别是西塞罗，人们得以了解那段光辉完美的过去，与人文学者自认他们所生活的堕落颓废世界构成了强烈对比。人文学者带我们重温过去大师们的著作，效法他们的语言和道德关注点，希望让世界更美好。[12]

当然，人文学者列出的目标更多，但这就是其中要旨。总的来说，他们之所以全心投入对古典文献的研究和模仿，是因为他们乐此不疲，因为他们周围的人也沉浸其中，也因为这样做对他们有用。有些最伟大的早期人文学者曾深度介入政府事务，特别是在共和国时期的佛罗伦萨，同时他们也看到当时当地的公民生活与古罗马高度相似。意大利都市中逐利的商人——商贩、银行家和工业实业家——在半岛上都同时具有政治精英的双重身份，他们形成了一种独特的、人称"胖人"（popolo grosso）的寡头集团。在欧洲其他地方，政治生活由乡绅主导，城里的富人在王国事务中充其量只发挥了次要作用。意大利则不然：在意大利城邦错综复杂的政治世界里，口才和说服力堪称利器，足以反映某人的美德（virtù），反映他的理性、节制和自控。努力研读这些古典作家应当都认同的关于美德的看法，就能提高自己的这些能力。[13]

随着 15 世纪的时间推移，人文主义的教育实践逐渐普及。仔细研读古典作品就能培养出参与或领导政府所需要的真正的涵养和实用技能，这明显脱离了标准的中世纪教学法。数百年来，中世纪一直沿用的是一套死板的、层次分明的教学方式。多数人文学者都是单纯地热衷于此道，或是想给自己的孩子寻求最先进的、最流行的教育方式，而不是像阿尔杜斯的朋友乔瓦尼那样喜欢博人眼球。

人文学者鄙视并严厉批判中世纪惯常的教学方法——死背文法规则和书信八股，他们提出了改良方案。"凡心志高洁、需要介入公共生活和社区事务的人，学习历史和伦理学对他们是有益的，"早期人文学者皮耶尔·保罗·韦尔杰里奥如此写道，"从伦理学中，我们会学到如何把握行为分寸；从历史中，我们能找到学习的榜样……有了口才，我们才能谈吐得当，知道用词轻重，继而赢得民心。"[14]

这一范式的改变给新式教育创造了蓬勃发展的市场，到1450年，家道殷实的年轻人差不多在所有意大利城市都能找到一本不错的西塞罗风格的拉丁语规范手册，并接受人文学者在历史、伦理学和修辞学方面的教学。出生在罗马附近小城的阿尔杜斯·马努蒂乌斯绝对不是"胖人"的后裔，年轻时也没有机会接受这种神奇的教学方法。他接受的是一套标准中世纪的文法教育，后来才聆听了当时最风行的古典文学课。教授最时髦的拉丁语和希腊语的一般都是到处游走的专家学者，大学对新知识的采纳都比较慢，但这种情况并没有持续太久。

吸引学生学习古籍有多种方式：可以请一位阿尔杜斯这样循循善诱的老师给青年学子讲课，可以通过皮科别墅里举行的同行夜谈，可以举办大型公开辩论让急于赢得同侪赞叹的人一显身手，也可以发放能引起读者强烈信念和好奇心的古籍原文材料。

我们不确定阿尔杜斯为什么被吸引到威尼斯从事印刷业。这位学者在他出版的各种版本书籍的序言中对此也语焉不详。但起码我们可以暂下结论，他看到了印刷业可以发挥积极作用，促进变革，是将古典文献的智慧带给大众的一种手段。从阿尔杜斯的角度来看，教育自然会带来大量书籍的印行。"我已决定毕生为生民服务，"他在他的希腊文法书的引言中说，"上帝为证，除为我族类服务外我并无奢望，过去无论身在何地，我均奉此为圭臬，祈愿未来我亦如是。"[15]

肮脏的印刷行业

阿尔杜斯在他第一批印刷物的序言中，如此总结他棘手的印刷生意："我原可以度过平静安宁的一生，却选择与操劳和纷扰为伍。"[16] 这位学者很早就意识到了这项新职业的困难。当他离开风平浪静的教室，走进吵闹喧嚣的印刷厂时，阿尔杜斯不仅仅进入了一个新领域，他其实也进入了一个竞争激烈、你死我活、铁面无私的战场，印刷业者为了生存几乎无所不用其极，但往往就因为一个小错而被迫关门大吉。

阿尔杜斯在 1490 年左右来到威尼斯，我们可以料想他当时就想投身印刷行业，可是一直到几年之后，他才真正开始印刷。

新事业起步前，得事先投入时间和金钱。或许他从前的学生阿尔贝托·皮奥曾经暗中给他帮了不少忙，所以他有的是时间，但筹钱可就不那么容易了。也许这就是阿尔杜斯来到威尼斯而不是佛罗伦萨的原因：佛罗伦萨是出名的学术中心，特别是研究希腊语的中心；但要给新印刷所筹措资金，地处潟湖之上的威尼斯是更稳妥的地方。

有钱的企业家在威尼斯比比皆是，但精明吝啬的投资人凭什么要将自己辛辛苦苦赚来的钱交给一位中年学人呢？阿尔杜斯并不以文采斐然的原创作品而著称。他不是学术巨星，他在意大利各地宣讲希腊学术研究的最新发展时，那些热衷于人文主义的人也不会纷纷赶来捧场。阿尔杜斯虽与许多知识界大腕过从甚密，自己却只是名声一般、自信称职的普通教师。与早期从事印刷业的工匠不同，阿尔杜斯对资本密集的制造业并不熟悉。任何投资者都不会在这个风险行业大量注资给像他这样的人。

尽管有这么些严重短板，阿尔杜斯最后还是筹到了钱。他花了不少时间，我们猜想他到了威尼斯以后，还在继续教书。他同时也在进行另外一个大项目：撰写一本新的拉丁文文法书，题为《拉丁文文法总论》，于1493年3月出版。印刷商安德烈亚·托雷萨尼来自阿索拉，他干过这一行，但为人小气，没见过大世面。以后20年他在阿尔杜斯生活中扮演着关键角色，先是做他的合伙人，继而成了他的岳父。

托雷萨尼这个人看起来的确很难相处，他盛气凌人、谨小慎微、一毛不拔。伟大哲人伊拉斯谟1508年在威尼斯期间，曾与阿尔杜斯和托雷萨尼相处，几十年以后曾对此人有过毫不留情的描述。伊拉斯谟记载，他是个锱铢必较的吝啬鬼，满脑袋只想着钱，待客时就用掺了水的发酸的酒、瘦骨嶙峋的鸡、粪坑里挖出来的贝类动物和用黏土发酵的面包。整日忙着赚钱的托雷萨尼忘了对儿子的教养，他们每天饮酒、赌钱、召妓，而可怜的阿尔杜斯和其他工人则在印刷厂日日辛勤劳作。伊拉斯谟的描述十分刻薄，他之所以如此不留情面，是为了回应指责他经常在阿尔杜斯家里吃香喝辣却不知感激的传言，其实他的这番表述与其他人对托雷萨尼的描写基本上没有冲突。从已有的证据来看，认识托雷萨尼的人都不喜欢他。[17]

但话说回来，谁也不能否认托雷萨尼对印刷业的了解。15世纪70年代中期，他开始在法国老汉尼古拉斯·让松的印刷厂当学徒，到15世纪70年代末，让松退休时他把老师傅的活字字模买了下来，并继续营业。15世纪90年代初，他第一次与阿尔杜斯打交道。在此之前，托雷萨尼把这个行业的各个方面都摸了个透。他也曾经出资跟其他印刷业者建立过短期伙伴关系，曾经给帕多瓦的印刷厂当过代理书商，自己也承印过书籍，阿尔杜斯的文法书就是一例。这时候的托雷萨尼给人的印象是，他是个稳重、保守的商人，主要依赖传统的法律文书和拉丁语典籍打开市场。从他敏锐的商业眼光和个人经历来看，他具备在印刷行业成功的要件，颇得行业起步时期精明能干的约翰·富斯特的真传。

阿尔杜斯有两个强项，每一项都有商业潜力：他对古希腊语知之甚深，与这门新兴且前景看好的学问中最前沿的人物又一直有联系。他的拉丁文文法书十分成功，因为这类书籍是肯定有读者的，接下来就看阿尔杜斯能否说服托雷萨尼出版不同类别的书了。市场上已然充斥大量拉丁语古典书籍，然而古希腊语的书籍却难得一见，一共也就十几本，因为印刷业不相信有人会抢着要看这类书籍。如果像阿尔杜斯和大多了解行情的学者在 15 世纪 90 年代早期所认定的，下一个大行其道的新领域将是希腊语，那么托雷萨尼就能通过他抢占市场。

印刷希腊语书籍会使新兴的印刷业本就存在的诸多挑战变本加厉，加上大家并不看好希腊语作品市场，所以在谷登堡发明铅活字印刷术之后的半个世纪里，没有多少人愿意做这件事。跨出这一步需要铸造一批新活字字模，这本身就是个费工费钱的活儿，更因为在威尼斯这样的大城市都不容易找到精通希腊文的熟练金属工人，所以有意者望而却步。阿尔杜斯得从当时比较流行的手抄本中选出某种字体，并监督上千枚活字字模的切割和铸造。这项印前预备工作就需要几年时间。更了不得的是，这里牵涉的巨额费用。

因成本太高，托雷萨尼希望找个伙伴来分担风险，他找到了皮耶尔弗兰切斯科·巴尔巴里戈。巴尔巴里戈家族在威尼斯资格老、名望高，财大气粗，其权势在阿尔杜斯到达威尼斯的十年前已达顶峰。前后有两位巴尔巴里戈家族的人当选该城的总督。皮耶尔弗兰切斯科是头一位总督的儿子、第二位总督的侄子，所以他不但有钱还有人脉。后来为大家熟悉的阿尔定出版社从一开始就资金充足，政治基础稳固。它并非学术梦想落空的教师不考虑盈利为造福人类而死命苦撑起来的事业，它本身就资本雄厚，背后又有老练的企业家和这座商业重镇中最有钱、最有权势的家族作为后盾。[18]

阿尔定出版社

阿尔杜斯需要他的生意伙伴们毫无保留的支持。1469—1490年他抵达威尼斯时，在此地打拼的印刷厂先后就有100多家。15世纪90年代还在营业的只余23家，而坚持到16世纪的就剩10家。威尼斯印刷厂的平均寿命是18个月，大多印了一本书后就关门大吉。阿尔杜斯希望在这个竞争激烈的行业站稳脚跟，而他的经营战略主要依赖一项全新的、未经考验的产品。[19]

巴尔巴里戈是个被动的投资人，他为此注入了几千杜卡特资金；托雷萨尼出钱、出技术，阿尔杜斯则提供知识后盾。这是个强强组合，他们一起将一系列书籍送到了读者手中。从这些印刷品可以看出，他们的确有一套很好的商业计划。他们印刷的第一本书于1495年3月问世，是非常粗浅的希腊文文法入门书，作者是一位君士坦丁堡的流亡人士，康斯坦丁·拉斯卡里斯。他们同时还出版了两本希腊文文法书和一本字典。忒奥克里托斯和赫西俄德的诗集以及阿里斯托芬的喜剧也是他们的早期出版物。

这些基本上还都是教育书籍，是培养古希腊文学读者的入门读物。老师可以用文法书帮助学生练好基本功，然后再带他们读忒奥克里托斯、赫西俄德的诗,以及阿里斯托芬的古希腊语对话。同时,三年内他们还印刷了五卷本亚里士多德文集。亚里士多德是最知名的、最受推崇的古希腊作家,而阿尔杜斯是第一个将他的作品全部汇编成集出版的人。连今天鲜为人知的迪奥斯柯里德斯(Dioscurides)和尼坎德(Nicander)的药学著作也在15世纪90年代晚期成为学术讨论的话题。[20]

如今回过头来看,托雷萨尼和阿尔杜斯的商业计划显而易见:充分利用大家对古希腊语教学日益增长的兴趣,先印刷教学材料,给日后古希腊语作品的市场做准备工作,然后再把最抢手的作品印出来。当然说起来容易做起来难,不过根据各方评价,阿尔杜斯和托雷萨尼还是成功了。他们印刷的书比其他厂家的同类产品要贵出2~4倍,但仍然畅销。当时尚未成名的作家伊拉斯谟曾写信抱怨,说他连乌尔巴诺·瓦莱里亚尼修士写的文法书都买不起。阿尔杜斯满腔的教育情怀与市场力量进行了无缝连接。[21]

可是这个行业也是残酷的。阿尔杜斯并非唯一想垄断古希腊语书籍市场的人,他的竞争者也非等闲之辈。比如,佛罗伦萨的印刷业者洛伦佐·德·阿洛帕,他的印刷字体精美,而且在佛罗伦萨城里就能找到上好的古希腊语手稿集。德·阿洛帕的印刷厂在1496年倒闭,但在威尼斯还有竞争者,从与阿尔杜斯愉快合作的、克里特岛的缮写员扎卡赖亚斯·卡利耶格斯,到与他直接势不两立的、布拉西凯拉的加布里埃尔等。不过阿尔杜斯还是比较走运的:十年将尽时,适逢经济整体放缓,对手们都没能熬过这段艰难时日，威尼斯就剩下阿尔杜斯唯一一家古希腊语书籍出版商，它成为全意大利的翘楚。

尽管在古希腊语市场独占鳌头，但这还不足以让印刷厂维持生存，阿尔杜斯开始扩展业务。虽然头几年集中出版古希腊语作品，阿尔杜斯也承印了一些拉丁语和意大利语书籍，能得到威尼斯要人赞助的零散活儿也做，这些业务可以快速获现金。如今，生意越来越不好做，拉丁语书籍有成熟的市场，看来这还是比较安全稳妥、保证销售和盈利的一条路。早期印刷业最畅销的作者，包括维吉尔、奥维德、尤维纳利斯、马提雅尔、西塞罗和卡图卢斯等，他们与希腊作家斐罗斯屈拉特、修昔底德、索福克勒斯、希罗多德等一样，其著作不断得到出版。

阿尔杜斯出版的拉丁语作品与他出版的古希腊语作品一样精美。他使用了一套漂亮的斜体活字字模，伊拉斯谟曾赞叹这套字模为"世界上最美的小活字"。另外，他还开创了8开纸的印刷格式，更加便于携带，印刷这样的小书也比印大书便宜，且更适合大量印刷。一张纸对折三次后裁开就有8张即8开，可以印刷16页，而对折两次形成的4开只能印刷8页，折一次形成的对开只能印刷4页，显然用8开纸印刷既省纸又缩小了书的尺寸。虽然他的书卖得不比别人便宜——也有便宜的，但多数都比较贵——但小书出版成本低，可以增加印刷厂的边际利润。[22]

阿尔杜斯和托雷萨尼通过出版古希腊语和拉丁语经典著作占据了印刷市场的龙头地位，他们继续跟着消费者品味的变化，经历了快速发展和快速萎缩的循环。当伊拉斯谟在1508年到访威尼斯时，他住在阿尔杜斯处，正要将《名言集》完稿，书成付印后成为16世纪的畅销书。其后，威尼斯因卷入多次耗费巨大的灾难性战事，印刷业数度中断，阿尔定出版社在1509—1512年显然也处于歇业状态。它在1515年因阿尔杜斯逝世再次歇业前，曾恢复营业，并出版大量书籍，主要还是拉丁语和古希腊语作品以及一些意大利语名著。

书市中的生意经

15世纪与16世纪之交是书籍历史上的巨变期，印刷本已稳超手抄本成为未来的媒介。此时，印刷书籍出现在读者面前已有一代人的时间，它们顺应并引导了读者的需求。经过近50年的激烈竞争，印刷业者了解和迎合读者的方式也变了。随着读者口味的缓慢改变，出版商出的书也跟着改变。一开始，以神学和祈祷用的小册子为主，包括《圣经》及其注释本、圣徒传记、祈祷书、赞美诗集和布道文。有人估计，这一类书籍最受普通大众和修士欢迎，在1500年以前的出版物中占了将近45%。广义的文学作品占36%，其余的则是法律书籍和科学书籍。[23]

阿尔杜斯的出版物先以古希腊语作品为主，后以拉丁语著作为主，他并非当时成功印刷业者的典型。他很少出版宗教类书籍，值得一提的例外是锡耶纳的凯瑟琳的意大利语书信集，或许这是他的赎罪之举。阿尔杜斯主打的古典作家作品仅占15世纪所有印刷书籍的 5%，但阿尔杜斯在其他方面能反映当时的大趋势。他的 8 开拉丁语书籍主要是最受欢迎的西塞罗、维吉尔和奥维德等作者的作品。他经常为教师出版古希腊文和拉丁文文法书籍，这是印刷业最可靠的市场之一。随着需求的改变，他也从古希腊语向拉丁语作品转移，后来又出版了但丁和彼特拉克的通用意大利语诗集。在遇到阿尔杜斯之前，务实的托雷萨尼曾给大学师生出版法律书籍，这方面的市场最稳固，但要求也高。虽然阿尔杜斯在格式、字形和希腊古籍的出版方面颇具创新，但在书籍的选择上他还是比较保守的。当时大多数出版商皆如是。[24]

之所以保守是因为早期印刷业都面临两大问题。首先，几乎所有费用都得事先垫付。铸造新活字字模固然是一次性投资，但需要一笔相当可观的费用：阿尔杜斯花在铸造希腊文活字字模和精美的斜体字字模上的钱，就达到几千杜卡特，相当于富格尔家族给蒂罗尔的西吉斯蒙德大公的初期贷款。这笔钱也足够葛兹·冯·贝利欣根雇一批战士打一场像样的战役。除了活字字模的费用，印刷业者每出一版书就得买进几千张高质量纸张。还得付与纸张价格差不多的劳工费：1508 年，阿尔杜斯用了大约 15 名工人操作 5 台印刷机，每三名熟练工人负责一台。各项费用加起来，为保证印刷厂能继续营业，阿尔杜斯每个月维持印刷厂运作就需要 200 杜卡特以上，相当于较为富有的贵族一年的不动产收入。开销不断，而且从一开始就得付出，收入却得等到最后。等到书印完都送到读者手中之前，印刷厂是一分钱进账也没有的，也可能书都卖了，钱也拿不到。[25]

早期印刷业者——其实至今亦然——面临的第二个问题是，得对某一本书的市场大小及所在地进行估算。会有多少人想买新版的西塞罗给阿提库斯的书信集，是500人还是3 000人？有多少人想买一整套亚里士多德全集？这些买家都在什么地方？这些问题听起来像是后工业化世界大规模生产和全球销售网络的基本问题，但在改良印刷术出现之前，出书都是事先预约的：如果顾客需要某一份手稿，他们就会找一名缮写员订购一份。缮写员不需要猜测他的买主有几人，也不需要缮写完毕再四处找销路。但出版商就不同了，所以他们不太愿意尝试新作品，故此阿尔杜斯决定大量出版古希腊语作品才是一个大胆创举。谁也不知道印出来这么多本书，市场上有没有足够的需求，这样的冒险是否值得。

更给印刷业添麻烦的是，哪一座城市都不可能有那么多感兴趣的读者足以支持像阿尔杜斯的这样规模的印刷厂持续经营——连富有、先进、人口众多如威尼斯者也不例外。1499—1504年，他可能是印书量最大的厂商，很可能到了1512年也是。这就意味他与当时的其他所有出版商一样，要到各地寻找顾客。为了将第一批出厂的1 000~3 000本书出手，仅仅靠他周边的威尼斯的显赫人家和帕多瓦的学者是不够的。奥格斯堡的商人、牛津的知识分子、法兰克福的书商、里昂的藏书者、匈牙利的矿业大亨：为了让他的努力不致白费，所有这些人都得对阿尔定出版社的产品有所了解。[26]

核心问题是能进行一般阅读的民众数量十分有限。欧洲的大部分人口是乡下农民，他们当中能够欣赏作品并且花得起钱买书的凤毛麟角。潜在的顾客往往集中在商人、教师、学生和其他受过教育的人居住的大城市。每一位成功的出版商都通过分销网络与这些读者圈保持联系，他们依赖的正是支撑整个欧洲商贸的金融交易、信贷和信托机制。纽伦堡的出版商安东·科贝格与阿尔杜斯是同时代人，他在欧洲大陆各地都有代理商：威尼斯、佛罗伦萨、米兰、博洛尼亚、里昂、巴黎、奥格斯堡、慕尼黑、英戈尔施塔特、维也纳、但泽（今称格但斯克）、波森（今称波兹南）、布雷斯劳（今称弗罗茨瓦夫）、克拉科夫、吕贝克等。所有这些中间人都是先拿书，留下记录，然后再将钱款汇给科贝格。阿尔杜斯也与欧洲各地——从英格兰到瑞士和德意志——的重要学者保持联系。这些学术联系发挥着销售网的作用，消化了相当一部分他出的书。[27]

由于这个网络涵盖范围太广，有关需求和价格的信息传送又不甚可靠，生意经常不顺。出版商总想知道消费者的兴趣所在，书还剩多少本，别人家都在印什么书，但知道了这些信息也不是成功的保证。即便你资本雄厚、印刷精美，还有不少普通问题也可能置你于死地——而且这些还都是出版商难以控制的问题。出版商出了书后，或许会发现根本没有销路；或许他正确地估计到某书有一定需求，但他估计过高，印多了；也可能他出书后才发现另一家厂商已在市场上投放500本同样的书；或许他选择的手抄本有问题，尽是错别字；或者雇了一位不尽责的编辑，没发现排版中的错误。明眼的消费者是不可能买这样品质的书的。

即便事事都顺利到位，运输途中也可能出意外，造成书籍毁损,遥远城市的代理人可能拿书款中饱私囊,或者出现了不可预见的情况,销售网络无法运行,书籍到不了买家手中。1508—1516年,威尼斯卷入了与康布雷同盟的战争,导致阿尔杜斯的印刷厂损失惨重:印刷厂在1509—1512年被迫歇业,威尼斯步入低潮,战事频仍让意大利北部惨遭蹂躏,工厂要印几千本书才能得以维系,可是书运不出去。当时的政局让欧洲生意最兴隆的印刷厂都不得不暂停营业,其实他还算是幸运的。很多其他印刷厂自此再无声息。

信息革命

"全力以赴。"(studeo)阿尔杜斯眯着眼紧盯着眼前书写了文字的纸张如此说道。他不由自主地说出这个拉丁词,是要让自己忘却身处印刷厂里的嘈杂。墨球给活字字模上墨,印刷机随即发出咯吱咯吱的声音。纸张卷起时发出摩擦声响。排字工人、拉机手、上墨工人彼此闲聊。孩子们哭闹嬉笑,一双双小脚在楼板上的跑跳声透过天花板传至楼下。好几支笔杆在纸上挥写,阿尔杜斯对眼前的手稿做了修改,劳苦功高的编辑瑟拉菲纳斯将稿件的某些部分重写后,交给了排版工。

还有一支笔也在不停地书写,执笔者长着一个尖鼻子,他40来岁,坐在拥挤角落的书桌前,身着一袭旧袍。这位巡游学者已因其诙谐、文采和出众的才具而小有名气,他到阿尔杜斯的印刷厂来，也是为了通过欧洲这家首屈一指的印刷厂让更多人读到自己的作品。鹿特丹的伊拉斯谟不久后就会声名远播，他知道阿尔杜斯·马努蒂乌斯可以加速这一过程。

当时伊拉斯谟最感兴趣的就是浩瀚的古典文献中最为人熟知的精句箴言。它们如流水般从他笔下倾泻到面前的纸张上，他还为箴言的意义和应用，加上了诙谐而深刻的注解。伊拉斯谟每写满一张纸就交给瑟拉菲纳斯编辑，瑟拉菲纳斯编辑完再向伊拉斯谟要下一张初稿，最后经过阿尔杜斯通读和修改，将定稿交给排版工人去排字和印刷。

阿尔杜斯的工作一气呵成，不容中断。"全力以赴。"他一遍遍督促自己，两眼周围的细纹在他专注时显得更深了。伊拉斯谟用两人都能流利使用的西塞罗风格的拉丁语问他，为什么对这份文稿如此煞费苦心，他的答复还是"全力以赴"。

这个词的意思比较模糊，有多重含义，阿尔杜斯这样的文法学者面对这类字词，就像贪吃的美食家面对满桌佳肴那样愿意细细品尝。一方面，它的意思很简单，"我在忙"，此话一出就表示不得打扰以免误事。但另一方面它也暗示阿尔杜斯正全身心投入在学习、钻研、吸吮伊拉斯谟倾泻于纸面上、很快就能扬名欧洲的智慧精华。其他时候，阿尔杜斯都在为他的家人、15 名工人、印刷厂的事务和难应付的岳父大人兼合伙人的事烦心。但就用这么一个他总是重复的词，就能让他跳出日常生活的窠臼，拾回昔日身处学术前沿的快乐。[28]

"晚年的阿尔杜斯意志消沉、若有所失，今人眼中他显而易见的成就，他自己却浑然不觉，何其可悲。"的传记作者马丁·劳里写道。现代欧洲早期古希腊语的迅速传播是阿尔杜斯的功劳，他开创的易读斜体字和便携尺寸的书籍使得大众阅读更方便。尽管他创造的产品流芳百世，印刷业的重负还是压垮了他。

实际上，这项新技术让大多想借它发财的人以破产告终。有的印刷厂之所以挺了过来，是因为接二连三出了几本畅销书，开拓新市场时小心再小心，同时还通过政治关系获得垄断权和专属特权，阿尔杜斯也经常打这张牌。但多数厂商没能撑下来。大多印刷厂的命运不是破产就是倒闭，也让梦想借此大赚一笔的金融家蒙受不少损失。

1450—1500年的印刷业提供了4万种不同版本的1 000多万本书。16世纪上半叶又出版了几十万种不同版本的5 000万本书。单是那1 000多万本，就已经超过了改良印刷术出现前1 000年出书的总和。印刷确实是变化因子，让越来越多如饥似渴的读者能接触到基本文法、古籍、新语言，接触到伊拉斯谟的睿智。有了印刷，才有了我们现在所知的新闻，在西塞罗作品和布道书以外又出现更多时效更短的产品，于是才有了宣传。后来哥白尼和伽利略掀起的科学革命也有赖于印刷品的批量生产。[29]

不过在当时，最具影响力的印刷品并不是在威尼斯或奥格斯堡这样的大商业中心出现的，它出现在德意志东部一个偏远的大学城。这座城市就是名不见经传的奥古斯丁会修士马丁·路德的故乡维滕贝格，是这座城市把印刷品变成了大规模宗教剧变的主要武器，也导致欧洲大陆分崩离析。

第六章

约翰·赫里蒂奇与日常资本主义

1512 年 4 月 17 日,英格兰莫顿因马什(Moreton-in-Marsh)

饱经风霜的老门关上时吱嘎作响,声音淹没在邻近草场上几百只羊不断的咩叫和两只长毛牧羊犬偶尔的狂吠声中。两个人还站在门两边你一句我一句地唠家常。农户的女儿等过些时候收成完毕,就要结婚了。羊毛商届时能来参加婚宴吗?当然,任何社交聚会都是与格洛斯特郡这里的羊毛生产者套交情的好机会,偿债之余还可以跟年年给他供应好几袋羊毛的那些人稳定关系。他的竞争对手肯定也会出席,还他们的欠债,顺便也走动走动。约翰·赫里蒂奇这位来自莫顿因马什的羊毛商兼企业家是不会错失如此良机的。

赫里蒂奇想到来劲儿的麦芽酒、上好的饭菜、届时可能达成的交易,不禁莞尔。继而他话锋一转,谈起了眼前的事儿,语气也不同了。商人用他内行的眼睛扫了扫在草场上忙着吃草的羊群,心中暗想:大部分羊毛属上乘,但比不上科茨沃尔德生产的上好羊毛。他愿意出每托德 10 先令的价钱,托德是羊毛的计量单位，1托德相当于28磅重。他觉得10先令的出价很公平，但是农户要11先令：理由是别人愿意给这个价。赫里蒂奇说，可以，但如果质量出了问题，交货的时候可就要好好砍价了。农户希望他能先垫付一半：毕竟，办婚礼需要钱。赫里蒂奇同意了，不过农户得同意余款要分期支付，最后一笔款要到圣诞节以后，甚至得拖到大斋节时分。这位农户靠得住，名声很好，赫里蒂奇确定他的信用不会被滥用。

  他们就这样来来回回讨价还价，各说各的理，双方展现的灵活与耐心就像这个舞他们都跳过十几回了一样。直到最后，赫里蒂奇从钱袋里掏出几枚旧银币，越过嘎吱作响的门交给对方。"2英镑6先令。"他心想得好好记住这个数字。

  赫里蒂奇爬上马背，与农户道别，随即在被前一晚暴雨弄得泥泞不堪的小路上策马前行。此时打扰他思路的只有鸟儿的鸣唱和远处羊群的咩叫声，他在脑子里重复这天上午成交的三笔交易的各自金额，免得自己忘了。咩叫声随着路面不断下行而变大。羊群在道路两侧高起的石堤和断垣之间觅食，这是个一度发达的小村落，但见春日的天空被铁灰色的乌云笼罩，远处一座废弃教堂的高塔直逼云霄。曾经的大片耕地如今已变成空荡荡的草场，无数百姓在一次次黑死病暴发中丧命，人口已被牲口代替。

  被弃置的村落逐渐远去，赫里蒂奇的马现在正安详地走在回莫顿因马什的最后一段路上。他的家离村子不远，进了自己的院落，他下马掸掉外衣上的泥点子，将缰绳交给恭候在一旁的仆人。他再一次在心中重复成交的金额，随即走进了低矮的屋檐。

书房的书架上一本皮面装订的笔记本正等着他,本子里记载着赫里蒂奇的命脉——他的账目。

商人拿下账簿,在一张空白页上记录下农户的姓名,收购羊毛的总量暂时留白,后面写上"已付 2 英镑 6 先令",接着又留下大片空白。对那天上午的另外两笔交易他也做了记录。在接下来一年的时间里,他会在空白部分陆续填上他付出的钱数,总共付了多少,一共收购了多少羊毛。这样他就能对自己复杂而又收入不错的生意情况有个大概了解。

记录完毕,赫里蒂奇合上账本,重新把它放回书架上。他从妻子琼给他在外面留置的酒坛里,给自己打一杯麦芽酒。买卖羊毛是得全身心投入的工作,事情永远做不完。

约翰·赫里蒂奇不是什么了不起的人物。他是位殷实的生意人兼农民,他在格洛斯特郡这一隅有不少投资,基本上都与羊毛的生产和买卖有关。每年春天他都上附近人家走一趟,跟不同的农户进行交易,他们每个人都有几百只羊,这已经是他 20 多年来的习惯了。到秋天他又会走一趟,这一趟是雇了车来收羊毛,运到 80 英里外的伦敦,把它们卖给几家主要的羊毛外贸商。即便是在他所在的科茨沃尔德附近,赫里蒂奇也有竞争者,有的人每年的进货量是他的 2 倍,称得上大商家。以当时英格兰商业活动的规模来看,他只能算是一个小角色。

在一个日益商业化的社会里,像他这样的人可谓比比皆是。他们是不可或缺的中间人,是他们把绝大多数人生活和工作的乡村与都市贸易中心连在了一起,而都市贸易中心则将欧洲每个孤立的地区连成更大的整体。此外，存留至今的赫里蒂奇的账簿是一份难得一见的宝贵文件，我们从中得以管窥 20 多年间他的生意情况，更能对赫里蒂奇和他生活的世界有深入细致的了解。

赫里蒂奇曾主动寻找各种新投资机会，从土地、羊毛到进口奢侈品等。他的事务管理能力在他的账簿里得到清楚的反映，从中我们也能感受到对手给他带来的不断的竞争压力。这些都不足为奇，赫里蒂奇的故事中让人最为吃惊的是，在历史的这一特定时期和地域内，像他这样的人并不少。与雅各布·富格尔等人一样，赫里蒂奇也是一位逐利的商人，他的账目一丝不苟，也对如何使用信贷有深度了解。他是个资本家，或至少算得上资本家原型，有利可图时绝不心慈手软。这样的人一多，就说明在正处于巨大变革前夕的欧洲，商业活动与商业价值均已深入人心。其实，像约翰·赫里蒂奇一样随时准备利用当时的挑战和机遇大干一场的人多如牛毛。[1]

中世纪晚期的乡村与封建制度的终结

乍一看，像威尼斯和奥格斯堡这样的城市，在 1500 年左右似乎是欧洲经济的心脏。在主要城市的中心，资本、物资和创新确实争先恐后地浮出表面。但绝大多数人口还是居住在乡村而非城市，即便像北意大利和低地国家这样最都市化的地方，住在乡下的人也远比城市里的多。而且，住在乡下的农民也不是土包子，驱动这个时期经济增长和变化的一切，都是这些普通人所付出的汗水与才智，是他们生产的原料成就了彼时的都市生活以及重塑欧洲经济的大规模交换。约翰·赫里蒂奇等人正是在这个充满活力、不断演化的经济秩序中联通都市与乡村的关键纽带。

中世纪晚期的乡村最难忘的经历就是鼠疫杆菌引起的黑死病造成的大量死亡。1350年左右，欧洲有数千万人死于第一次黑死病暴发，疫情所到之处人口基本减半。而且它还不是一次性灾难；后来还多次发生，贻祸几代人。仿佛疾病带来的震荡还不够似的，14—15世纪气候情况大幅恶化，赶上了今人所知又湿又冷的"小冰期"。各年龄段人口的死亡率都出现攀升，人均寿命从25岁降到20岁，生育率无法弥补这么大的损失，致使15世纪末的乡村人口比200年前的还少。约翰·赫里蒂奇骑行至莫顿因马什沿途见到的废弃村庄只不过是众多废弃村庄（有人统计，在这么一个小地方就有29个之多）中的一个，断壁残垣和塌陷的路面就是黑死病及疫后衰退留下的痕迹。[2]

人口如此快速地萎缩后，几十年依然于低处徘徊，对经济和社会都带来了戏剧性的影响。我们对中世纪欧洲的描述着重强调的是当时的封建制，未获自由的农奴与土地捆绑，被迫终生为领主卖命。这种安排确曾盛行一时，一无所有的农奴挤在漏风的棚屋里，他们为领主种植粮食作物，所得仅供勉强糊口。几乎每一块土地不论多贫瘠，都得用来种植粮食作物。用每英亩*能生产

---

*　1英亩约为0.4公顷。——编者注

第六章　约翰·赫里蒂奇与日常资本主义

的热量计算，谷物是能养活最多人口的作物。由于土地紧缺，粮食价格昂贵，农奴没有别的选择：没有领主的同意，他们不得离开或结婚，他们也没有要求上层贵族改善他们生活条件的能力。

1100—1300年，亦即中世纪的鼎盛时期，风调雨顺带来了人口膨胀、经济增长。这种增长是以农民的受苦及其社会地位的固化为代价的。[3] 然而，黑死病让中世纪的社会秩序难以为继。第一次疫病暴发后，经济立即严重萎缩，西班牙的国内总产值下降了26%，意大利下降了35%~40%，英格兰下降了约35%。以后几次疫情暴发又赶上湿冷而变幻莫测的气候，结果1425年的人口竟然比一个世纪以前的还少。这种情况在英格兰一直延续到约翰·赫里蒂奇之时及以后一段时间。[4]

这一现象影响重大且深远。人口少了意味着工人也少了，于是劳工需求增加。如果农民的劳动在劳动力市场紧张时更有价值，那么他们为什么还要在领主的地里犁地清沟呢？如果附近城镇因黑死病人口骤减而工资暴涨，那他们还有什么理由继续留在这块没有前途的土地上呢？与此同时，原先领主之所以倾向于强迫农奴在领主的地里劳动，并将其余土地交予佃农打理，是因为大家对谷物等大宗物资需求高，而如今需求下降了。于是领主们发现，还是把他们的土地租赁给以前未获自由的农民，自己收租比较划算。

15世纪的经济总体上陷入严重衰退，但人口锐减、土地闲置以及领主势衰的新现实，对乡村的农民来说是件好事。土地有的是，且价格便宜。工资上去了。粮食价格下来了，人们的膳食也因摄入更多种类的蔬菜和肉类而有所改善,而在黑死病之前,人们的饮食多以谷物为主。有想法的农民可以借机摆脱农奴的枷锁,购置土地发家致富,爬上更高的社会阶层。领主缺乏强迫社会底层人民为其服务的杠杆。随着对谷物需求的减少,各个地方得以种植不同的东西,通过高度货币化、商业化的经济中日益繁忙的贸易路线销售出去。这些发展并不普遍,各地各区的情况不尽相同。不过,从英格兰到莱茵兰,黑死病之后西欧全境这一趋势已逐步显现。这就是约翰·赫里蒂奇成长和发达的大环境。[5]

约翰·赫里蒂奇及其家庭

赫里蒂奇的家庭可谓黑死病过后攀高枝者的典型。他们在沃里克郡东南伯顿达塞特教区有不少地,都是祖上传下来的。约翰的祖父(亦名约翰)在1466年,即小约翰出生的4年前,终于加入了埃文河畔斯特拉特福的圣十字兄弟会。这种兄弟会既是宗教组织又是社会组织;兄弟会雇一位或多位教士为其成员的灵魂祈祷,定期主持典礼活动,并举行年度盛宴。这些兄弟会为本区精明、有商业头脑的工匠和商人提供了不可多得的联络契机,赫里蒂奇家族就是其中之一。

圣十字兄弟会的会员年费并不便宜,可见老约翰和他同时入会的儿子罗杰至少混得不错。罗杰1495年去世时家族已相当兴旺;他的遗嘱表明,除了家族拥有的地块,罗杰还从伯顿达塞特农场主处租赁了 200 英亩耕地和更多草场，生产谷物、羊毛、乳制品等农产品，并圈养牲口。他有 860 只羊，40 头牛，还为了经营整个事业而雇了 6 个仆人。支付每年 20 英镑租金后能有 10 英镑盈利，这对一位乡村自由民而言已绰绰有余。所谓自由民指的是能抓住黑死病后有利条件，从普通农民跃升为有企业头脑的乡村商人者。[6]

约翰·赫里蒂奇——罗杰的儿子，老约翰的孙子——约诞生于 1470 年。所以他父亲过世时他大概是 25 岁，此时的他就得承担起责任，打理罗杰不小的产业并照顾他的子嗣——罗杰有子女八人，四男四女，小约翰是老大。这一大家人的事都落在了他身上。我们不知道小约翰与父亲的关系如何，也不知道他对自己的新责任有什么想法。我们找到的资料只涉及管理事宜，诸如遗嘱、账簿，文件并不齐全，记载也不清楚。并没有日记或其他记录描述家人之间的感情关系。

不知为何，罗杰似乎信不过他的孩子们，但小约翰除外。他在遗嘱里警告遗嘱执行人，如果他的孩子们"好逸恶劳""恶习不改"，则不得将指定的遗产交给他们。他的女儿不得跟门不当户不对者成婚，否则将丧失继承权。看来罗杰是位严父，对全家人实行的是铁腕统治。[7]

年轻的约翰·赫里蒂奇既要打理父亲的产业又要照顾兄弟姐妹的未来肯定不容易。罗杰的那摊事就很复杂。他自己有土地，还租了不少土地，另外他的贸易生意也花样繁多。老人家还与方圆 20 英里内的各大城镇都有商业往来，他欠 40 英里之外白金汉郡的一家客栈老板的钱，与离伯顿达塞特东南 80 英里的英格兰商业和政治中心伦敦也有生意往来。

可是罗杰没给儿子留下足够现金来执行遗嘱。在他的兄弟姐妹到了婚嫁年龄需要遗赠和嫁妆另立门户时，约翰都得筹钱才能履行父亲遗嘱的规定。换言之，他在管理上必须有前瞻性，保证不断有钱进账，并兼顾家庭大局。他的妹妹们得找夫婿，弟弟们需要娶媳妇，也需要找工作。他们都要为一个不确定、充满未知的未来做准备。[8]

圈地运动与资本主义

约翰·赫里蒂奇望着这块祖先留下的土地。他熟悉这 50 英亩地上的每一处崎岖，每一个犁地时会碰到大石头的地点，每一个走失的羊可能躲藏的角落，每一棵能在酷暑时节提供阴凉的大树。过去 27 年他都生活在可以眺望这片土地的茅草农舍中。农舍不远处是用来圈养几只等待被屠宰、剥皮的老羊的围栏。谷物在夏末的阳光中摇曳，它们是生长在一片沃土上有人精心照顾的作物，是它们给赫里蒂奇一家带来了近两个世纪的温饱富足。

然而，1497 年的收成将是最后一次。很快收获后的土地将不再播种。在赫里蒂奇的监督下，雇来的工人将拆除小羊圈以及赫里蒂奇的土地与周边地块间的栅栏。农舍已经搬空，几代人居住留下的所有家当都已装车。车队将缓慢前行 20 英里，从伯顿达塞特到莫顿因马什去，那里是赫里蒂奇妻子儿时的家，他们将在这个新地方安家。

小约翰凝视着赫里蒂奇家族的农庄四周缓缓起伏的农田。原先它们的主人是伯顿达塞特的贝尔纳普家族。他父亲罗杰曾租赁过其中大部分土地多年，作为几百只羊和几十头牛的牧场。自家的土地和租赁的草场一直都是约翰·赫里蒂奇所熟悉的家族产业核心，也是罗杰、他已故的妻子伊丽莎白和他们的八个子女生活安逸的来源。

但对约翰·赫里蒂奇而言，生活安逸还不够。他面临的压力太大。他在牛津读书的弟弟托马斯老是写信要钱支付生活费。妹妹们陆续到了适婚年龄，需要嫁妆以结良缘。压力还不止这些。罗杰在世时雄心勃勃，总想继续往上爬；而在小约翰身上，这股不服输的劲儿更足。他的梦想比伯顿达塞特更大，他希望有一天自己腰缠万贯，能挤进富人区，住一所大部分是木结构的大房子，每天有十几个仆人环绕左右听候吩咐，自己的孩子能进贵族学校，让妻子娘家人，也就是乖戾、冷酷的帕尔默斯一家对他刮目相看。赚钱是获得这一切甚至更多东西的途径。

罗杰·赫里蒂奇并不是唯一向贝尔纳普家租赁土地的人，伯顿镇上约有 60 人租赁土地种庄稼。一代代子承父业，都不知延续了多少代人，大家都在教堂的尖顶和风车的陪伴下在同一教区种地为生。如今由于约翰·赫里蒂奇和庄园新领主爱德华·贝尔纳普的协议，一切戛然而止。60 个人都得离开他们的老家另谋高就。约翰·赫里蒂奇将租下贝尔纳普家的整个庄园，把原先的耕地周围种上灌木丛，再挖出壕沟，把它变成大规模的养羊场。

对贝尔纳普来说，好处再明显不过：以后他只需要与一个而不是几十个佃户打交道，头痛的事情少了，收入依旧可观。羊毛价格上涨，劳工成本又居高不下，将土地用作低密度草场而不是种植谷物，还是比较划算的；因为种庄稼需要大量人力，而且到头来回报少得可怜。对约翰·赫里蒂奇来说，这是他往上爬升的机会——只要能把养羊场的管理员物色到位，能找到对路的羊毛买家，一夜之间他就能摇身一变成为商界大亨；当然还有一个条件，那就是他得比他过去的自己和他严厉的父亲更有能力，能够成功管理好这个更大、更有风险、更错综复杂的企业。

把农地改成草场对贝尔纳普和赫里蒂奇而言，都是理性的、出于盈利考虑的举动。这个主意想必出自赫里蒂奇，这显示他除了有雄心之外，还有绝不心慈手软的商人性格。这 60 个人可能都是和赫里蒂奇一块儿长大的发小，要他们离开几代人固守的土地，即便背后是理性考虑，也真是够心狠的。赫里蒂奇认为，为了提高社会地位，哪怕让他生于斯长于斯的伯顿达塞特的社会结构撕裂，也算不了什么。这就是当时新兴资本主义逻辑的最好写照，正如小雅各布·富格尔几乎从来不关心在社会底层的矿工，克里斯托弗·哥伦布不在乎加勒比海土著遭遇的虐待一样。[9]

约翰·赫里蒂奇在伯顿达塞特的所作所为其实由来已久，而且富有争议。"圈地运动"，正是关于这个时期如何出现一套完整的资本主义经济这一争论的关键所在。有人说，像赫里蒂奇这样的企业家将稳定的、有地的农民驱赶出去，理由是为了进行合乎理性的资本主义管理，却因此制造出了一个失地的农村无产阶级，也就是新农业资本主义的生力军。所以，约翰·赫里蒂奇的故事就变成了压迫的故事，变成了领主和他们的同伙密谋给农民制造苦难的故事。

此言不虚。伯顿达塞特的人在20年以后确曾要求官方调查他们被驱赶之事，考虑到引进资本主义给他们带来的痛苦经历，我们自然不会对约翰·赫里蒂奇和爱德华·贝尔纳普心存好感。但无可否认的是，土地用作草场，确实比用于农耕更有效、更赚钱。圈地的其实大多是农民，而所圈的地通常都是他们租赁或拥有的土地。赫里蒂奇根本不是领主，他并非通过圈地赚钱的典型人物。大多被圈的地是没怎么使用的或撂荒的土地。赫里蒂奇驱赶大量农民之举确实不近人情，但并不多见。[10]

当然，这话对伯顿达塞特人而言并不能起到安慰作用。约翰·赫里蒂奇和爱德华·贝尔纳普以他们为代价，用他们的苦难大赚了一笔。也许这就是赫里蒂奇最后完全离开，搬到莫顿因马什去的原因：昔日的邻居与他已无情谊可言了。

账　簿

从他以后几十年表现出的精明能干、偶尔不近人情的经营方式来看，约翰·赫里蒂奇并没有把在伯顿达塞特驱赶佃户一事放在心上。我们再次"看到"他出现时，他已经从伯顿达塞特搬到莫顿因马什好几年了。他利用岳父家的关系、新租赁牧场获得的资金和从他父亲那里学到的本事,摇身一变成了羊毛商贩,当然还同时经营着其他生意。

我们从一个难得的渠道发现了赫里蒂奇究竟在做什么生意。1501 年他去了趟伦敦,可能也是为了谈生意。他在城里买了一个有 96 页空白纸张的笔记本。以后 20 年所有的羊毛生意都被他记在这个本子里,包括姓名、地点、数目、羊毛重量等他需要记住的东西。

这些信息显然对赫里蒂奇很有用,而对我们现代人来说则尤为珍贵,理由很简单:像这样的人如此详细记录并流传至今的资料,几乎绝无仅有。账簿很常见,但几百年后仍保留下来的不多。因为账簿没有长期保留的必要,其中信息只对账簿使用者以及使用者所生活的经济世界有用。羊毛买卖、镇上的工匠将自己顾客的债务进行互换、典当行的交易,这些都是中世纪和现代早期经济生活中的谋生之道,但后来的人鲜有将其保留的兴趣。

赫里蒂奇的账簿却属例外,它近乎神奇地被收入威斯敏斯特教堂档案中。它并未被归类,也没有人记得它,几百年来就这样躺在那里累积尘埃。终于在 20 世纪 90 年代,它不知怎么被研究音乐史的罗杰·鲍尔斯碰上了。当时他正在找老的散页乐谱,过去的人曾经用多余乐谱纸张作为装订书籍时的填充物。鲍尔斯把他的发现告诉了一个朋友,友人又转告历史学家克里斯托弗·戴尔,恰巧戴尔在研究伯顿达塞特附近的租赁合同、遗嘱和其他文件时知道了赫里蒂奇的名字。一系列的机缘巧合让这本账簿到了

第六章 约翰·赫里蒂奇与日常资本主义

一位史学家手中，而他又确知赫里蒂奇在狭小的当地和更广阔世界中曾经发挥过什么作用。[11]

赫里蒂奇的记录让我们看到其他资料来源很难透露出的经济活动：一位乡村企业家的多种经营。账簿里对20多年来的所有交易都有系统、连贯的记载，使我们得以追踪赫里蒂奇羊毛生意的规模和地点。他经历了跌宕起伏的人生，与形形色色的人打过交道，多年来也曾试过各种各样的战略，有的成功，有的不那么成功。我们可以了解到从遗嘱、土地交易等其他来源中无法了解到的赫里蒂奇以及他生活的世界。

会计在16世纪初的欧洲已经得到普遍应用，有系统地跟踪所有交易也不是什么新概念。在欧洲商业最发达的意大利，近两个世纪前出现的复式记账法已成为标准。小雅各布·富格尔在15世纪七八十年代到威尼斯当学徒学习最佳记账方法，以后几十年雇新人时还经常面试他们的会计知识。大商家，如美第奇银行、富格尔家族以及许多与他们同时代的人，需要精准管理才能掌控在不同地方的分部，这一点自不待言。比如，美第奇家族每一年对各地分行进行详细审核时，根据的就是对它们的账簿的审计。[12]

不过，莫顿因马什距离佛罗伦萨、奥格斯堡或伦敦都相当远。约翰·赫里蒂奇管理的公司也没有那么多分支，没有几十号或几百号员工遍布欧洲各大商业中心，每年的营业额也到不了几万杜卡特。他只不过是个有头脑的、独立的羊毛商贩，手下只雇了几个羊倌，几名家仆和少量临时工。但即便如此，他的业务仍然烦琐,需要有系统的记录。

科西莫·德·美第奇可能会看不起赫里蒂奇那杂乱无章的账簿,他的任何经理拿出这样的账簿都有被开除的危险。这在严厉的小雅各布·富格尔那里肯定也过不了关。赫里蒂奇没有采用比较讲究的复式记账法,甚至也没有连续的交易列表,他的账簿完全是根据自己的需要给自己写的备忘录。所以它既可以说是账簿,也可以说是对赫里蒂奇自己的提醒,它追踪的是生意的整体情况,也提醒自己哪些义务有待履行,并没有对每一笔交易的借方和贷方做清楚明了的记录。1505 年的记载就是一例:

Thomas Kyte 42 Tod prec'the tod 11*s* and to geve 2 Tot £23 2*s* 0d Flesys yn. Payd yn ernys 40*s*. Payd at delyveryng 40*s*. Payd on Mychelmas evyn £6. Payd yn Blokley £3. Payd yn Crystmas Halydays 40*s*. Payd on Goodtyde Tewysday 42*s*. Payd be hys servand the 28 day of April £4. payd yn Stowe 20*s*.

赫里蒂奇从托马斯·凯特(此人显然是个养殖大户)那里买了 42 托德羊毛,1 托德重 28 磅。他同意按每托德 11 先令(*s*)的价格付款,并答应来年分期支付。40 先令是成交的"诚意款"(yn ernys),即首付款,相当于给养殖户的一笔贷款,交货时(at delyveryng)将付 40 先令,9 月底米迦勒节将支付 6 英镑大额款项(1 英镑相当 20 先令),另外 3 英镑将在布洛克利交付,没有具体说明日期。圣诞节再付 40 先令，大斋节开始的忏悔星期二（此地称之为"Goodtyde Tewysday"）再支付 42 先令。另外两次分期付款过后交易即完毕：4 月 28 日交付 4 英镑，最后一笔 20 先令之后稍晚在斯托城交付。交易总额写在该页右上角，即 23 英镑 2 先令。[13]

单单是赫里蒂奇与托马斯·凯特的这一笔交易与相关付款计划就够难跟踪的了，但他每一年都有类似的多笔交易：他与凯特的协议只占他 1505 年全年交易总金额的 8% 多一点，而这只是当年他达成的比较大、比较复杂的一次交易。账簿详细记录这些细节的那一页共记载了五项交易，赫里蒂奇还在每一页下方记录购买羊毛的总重量，和他同意总共付出的金额，另外还统计了最后的总数。每一年年底他都会做一次总结，让自己大概知道当年的生意状况，即便没有连续记录某一时刻的资金情况。

赫里蒂奇喜欢的记录方式在当时相当普遍，即赊账/销账系统，它是英格兰等地的王室财库和各大庄园采用的基本记账方式。赊账/销账法是更适合家产管理者等人的审计工具，但不适合追踪复杂多样的商贸交易，不过它满足赫里蒂奇的需要并没有问题。它的好处在于众人对它都熟悉，赫里蒂奇周边的人，家产管理人员和商人都采用这一系统或其变体。一旦有人对某一项交易是否成立提出疑问——这在竞争激烈、动辄对簿公堂的环境中并不少见，赫里蒂奇即可提交这种简明易懂的账目作为佐证。他这本简单易懂、条理分明的账簿应该是经得起考验的。

英格兰人并不是不知道复式记账法：与西班牙有经贸往来的

伦敦商人托马斯·豪厄尔早在1517年就采用过它。有的商人则将账本左右两页分为借记页和贷记页,与真正的复式记账法又不一样。所有这些变通办法都比赫里蒂奇喜欢的简单办法更有系统,更能准确反映每月每日的情况。或许他根本不知道有更先进的会计方法,或许他知道但认为对自己并不合适。

乍一看,赫里蒂奇的账目不清楚不说,还有点儿乱。计算总数时他用了隐晦的符号。他的财政年度跨越两个日历年份,这意味他算进1511年的交易,其实不少发生在1512年。许多记录不全。但与其像当时有人议论的那样,说他的记账"粗糙、隐晦、不入流",我们更应该把重点放在这本账簿发挥的作用上。伦敦的羊毛商贩使用隐晦的符号十分常见。他的财政年度也与当代人的用法一样。账簿有它的内在逻辑,赫里蒂奇觉得这个办法能够满足他的经营需要,可以算出一年来的业务进展和交易状况。在那个口头承诺盛行的时代,账簿不拘一格的组织方式起到了很好的提醒作用。随着时间的推移,赫里蒂奇账簿里记载的信息也变多了,显然他吸取了过去的教训,知道哪些该记,哪些不该记。总的来说,他的生意20年来蒸蒸日上,足以说明这套记账方式对赫里蒂奇来说十分合适。[14]

说到底,就一本账簿而言,重要的并不是它采用的方法,而是其中反映的冲动和心态。赫里蒂奇一直在注意他的生意情况,不时做些调整和纠正,根据长期盈利状况和量化的经验做出理性判断。不论他是不是采用了最先进的会计方法,它所反映出的都是一名真正资本家的心态。

第六章 约翰·赫里蒂奇与日常资本主义

羊毛买卖

赫里蒂奇打心眼里就是个企业家,被责任和雄心驱动的企业家:有照顾一群或许才具平平的兄弟姐妹的责任,有不断向上攀升的雄心。他妻子出身的帕尔默斯家族,相当富足但名声欠佳,赫里蒂奇或许感到必须有所作为,好让他们对自己刮目相看。无论如何,他把家族祖传的土地,无论是自有的还是租赁的,全部用于牛羊养殖。虽然养殖业获利高,但对成家不久且已有子女的他来说还是不够。即便在他事业的巅峰,赫里蒂奇仍然是个小角色,尽管如此,他的活动规模及其复杂性都能让我们知道不少当时商业环境的细节。

羊毛生产在1500年左右及此前几个世纪都是英格兰经济的主打产业。上好的英国草场出产的羊毛质量上乘,出口到低地国家甚至远达意大利,纺织成毛料。英格兰羊毛并非市场上的唯一选择,进入中世纪晚期,上好的西班牙美利奴羊毛主宰了佛兰德毛料市场。但它的打击不算太大,因为英格兰国内的毛料生产正好在出口下滑时大为兴隆。不过,从赫里蒂奇的生意状况来看,出口量还是不小。他账簿涵盖的这些年里,每年出口的羊毛总量都在5 000袋到10 000袋之间。他的最高出口记录,正好出现在1505—1506年羊毛业的低谷,约占英格兰羊毛出口总额的1%。[15]

羊毛业当中有许多不同角色,生意也有大有小。有的农民就养个几只羊,放到村社集体所有的牧场上吃草。有的人则是养羊专业户，在租来的地上养着千百只羊。赫里蒂奇在伯顿达塞特就属于后者，几十年来他养的羊从1 000只到2 000多只不等。在赫里蒂奇之上的就是大农场主，他们不是领主就是修道院的人，他们的羊群可以达到数千只的规模。这么多羊自然需要牧羊人，通常是当地农民或农场主的仆人。到剪羊毛时就得雇大量劳工收集羊毛和利用价值已到尽头的老羊的皮。

羊毛一旦剪完并收集好，就需要加工、装袋、运输准备出口。此时正是赫里蒂奇介入的时刻。他们这类买家被人称为一手买家，他们到乡下四处收购羊毛，再将其交给伦敦的大出口商出售；后者被称为大宗商品商家，都是些专门经营此道的财大气粗的富商。他们基本上垄断了出口，将购得的羊毛送往欧洲大陆的加来港，交了通行费之后才能进入最后的买家之手。所以说赫里蒂奇是绝对的中间商，是生产者与大出口商之间的实际联系人，他需要与经济体系的农村一面及都市一面双方打交道。

他这一行竞争非常激烈。羊毛价格已经很高，但在赫里蒂奇经商的这么多年价格还在不断攀升。莫顿因马什附近的乡村到处都能看见羊群，该地每个想发财致富的贸易商都想要这里的羊毛。生产商，从只养几十只羊的农民到拥有几千只羊的大农场的管家，在谈判过程当中都是比较神气的一方。他们可以挑选中间商，使得卖方市场更具竞争性。

想靠羊毛买卖发家并不容易。盈利空间与交易量成正比，每一位与赫里蒂奇打交道的农民都有其他买家。要能像赫里蒂奇这样混迹商场多年，除了有判断市场行情并据以调整自己的活动的能力外，肯定还得有公平、诚实的声誉做后盾。

据此，赫里蒂奇找到了他最擅长的路子：找那些规模较小的，那些只养了几百只羊或1 000来只羊的农户，而不找经营大型农场的贵族或宗教机构，不跟他们拉关系。这就需要他从更多社会阶层较低而且并不富有的小生产商那里收购羊毛，再转手卖给伦敦商人，故而大大增加了赫里蒂奇生意的复杂性。跟一个农户交易就可能牵涉8次付款，1505年他与托马斯·凯特的交易就是一例，而他每一年都有15宗或更多的类似交易。跟大生产商打交道事情就会简单得多，可赫里蒂奇偏偏反其道而行。他只在入这一行的头两年，1501年和1502年，跟大地主购买过大量羊毛，以后再也没这么做过。

最可能的解释就是大生产商要的首付金额太大。比如，1501年，为表示诚意，他就给一位大地主威廉·格雷维尔预付了41英镑。这比起他付给托马斯·凯特的40先令，差距可是太大了。其他买家或许与不愁流动资金的富商或地主有家族关系，筹集如此大笔的首付对他们来说不难。可是赫里蒂奇没有这样的关系，他不愿意在如此大的信用压力下做生意。几乎可以肯定的是，他有意不找大生产商，而不是人家不找他。我们猜想他对当地的羊毛市场十分了解，也了解各个生产商的实力和弱点，知道如何利用他对当地情况的掌握跟他们讨价还价。他对基本会计相当熟悉显然助益不小，应付对大量交易的及时跟踪要比不够精明的竞争对手更得心应手。[16]

这样挣钱并不容易。价格和质量的信息对他来说是必不可少的，赫里蒂奇肯定得花大量时间骑着马在各地游走，经常跟农民、牧羊人和小商贩聊聊，以便了解最新情况。凯特家的羊群情况可好？他那讨厌的岳父家兼竞争对手，莫顿的帕尔默斯家族，打算出价每托德多少钱？农民佩林是否很快会回到斯托，这样就能在赶集日把最后一笔20先令交给他？账簿里的每一条记录、每一次付款或销售，都代表一次会晤和对话。赫里蒂奇想必是一个平易近人的人，善于通过工作中经营起来的广泛关系网嗅探到必要的信息。

赫里蒂奇的经商所得从来没能达到把他从自由民提升到乡绅的地步。羊毛贸易是有聪明才智的专业人士从事的大买卖，赫里蒂奇必须苦干才能真正赚到钱。其实，他自己养羊卖羊毛一直比他花时间和精力买卖他人的羊毛更赚钱。赫里蒂奇通过这个账簿似乎也发现了这一点，所以有意识地逐渐减少了中间商生意的比重，集中精力干别的事。

商人与商业社会的运作

8月底的阳光炽热非常，汗流浃背的马车夫手握缰绳小心翼翼地引导马车走在坑洼不平的、下陷的道路上。他们对道路的情况已烂熟于心。他们很有技巧地躲过对面的来车和骑着骏马偶尔过往的贵族，贵族身后免不了总有七七八八的随行人员。这个小型车队共有七辆马车，每一车都装载着两大捆近2 000磅的羊毛，所以这样的车辆驾驭起来实属不易。

马车接近伦敦时,交通越发拥堵。同样将羊毛运往城里的马车夫之间不时会有对话,有的态度友善,有的不怎么友善。他们从莫顿因马什经格洛斯特郡到这里得跋涉 5 天。有些人的路途更遥远,所有人都在英格兰的商业心脏地带会集。接近城市时雇主也赶来同行。衣着讲究、戴着礼帽的约翰·赫里蒂奇的两鬓略现灰白,皱纹线条分明的脸上挂着一丝满意的微笑,他也与自己雇的车队碰面,准备迎接繁忙的一天。

他经历一年的奔波才等到这一天:他从供应商那里收集的精挑细选的羊毛正预备卖给伦敦的大买家。交易已经事先讲好了,起码原则都已谈妥。早些时候赫里蒂奇就在伦敦与城里的富商达成了一系列协议。排在一、二位的是托马斯·斯普林和托马斯·帕吉特,两人都属于"大宗商品商家"这个几乎垄断了欧洲大陆羊毛出口的商业法人团体。其他买家则是另外一个精英商业法人团体"布商公会"的成员,他们都是资金雄厚的城市商人,大家都从各类卖家那里买进,其中包括赫里蒂奇。

车队临近城市时,但见远处青烟袅袅。赫里蒂奇在这条已经走过十几遍的路上策马前行,几乎无须看路,心里盘算着该做的事和一天的日程。他首先要找斯普林和帕吉特,把他们欠他的钱再要回来一部分,中午时分再到羊毛的正式过秤地点"国王称重点"去见布商公会的人。他思忖着,1509 年应该是个好年份,于是快马加鞭,赶在车队之前走了。伦敦的各种异味,泰晤士河的腥味、烧柴的烟味、数以千计没有洗澡的人的体臭和泥泞不堪的街道的气味，差点儿把他熏下马来。这位羊毛商贩加快了步伐，深深吸了几口气。对他而言，他闻到的是钱的味道。[17]

赫里蒂奇是把城市与乡村融为一个充满活力的经济单位的地地道道的中间商。他年复一年地把辛辛苦苦从十几家供应商那里收购上来的羊毛装到雇来的车上，行驶80英里从莫顿因马什运到伦敦。我们也看到，他并不是唯一的一家：英格兰的路上尽是满载羊毛的车辆，水道、运河和沿岸的贸易航线上来往的驳船、小船、高桅横帆船络绎不绝。英格兰已经是一个深度商业化的社会，到处都是活跃在市场上的生产商和买家，而不是勉强糊口度日的人。这样的社会正好使处理货物两地运销并从中盈利的各类商人有机会一展所长。[18]

但在一个深度商业化的社会里，总交易额并不是大部或全部都经过商人之手。普通百姓也完全可以自己上马，从乡村到附近的城镇去贩卖剩余产品并购进自身所需。比如说，在中世纪晚期的埃克塞特，这种低水平商贸的有效距离大概是6英里，也就是农民可以带着货物一天内往返的距离。货物运送的距离越长，需要的资金就越多；需要的资金越多，商人赚得就越多；商人赚得越多，这行业就越有可能变成专人从事的行业。[19]

赫里蒂奇正好位居这个商人层级的中间位置。"商人"是个涵盖多种行业和职业的模糊名词，既包括贫困的流动小贩、一般零售商、从事某种工艺的专业人员，也包括极度富有、涉猎行业广泛的商人资本家。最上层是成功的城市商人，他们都是法人团体或行会的成员，对某几种货物享有特权和垄断权：大宗羊毛商

第六章　约翰·赫里蒂奇与日常资本主义

家、经营优质纺织品的布商公会和经营香料的杂货商。

这些人都非常有钱,势力很大。他们通过更像游说集团而不像工会的行会,与当地政权进行集体谈判。他们的钱作为税收进入财库,但也进了政客的私囊,这样他们才能买到专属特权和垄断权。大商家都有数千英镑资产,分散在各地货仓、城乡房地产、工业投资、珍贵商品及流动资金中。能够垄断羊毛出口的、富有的或起码混得不错的大宗商品商家,就属于这一类。赫里蒂奇的羊毛多半都卖给他们,其次就是卖给布商公会和其他不知名但肯定也相当富有的买家。[20]

多数商人——特别是最有钱的商人——是城里人。城市是货物、服务的需求中心,而能直接提供此类服务的就是小商人。赫里蒂奇与他们不同,他是一个农村商人;他的家在乡下,商业利益也在乡下,只是偶尔到伦敦一趟进行交易。可是他,还有许多像他一样的人,却是商业化的农村与使欧洲成为一体化经济单位的更广泛贸易网络之间的纽带。我们从资料中很容易看到大宗商品商家和布商公会的身影,因为他们极具影响力,资产又多;但是如果没有赫里蒂奇和像他一样的人,也就没有欧洲经济可言,而经济又是带动当时欧洲所有其他进程的引擎。

重要的是,英格兰并非只有一个赫里蒂奇,而说到商业化的广度和深度,英格兰又绝非特例。这个时代的不同地方都有类似的人,类似的故事。就拿卡斯蒂利亚为例:它的商品在用牛车队、驴队流入内陆市场的城镇之前都已经经过巴斯克和坎塔布里亚的众多港口进行国际贸易流通,这一切都得归功于各地形形色色商人的积极参与。他们使用的牲畜、交易的产品或有不同，但欧洲全境，不论是地方贸易、区域贸易，还是国际贸易，都依赖商业化的乡村做基础。约翰·赫里蒂奇这样的人哪里都有。[21]

信贷与钱

信贷给赫里蒂奇的事业，也给整个欧洲的商业提供了燃料。赫里蒂奇从来没有一次性向他的供应方付清所有的钱，而与他交易的伦敦买家也从来没有一次性把所有的交易额全数付给他。"诚意款"，即赫里蒂奇给他的羊毛供应农户的首付，其实就是贷款；他的伦敦交易方给他的"诚意款"，如他账簿里记载的欠"尼寇斯大人"——估计此人是城里的一名商人——的60英镑也一样。结果就是每一年都得不断计算钱款的进出，求取平衡。赫里蒂奇借贷给他的羊毛供应方，获得别人给他的分期货款后，他再分多次付给他的供应方，如此这般织就了一张复杂且不断变化的信用网，把农民、乡村商人和都市资本家都网在了一起。

不过我们可以看到，流通的现金不够，不能完全满足一个深度、充分商业化的市场社会的需要。欧洲各地情况皆是如此，赫里蒂奇所在的英格兰也不例外：1500年左右的流通货币只有90万~100万英镑，虽然到1520年这个数目翻了一番。这相当于平均每人只有8先令现金，比起每人4英镑多的年收入实在是微不足道。让事情更复杂的是，这些硬通货多半是金子，在商业经济底层角落因为太珍贵而不好用。一个靠打零工赚钱的人，怎么好拿着价值两周工资的一枚金币去买价值几便士的麦芽酒或馅饼呢？

以物易物是一个解决办法。即便像赫里蒂奇这样见过世面的商人也经常用这个办法。他用羊和其他牲口或提供夏季放牧服务，与别人交换牲口、谷物、干草甚至柴火。这么做自有道理，不用现金，只是简单地做个交换。当然即便是以物易物，也是用货币来计价的。赫里蒂奇和同时代的人生活在货币短缺却已充分货币化的经济之中。[22]

每个人，从底层的打零工者到国王，都使用信贷，而且经常用。这样一来就在整个欧洲大陆织就了一张致密的交易和债务网络：起初是城市之间，后来又深入到乡村。约翰·赫里蒂奇的羊毛大多通过英格兰控制下的加来港进入低地国家，那里的匠人把它织成毛呢，再出口到欧洲大陆各地。其中每一个阶段都牵涉债务和信贷，双方通过承诺达成交易，于是这些绝大部分停留在理论层面的钱，被记录在一本本账簿里，而维系这个商业系统的就是彼此的信赖。每个人都欠别人钱。

约翰·赫里蒂奇的结局

雨点噼啪敲打着茅草屋顶，倾泻而下的雨水让农场地面更加泥泞。约翰·赫里蒂奇看着这本跟着他多年的账簿上的数字，计算着进账出账，日渐衰老的脸上泛起一阵愁云。他觉得数字对不上。1520 年他已年近五旬，稀疏的头发已全然灰白，敏锐精明的双眼四周皱纹密布。他管理牧场已长达 25 年，在乡下四处收购羊毛也有 20 年之久，伦敦也跑了几十趟，还要承担时时刻刻管理债务的压力，这一切都在不断消耗他的身心能量。

或许该干点儿别的了。他的儿子托马斯正在伦敦学艺准备做皮革商，如果顺利成为皮毛公会的一员，前途将不可限量。约翰·赫里蒂奇把他教得不错，看来托马斯将来也会像他父亲一样是个手段多样的商人。琼也许喜欢住在伦敦，约翰·赫里蒂奇想，搬家或许能帮助她走出不久前失去另一个儿子的痛苦。理查德这孩子从小在莫顿因马什就经常在外打架惹事，赫里蒂奇头上的白发也跟这个不争气的孩子有不少关系。

约翰·赫里蒂奇这些年也曾试图改变他的经营方式，希望能跟上经济需求的改变。他一度想把生意做大，后来决定还是从小农那里收羊毛，同时自己也养羊。当羊毛价格上涨时，赫里蒂奇就多养，相应减少一些买卖活动。市场竞争对他来说实在是太激烈了。一位他的年轻对手威廉·威林顿比他在 25 年前的伯顿达塞特赶走佃户、圈地放牧做得更过头，因此，此人手上的资金也就更多。威林顿是农场主，又是大宗商品商家，赫里蒂奇找资金的门路比他差远了。威林顿可以做大买卖，钱自然也比赫里蒂奇赚的多得多，在羊毛价格看涨的时候也一样。

所有这些变化都使得赫里蒂奇决定自己多养些羊，同时兼顾沥青和火药的买卖，甚至还直接涉足借贷领域。他的日子当然还是过得不错，只是不如一开始好，但他确实有些累了。也许到伦敦他的精神状态会有所改善，他想，再说也有机会多看看托马斯。赫里蒂奇终于"啪"一声合上了账簿，把帽子戴好，走进大雨中，上马往莫顿因马什的方向而去。

约翰·赫里蒂奇1520年记下最后一笔账以后就不见了。1522年他已经不住在莫顿因马什，16世纪30年代初在伦敦城的跛子门外有一所房产。其余一切我们一无所知，甚至不知道他是什么时候逝世的。就在英国经济继续蓬勃发展，其他人跟随他的脚步圈地养殖，把邻人赶走的时候，他个人的事业却似乎在走下坡，这确实有些令人费解。我们知道他的儿子后来成为皮毛公会成员，也从事贸易，相当成功，追随了父亲的脚步，但显然青出于蓝而胜于蓝。赫里蒂奇也算是后继有人了。[23]

作为涉猎广泛的商人，赫里蒂奇的一生是深度商业化的欧洲的写照，既反映了其中的机会，也反映了其中的风险。对利益的追求是他的驱动力，这与促成哥伦布之旅的热那亚金融家、给阿尔杜斯·马努蒂乌斯在威尼斯的印刷厂投资的人、葛兹·冯·贝利欣根的老家德意志南部的军事企业家并无二致。赫里蒂奇是一个普通得不能再普通的人，他那朴实的逐利思想和以市场为导向的行为告诉我们，这就是欧洲经济的根本。能够造就约翰·赫里蒂奇等人（并令他们无处不在）的社会肯定是一个愿意进行风险投资的社会——从海外远航到火器战争，再到印刷事业，而且根本不考虑在这个过程中谁会受苦，谁将受益。

第七章

马丁·路德、印刷业与教会的分裂

1517 年 10 月 31 日，维滕贝格

一位修士脚步急促，在维滕贝格泥水翻腾的街道上匆匆穿行，碰到水洼也不避让，他黑色长袍的下缘溅上了泥点子。身上的毛料衣服挡不住 10 月清晨的寒气，但修士对此并不在意。他心事重重，不断摆弄手里的长纸卷。他在大学里执教，要为本周晚些时候给学生上的课备课，周日还要给维滕贝格的信徒讲道，手头的事情不少，但在他前往远处城堡教堂的尖塔赶路时，这些都不在他考虑之列。他现在满脑子尽是神学问题。作为神学博士，他有资格公开质疑，进行辩论，目前他的注意力就完全集中在这上面。

他教区里的一位教友正跟随艺术家学艺，对他的讲道内容每每听得非常仔细，修士走过他身边时，他立即躬身问候。马丁修士没太在意，只是本能地朝他点了点头，棕色的深邃双眼短暂地看了看对方。他脑子里正在琢磨拉丁语名言警句，无暇适当地回应对方。

提议公开辩论时，必须精确表明立场。他手中文件里的表述与论点一样，充满挑衅、措辞强硬。马丁修士关心他会众的灵魂，然而，贩卖赎罪券的做法——有了这张"可爱"的券，灵魂即可免受牢狱之灾——对他们的救赎之路构成威胁。他为此感到义愤，焦躁之余紧捏纸卷的手指不由自主地抖动起来。他知道容易动怒是自己的缺点，也经常为此祈求上帝饶恕。

10月份早晨微弱的阳光终于破云而出。修士头上秃顶处感觉到日光的和煦，秃顶四周按照奥古斯丁会的规定仍要蓄发。尽管寒气袭人，他还在冒汗，汗珠子从眉毛沿着他瘦削的颧骨和尖鼻子往下滴落。看到前方城堡教堂的尖顶时，马丁修士终于松了一口气。

这是一所10年前才完工的新建筑，是选帝侯腓特烈庞大的文艺复兴风格宅邸里的中心建筑。就在它建成的几年之内，一些基督教会最神圣的物件——一瓶圣母马利亚的乳汁、（神向摩西显现时出现的）燃烧的荆棘枝条、存放在金银骨匣中的大量圣骨——即先后在此安家，登记在册的一共有18 970件，它们都有洗涤虔诚信徒罪行的"神力"。

在教堂的门上，钉满了一层层的印刷文档，既有维滕贝格城里的各种法规和教皇的圣谕，又有萨克森选帝侯的敕令和学术争论文章。马丁·路德有些沮丧，他将那卷《九十五条论纲》打开，约略看了一下这份比较粗糙、不甚讲究、略带污迹的文稿。大学的印刷人员约翰·饶-格鲁嫩贝格应付少量不重要的论著不成问题，可是此人动作缓慢异常，其印刷品十分平庸，远远不能满足马丁修士的严苛标准。如果他需要印书必须另请高明，但就目前而言，《九十五条论纲》就是想激发学术讨论，没有重要到要求高质量的地步，加上他只要印个几份。问题是到哪儿去找钉子和锤子？

马丁修士在靠近门的地方找到了工具，用力敲击几下后，钉子钉进了木头，他的檄文钉妥了。事情做完了，他转身离开了城堡教堂。一如钉在门上的其他五六篇文章，他那篇《九十五条论纲》用的也是排印得比较挤的普通斜体活字，意在引起辩论，开宗明义第一句话就扣人心弦："以我主耶稣基督之名。阿门。"

时间还早。城堡教堂门前和四周还没有转悠的人群来见证此一时刻。即便有人，在这么一个偏远的大学城多一个学术争辩话题又怎么样呢？势力强大的萨克森选帝侯对教授和他们咬文嚼字的论据并不太关心，更不用说远在千里之外权力中心的罗马教皇了。

马丁修士经过维滕贝格的街道回大学时，或许脑子里已经在琢磨其他事情，把赎罪券和他唤起众人就此进行辩论的事搁在一边了。他得备课，周日还得讲道，当时他或其他人都没想到，他刚刚做的事在日后会有如此大的反响。这位奥古斯丁会修士的大作是从根本上改变基督教世界的宗教动荡开出的第一枪。此即宗教改革运动的开始，统一的基督教世界自此终结，原来的普世教会变成了众多宗教支派当中的一个，让千年来方圆几千英里土地上的信徒从此分道扬镳，再也回不到过去。

以后130年欧洲出现分裂，数十万民众死于战争，分裂的原因可归结为发自内心的宗教狂热与短视的政权争夺的不幸结合，而这一切的背后就是从印刷机中不断印出的煽动性材料。

长期以来对教会改革的期望与当时的独特环境以及路德本人的特异禀赋发生了强烈碰撞。马丁·路德是一位热情澎湃、头脑精明、表达能力过人的人，他就像掉进了 16 世纪欧洲火药枪管里点着了的火柴。他引起的爆炸，其力度改变了欧洲大陆的未来面貌。[1]

《九十五条论纲》

同样是 10 月 31 日那天稍晚，马丁修士给美因茨的阿尔布雷希特主教写了一封措辞严厉的信，并附上自己的《九十五条论纲》。阿尔布雷希特正是惹恼了这位奥古斯丁会修士的赎罪券地区赞助人，同时也是他在教会里的顶头上司。"对这件事我已忍无可忍。"他写道。虽然他在字里行间表达了对上级的敬意甚至谦逊，但路德也毫不掩饰自己的愤慨之情。"在信仰的虔诚和爱方面下功夫，远远要比卖赎罪券好得多，可偏偏就没有人在这方面热心宣讲……有人说凡以购买赎罪券的方式拯救灵魂（免受炼狱之苦）或进行告解的人，无须忏悔。"[2] 这在路德看来错得离谱。他还给阿尔布雷希特找了个台阶，说主教肯定对此并不知情，也从未同意，然而他的批评绝不含蓄——路德向来不以含蓄见长。

这封信首先送到了马格德堡，于 11 月 17 日拆封，后来又送至阿沙芬堡的主教宅邸。估计来自名不见经传的维滕贝格教授的抗议信并不会得到位高权重的神职人员的注意，尤其是当后者是位有名望的、与皇室有血缘关系的霍亨索伦家族成员时。

但是阿尔布雷希特注意到了这份抗议，并将《九十五条论纲》交给了美因茨大学的神学家征求他们的意见，专家们建议送交罗马进一步审议。事情就这样得到了推动，教会当局不久就对路德的立论做出了裁决。

路德提出的问题直击救赎和权威两大问题的要害，所以不能由大学的神学家组织的辩论来定夺。除了美因茨的阿尔布雷希特，路德还给其他人寄了《九十五条论纲》，包括不愿卷入争议的勃兰登堡主教。另外两位收件人态度则比较开明。一位在纽伦堡的友人把《九十五条论纲》多印了几份，自此该文即开始在各地疯传。欧洲最受欢迎、著作最畅销的作者德西迪里厄斯·伊拉斯谟很快就将一份在巴塞尔印刷的精美版本寄给了他住在英国的人文学家友人、《乌托邦》的作者托马斯·莫尔。不到几个月的时间，马丁修士反对赎罪券的观点就成了欧洲知识界名流的讨论话题。[3]

各方初步的反应标志着宗教改革运动的开始。可能在纽伦堡出现的某个版本中，《九十五条论纲》已被译成德文，于是这个学界辩论话题就进入了欧洲教育思潮的主流。赎罪券运动发起人、多明我会修士约翰·台彻尔开始印发材料回应马丁·路德。路德以通用德语写下了《论赎罪券与恩典之讲道》（*Sermon on Indulgences and Grace*）进行反驳，使用德语意在方便教外人士、非学术界人士阅读。这篇《论赎罪券与恩典之讲道》也十分畅销。

德意志和其他地方的书店里一时间全是这类小册子。到1520年路德已成为欧洲最畅销作者。

谁也没想到《九十五条论纲》日后会成为欧洲一场大浩劫的导火索。作者是神圣罗马帝国偏远角落一所新大学里名不见经传的神学家，这所大学与传统的主流学术重地距离遥远。《九十五条论纲》原文是拉丁语，多数读者看不懂，遑论构成欧洲人口大部的不识字的农民了。

可是《九十五条论纲》里的部分内容的确说到了痛处。作者虽然是学术界人士，但文理清晰，有力有节。更重要的是，马丁·路德的才华和执着都还刚刚崭露头角，他有成就一番大事业的才干和态度，加上天时、地利，他的影响将在几百年中不断回荡。

矿工之子

1505年7月2日，一位年轻学子正在曼斯费尔德的家和他就读大学的所在地爱尔福特之间骑行。那天天色阴沉，眼前只见单调的田野和牧场，山峦在云层覆盖下偶露峥嵘。距离目的地还有4英里的时候，酝酿了一天的暴雨终于到来。大雨倾盆，雷声隆隆，四周闪电不断。

年轻人低声呼唤"圣安娜"，祈求矿工的守护神相助，并随即许诺如果他能躲过这场劫难，就立即进修道院。雷鸣与闪电竟然奇迹般地停止了，于是这位学生有了一个有待兑现的新承诺。

他是位风华正茂的 21 岁青年，是辛勤劳作、家道殷实的铜矿主汉斯·路德的儿子。年轻的马丁接受了良好的教育，已经拿到爱尔福特大学的文学硕士学位。他和父亲都计划他接着念法律，将来可以在他父亲所在的采矿行业一展所长，或者在萨克森选帝侯腓特烈不断扩大的行政机构中谋得一官半职，如此以后应该不愁与曼斯费尔德富有的企业精英家族联姻。

一场风暴改变了这一切。马丁放弃了所有其他计划，打定主意要在爱尔福特的奥古斯丁会中过清贫虔诚的修士生活。就是这条路最终让他在 1517 年 10 月走到了维滕贝格城堡教堂的门前。

早年的生活对这位未来的改革家影响至深。他之所以认定上帝是严厉专横的法官，肯定与他成长年代铁面无私的父亲有关。最钟爱的儿子如果让父亲失望，他的日子不可能好过。

他父亲在晚年曾请一位有名的画师卢卡斯·克拉纳赫为自己画像，画中的汉斯·路德两眼直视着赏画人。画家笔下描绘的是一张历尽岁月沧桑的脸。面孔本能地扭曲，一股横眉冷对的神情，反映出他掩饰不了的愤怒、凶悍和天生的聪慧。汉斯·路德有几十年在复杂多变的行业中摸爬滚打的经验。他曾与人斗殴，出入黢黑的矿井巷道，搞过迷魂阵般的信贷安排，应对过不听话的工人，这一切都在他脸上留下了印记。肖像似乎是想告诉大家这个人不好惹。汉斯是出了名的硬汉，一次为阻止酒后的群殴，他把啤酒倒在斗殴者的身上，然后用空酒桶把这群人揍了个头破血流。开矿是个苦差，矿坑里经常有毒气等危险，行业竞争激烈并有极大的财务风险。矿工间彼此偷窃，经常为矿道的边界争吵，最后经常爆发为酒馆内的火拼。在这样的恶劣环境里生存已然不易，发达则更需要强劲的体魄和相当的运气。

富格尔已然证明开矿能赚钱，还可能赚大钱。汉斯·路德试了一回，没成功，再试一回，成功了，一直到能把年轻的马丁送上进身之路。

但不论年轻的马丁将来发展如何，他的成长环境毕竟是狭路相逢勇者胜的矿工世界，他对漫骂、侮辱和拳头已经习以为常。随着年龄的增长，他就把这些经验从矿业转移到印刷业和神学争论上去。从马丁·路德愿意给一位有权有势的主教写一封有挑衅意味的批判信这件事，可以看到他倔强的、爱冒险的父亲的影子。[4]

汉斯知道马丁要有未来，就必须接受良好的教育。对父亲而言，儿子的教育是对家庭未来的一项投资，而且是项大投资，其他子女都无福享受的投资。开矿这个行业少不了法律纠纷，汉斯计划让他这个聪慧的儿子去念法律。

年轻的马丁一开始是在曼斯费尔德小镇上的一所学校就读，学习拉丁文文法、逻辑学和修辞学。这就是他的知识基础，日后他曾慨叹自己接受的早年教育缺乏实效而且是强制灌输性的。他母亲在爱森纳赫这座约有4 000人的小城里还有些家境比较殷实的亲戚，所以后来他到那里的教会学校进一步学习拉丁语和文法。1501年，他在18岁时又转至爱尔福特大学求学。此时他专攻哲学，这是中世纪大学的学术基础，也是路德日后深恶痛绝的学术途径，因为它单调枯燥，无法满足一个好奇的、执拗的年轻人的需要。他花了4年时间完成了文学学士和硕士课程。他在爱尔福特研读法律，仅仅几个星期后就赶上了改变他人生旅途的那场不幸的大雷雨。

在德意志东部这个偏远的角落，一个一心向上的矿工之子所能追求的教育至此也就到头了，然而年轻的马丁并非唯一如此努力的学子。他生活的时代和地点决定了他的成长环境和他受的教育都十分一般，他家境小康但谈不上富足，家业都是胼手胝足打拼出来的，他知道他们的社会地位比上不足比下有余。曼斯费尔德与该地许多其他的矿业小镇一样，有不少像汉斯·路德这样的企业家，他们的头脑能精打细算，双手能忍耐熔炉的炙烤，应付起醉汉老粗同样轻松自如。不过，汉斯认为儿子的机遇要比自己好，所以不遗余力地栽培他。

早在他在教堂门口张贴《九十五条论纲》而真正走上破坏性改革的不归路之前，马丁·路德就是那个金融驱动的巨变时代的产物。新的、资本密集技术的应用和遍布各地的销售网络——掌控这个网络的是像富格尔这样的金融家——带来了矿业的黄金时代，汉斯·路德才得以发迹，有钱让他儿子受教育。如果没有印刷文本，让他不用花太多钱——起码在他决心放弃以前——就能学习文法、哲学和法律，马丁就不可能有受教育的机会。我们在前面说过，印刷业也是在同样的逐利金融机制推动下得以蓬勃发展的。如果没有这些关键的巨变，即使是外部世界并不知晓的年轻人马丁·路德，也不可能存在。

第七章　马丁·路德、印刷业与教会的分裂

不过这只是改变的前菜。在他父亲脸上留下一道道深深印记的充满风险、忽起忽落的金融化世界，也给年轻的马丁对世界的感知与了解造成了深远影响。他终其一生都痛恨资本家，对金钱持怀疑态度——虽然他了解借贷收取利息的必要性。他一度称矿上能够获得盈利的股份为赌注（Spielgeld）而拒绝接受。更重要的是，他打心里就反感用钱赎罪的观念。钱不是，也不应该是涉及灵魂问题的解决之道。"矿工可以求助于圣徒，特别是圣安娜，"为他作传的林达尔·罗佩尔写道，"但最终他得独自面对上帝。"[5]

马丁修士与教会

不论1505年7月跪在奥古斯丁会修道院的圣坛前发愿做见习修士的年轻的马丁心态如何，他肯定不是为了追求安逸。恪守教规的奥古斯丁会修士都以虔诚、生活清苦见称。修士必须严守清规，大量时间用于静修、忏悔和按时祷告，这就是修道院生活的主要内容。作为见习修士，他还得从事与祷告和冥想一样重要的体力劳动，包括清扫厕所。爱尔福特的修道院除遵守奥古斯丁会清规外，还与不久前马丁·路德就读的城里的大学关系密切。来自数所修道院的共计45~60位修士也在大学授课。

这并非路德唯一的宗教选择，约有2.4万名居民的爱尔福特不但有两所奥古斯丁会修道院，还有加尔都西会、多明我会和方济各会的修道院。他选择恪守教规的奥古斯丁会很能反映他的个性。修会资金雄厚，有能创收的教产支持其开销，但奥古斯丁会不像遭人诟病的其他修会那样放松对自己的要求。年轻的马丁可以一方面继续他的学术追求，一方面忠于其誓言，在专注而严格的环境里进行精神修行。[6]

加入了爱尔福特的奥古斯丁会，马丁·路德就进入了一个宽广宗教世界的一角。普世教会在西欧无所不在，从政治到市场行为，生活的方方面面都有教会的影响，但它并非定于一尊的机构。其实恰恰相反，正因为它涵盖了精神生活的各个层面，所以教会必须得像一顶大帐篷。

教会下面什么样的人都有：有来自偏远教区贫穷、目不识丁，还偷偷养着老婆和一群孩子的教士，他们很少探望他们不甚关心的教友；也有所到之处均能吸引成千上万名群众的有魅力的多明我会讲道者；有像维滕贝格城中那样崭新的文艺复兴风格的城堡教堂，其中摆放藏有圣物的金银匣子；也有高耸入云的哥特式教堂，它们都已存在在好几百年了，是欧洲大陆繁华都市中心的地标性建筑，也是从伦敦到莱比锡能左右政局的有钱有势的主教的总部；还有破败漏雨的修道院，里面就住着几位穿着破旧长袍的老修士，得乞求众人奉献以修复坍塌的食堂；有精通托马斯·阿奎纳和奥卡姆的威廉等人深奥著作的大学神学家，他们平日里就忙着教学和辩论经院哲学问题；也有能在条件优越的家中阅读祈祷书的虔诚女信徒；有能挥剑的医院骑士团，他们是身穿黑衣、披戴盔甲的士兵兼修士，在蔚蓝地中海的晴空下，站在划

第七章 马丁·路德、印刷业与教会的分裂 213

桨船甲板上斩杀穆斯林水手。

教会是所有这些的总和：腐化又神圣，世俗又神秘，富得流油又穷得要乞讨。有的修道院连维持生活都有困难，有的不但建筑考究，还拥有几千头牲口和大片地产。有的主教来自权势家族，生来就是政治动物，如美因茨的阿尔布雷希特；有的主教则是全心全意只为满足羊群信仰需要的牧者。如果你以为教会是单一实体，或是从圣彼得大教堂开始自上而下的紧密的统治体系，那可就全错了。这个时候的教会只能说是一系列结成网络的机构，它们分布甚广、相互重叠，偶尔还彼此竞争，其中有的管理严密，有的则处于无人监管状态。这个教会与一切事务，从国王执政的合法性，到接济穷人，再到国际金融，都有千丝万缕的关系。

马丁·路德在爱尔福特奥古斯丁会的小住处只不过是一个遍布欧洲东南西北的宗教大伞中，一方极小而又不起眼的角落。

端坐正中的就是教皇。1505 年马丁·路德进入修道院时，教皇的权威已不复几百年前的鼎盛辉煌。教皇一言九鼎，能与中世纪欧洲最强势的统治者一较高下的日子早已一去不复返。当时的教皇是强势的、有野心的尤利乌斯二世。教皇尤利乌斯对打仗和扩大世俗政治权力比对精神修行更感兴趣，他尤其厌恶前任教皇，来自（意大利）博尔贾家族、贪腐成性的亚历山大六世，主要是因为两人在政界相互倾轧已有数十年之久，而不是因为博尔贾纵欲放荡或任人唯亲。当然，尤利乌斯二世在通过教会的机构权力争取家族利益方面也并不让他人专美。

虽然曾有 100 年时间，教皇被迫离开罗马，退隐到普罗旺斯的阿维尼翁，但此举帮助似乎不大。1378—1417 年，两位候选人争夺教皇宝冠，后来又变成三位候选人，这造成的大分裂伤害更大。教皇宝座出现危机后，公会议主义运动设法将权力从教皇转移到定期召开的会议上。最后历经挑战的教皇还是保住了权位，得以重回罗马并取代教会会议，但教会统治者再也无法恢复昔日的财力，无法像过去那样牢牢掌控钱袋子了。慢慢地，教皇的合法性也受到严重打击，国王们纷纷夺回过去几个世纪交给教会的自己领地内的教会管辖权，特别是税收权和任命重要职务的权力。[7]

面对此景，尤利乌斯二世也仿效 15 世纪其他教皇的做法，把注意力转向意大利。教皇除了担任教会的精神领袖之外，还控制着不少意大利中部领土；他在罗马的宫殿与其他意大利王公的文艺复兴式宅邸，只有规模和豪华程度的差别。欧洲各地的钱财源源不断地流入，使得罗马变成在大陆各地有业务的银行不可或缺的资金来源。教皇的官僚机构教廷中任用的意大利人越来越多，教皇在枢机主教团内安插亲信。任人唯亲变成了一种技艺，谁做了教皇就可以借分封大家族成员而获利。比方说，美第奇家族就乘机塞了不少族人在教廷任职。

马丁修士在他头几年的修道生活中，不可能太关心千里之外的教皇的政治操弄。罗马离他十分遥远，想象中的罗马应该是绝对的圣地，而不是关心世俗利益、有道德缺陷的官僚所把持的现实政治中心。然而，不久后真相还是藏不住了。

改 革

很快马丁·路德这位虔诚、有才华的年轻人开始崭露头角，大家都觉得他有在奥古斯丁会晋升的潜力。所以，当见习修士马丁·路德被选中前往罗马，在教廷为爱尔福特的教会进言时，大家并不觉得奇怪。

他是为了修会改革一事引起的争议而前往罗马的。马丁·路德所在的修会与德意志和其他地方的许多修会一样，都属于改革派，他们对奥古斯丁会教规的解释比较严格，因此与许多对修士职责要求比较宽松的奥古斯丁会出现了分歧。为了避免奥古斯丁会的全面分裂，马丁·路德的导师兼顶头上司——颇具影响力的神学家和教会政治人物约翰·冯·斯陶皮兹——促成了一个让改革派与非改革派教众融合的协议，结果双方都不满意。马丁·路德所属的改革派尤为不满，为此一直上书至教皇。这才有路德的罗马之行，罗马也是他去过最远的地方。

真正的冲突要比上述解释复杂得多，里面牵扯到意大利和德意志的十几所修道院和几千名修士的真正的精神修行原则、奥古斯丁会的内部政治以及像约翰·冯·斯陶皮兹这样的人的雄心壮志。争端和分歧与其说是宗教体系里的小问题，倒不如说是其固有特征。

教士和教外人士在经历宗教生活时都有基本的改革愿望。中世纪教会的历史其实就是改革的历史，教会内外各色人等都在持续努力设法解决体制中的许多问题，其结果成败参半。国王认为教士如果犯法——犯法的事情不在少数——应该根据世俗法律问责，教士作奸犯科是经常性的问题，人们一直找不到满意的解决办法。教外人士希望除了通常的奉献，还能更多地参与教会事务，或者他们希望有更好的教士人选为他们的属灵需求服务——最好是不那么好色且不嗜酒如命的人，最好是受过高等教育的人。有时候，他们就因为希望教会能从内部改革，而被人戴上了异端的帽子，不得不接受调查，甚至被处以火刑。有时候，他们被称为改革的正义之士，走上成圣之道。教会会议至上主义者从15世纪伊始就一直想把教皇的权力下放到定期召开的理事会议上；他们的本意并不是摧毁教会，而是希望挽救教会，让它摆脱已持续好几十年的分裂和贪腐之苦。

马丁·路德于1510年11月上路前往罗马，他和他的同行者都是当时正在进行的宗教改革运动的继承人和参与者。马丁修士对匡正教会满怀深切期望和热忱。各方对于究竟要匡正什么意见不一：是腐败和任人唯亲，还是教皇的权限太大或权限不足；是教外人士奉献之心不够，还是奉献的方向错误；是教士不够格，还是其他问题。这些改革论点在路德的《九十五条论纲》及后来的著作中被提出来，就说明当时有踊跃参与宗教事务讨论的氛围。教会还远远没有走到万劫不复的地步。[8]

赎　罪

经过长途舟车劳顿后，路德抵达罗马。一路上碰到的意大利人留给他的印象不怎么样,罗马有的现象令他反感,有的地方又颇能引起他的共鸣。各个圣地和瑰丽的教堂让他叹为观止,那些匆匆结束弥撒好有更多时间去别处赚外快的教士则令他厌恶。罗马神职人员的腐败令他震惊,日后回忆起年轻时的见闻,他对此尤为愤慨。但他在爱尔福特的奥古斯丁会步步晋升,成为博士,搬到维滕贝格,一面布道,一面教授神学时,马丁修士是位不折不扣的正统僧人。他并未因在罗马的见闻而质疑教皇至高无上的根本概念。

在访问这座基督教中心城市时,马丁·路德看到了许多东西:像罗马斗兽场这样的古迹遗存、一望无际的饲养牛群的旷野、令人目不暇接的一座座教堂和教会的游行队伍、梵蒂冈正在兴修的大教堂。重新修缮古老的圣彼得大教堂几十年来一直在教皇的议程上,最近这个计划的雄心更大了。简单的修缮已经不够。教皇在重新获得权威后需要一座全新的建筑,一栋最讲究、最华丽的基督教建筑。1506 年,也就是马丁·路德加入奥古斯丁会那年不久以后,这座教堂即已奠基,但其后一段时间工程并无进展。后来大家才明白,问题并不在于修建巨大穹顶时出现了什么工程难题,而在于经费来源。

马丁修士第一次到罗马时不可能知道个中内情,但修建一座新的圣彼得大教堂的费用直接导致了一场危机,从而让他一举成名。

在《九十五条论纲》中,马丁·路德的怒火针对的是赎罪,即教会允许因为罪人的某一行动——购买赎罪券、给海盗行为受害者捐款、接济穷人、到访某一教堂或圣地——而赦免其罪行。赎罪券给许多不同项目提供资金,因此成了中世纪晚期教会为各种目的筹款的主要办法。赎罪的概念源于炼狱说,连好心而虔诚的灵魂有时都得在炼狱边缘徘徊后才能进天堂,而赎罪即可让至爱亲人的灵魂免受炼狱之苦,直接步入天堂。马丁·路德自己在罗马时也曾利用这一教条,跪着爬上圣阶*为他祖父的灵魂求得救赎。

赎罪对于教会作为底层人民守护者的能力来说,确实至关重要,但炼狱说是比较晚近才进入教义的。此外,虽然关于赎罪问题的讨论可回溯到 12 世纪,但直到路德将《九十五条论纲》钉到门板上前的几十年,它才成为人们眼中的现实问题。

印刷业的普及使得人们对赎罪相关的神学产生了新的关切。通过这一媒介,赎罪运动变成了轰轰烈烈的大事,老百姓只要出钱就可以买得一券在手,破财消灾。就因为赎罪成了新的敛财方式,而不是赎罪的神学基本概念发生了转变,马丁·路德和一些同时代的人才对这个概念产生了反感。在《九十五条论纲》中,路德还花了不少篇幅谈论其他更深层次的问题,但这些问题比起印刷业的繁荣使得教会花点小钱印发赎罪券即可立刻筹集资金一事,都不那么重要。赎罪券无所不在,凡关心拯救灵魂的神职人员,对此都不可能视而不见。

---

* 圣阶(Scala Santa)据说是耶路撒冷的彼拉多总督衙门的台阶,耶稣受审前由此通过,326 年由君士坦丁大帝的母亲海伦娜带到罗马。在天主教传统中,信徒用膝盖爬上圣阶可得到大赦(赎罪)。——编者注

到 1516 年，贩卖赎罪券已经成为教会的主要收入来源之一。在西班牙，赎罪券的销售给格拉纳达战役筹集了资金，10 年间共筹得价值 100 多万杜卡特的收入。要是没有赎罪券，这场旷日持久的战争是坚持不下去的。在偏远的埃斯特雷马杜拉，一次小规模的赎罪券销售活动还给 1492 年哥伦布的第一次远航募得了不少钱。

赎罪券在欧洲各地都是久经考验的募款方式。虔诚的基督徒都担忧自己灵魂的归宿，以及至亲亡故后其灵魂可能经历的炼狱之苦，谁又会在乎为求得心安而花的一点钱呢？它有两方面好处：募得的钱款都是用于从赈济穷人到进行"圣战"的善款，而买赎罪券的人也在令人惶恐不安的世界里买得了精神上的慰藉。于是教会的财务机器乐此不疲。[9]

利奥、阿尔布雷希特和雅各布

如果马丁·路德只是攻击将赎罪券赤裸裸地当作消费产品来销售的做法，甚至攻击其背后更深层次的神学依据，而没有对美因茨的阿尔布雷希特主教、教皇利奥十世和（间接地对）富格尔家族进行猛烈的意识形态攻击的话，他的檄文或许不会引起太大反响。教会学说及其神学依据是一回事，像马丁·路德这样的大学教授完全有权就这个议题发声；而极其错综复杂的政治和金融关系问题就是另一回事了，要严肃得多并且值得高度关注。

阿尔布雷希特主教的手下于 1517 年 12 月收到马丁·路德的

来信时，主教年龄尚未满 28 岁。他是神圣罗马帝国最有势力的霍亨索伦家族的成员。他的兄弟约阿希姆是勃兰登堡藩侯，七位选举神圣罗马帝国皇帝的选帝侯之一。由于阿尔布雷希特无法亲自统治勃兰登堡，他和家人都希望通过教会来扩大他们的权力和影响力。1513 年，23 岁的阿尔布雷希特当上了马格德堡的大主教（并兼任哈尔伯施塔特教区的行政官）。马格德堡富有，哈尔伯施塔特重要，但比起第二年出缺的另一个教区各方面都差远了。

美因茨大主教一职是欧洲最大的一块肥肉。美因茨是德意志地区最重要的教区，任何人登上这一宝座都将是全德意志的首席主教。美因茨的大主教也是神圣罗马帝国的侯爵，辖下有大片土地和资源；更重要的是，这位侯爵兼大主教是帝国的七位选帝侯之一。这在任何时候都是了不得的权力，而此时此刻则更了不得：时任神圣罗马帝国皇帝的马克西米利安已年近花甲，不久于人世。选举指日可待，有意竞争皇位的候选人将不惜重金贿选。如果能拿到美因茨的主教一职，日后定能获得数倍回馈。

这一切的前提是，阿尔布雷希特能在担任马格德堡大主教之后再获得美因茨大主教之职。在应许还清美因茨的债务并保护该城不让萨克森选帝侯染指后，他顺利当选。但阿尔布雷希特还需克服两大障碍：首先，他太年轻，理论上年龄不够格；其次，教皇越来越不赞同一人掌握许多教区行政管理权的做法。教士和主教若集众多教会职位于一身，往往会成为教内改革派和关心教会事务的教外人士的攻击对象。尽管如此，教皇利奥十世到底是个务实派。或许双方能找到一个折中方案。

说来说去，折中的关键就是钱。教皇可以遂阿尔布雷希特所愿，但他得为教皇的特批付一笔钱。这笔钱数目不小：23 000 杜卡特，大约是哥伦布第一次航行费用的 3~4 倍。阿尔布雷希特手上没有这么多现金，但奥格斯堡的富格尔家族有，他们非常愿意借钱给阿尔布雷希特并将钱汇到罗马。

接下来的问题是，富格尔家族如何从美因茨的侯爵兼大主教阿尔布雷希特那里收回他们的投资呢？搞一场贩卖赎罪券的活动不就完事了吗？无巧不成书，1515 年已经搞过一次类似的活动，目的就是给利奥十世越来越大的重建罗马圣彼得大教堂的计划筹资。阿尔布雷希特留下在马格德堡和美因茨贩卖赎罪券所获收益的一半，还给富格尔家族，另一半则上交罗马。那一笔汇款也由富格尔家族负责，另收服务费。

为达到目标，活动需要募集近 50 000 杜卡特。这可是一大笔钱，需要有技巧的销售员让老百姓愿意打开钱袋子。这事儿不容易，但并非不可能。幸运的是阿尔布雷希特找到了这个人才——多明我会的传道士约翰·台彻尔。

台彻尔对整个过程驾轻就熟。路德说他曾声称"一旦钱币掉到箱子里发出响声，灵魂即从炼狱里超升"，即便此说并不完全正确，却道出了台彻尔推销术的精神内核。此人能言善道、个性张扬，卖起赎罪券来奔波几百英里也不嫌累。台彻尔在这方面与当时不少走街串巷的布道人并无二致，这些人的布道就像舞台表演，包装和演出都是为了吸引观众。他的销售技巧一流，推销的产品就是救赎。[10]

到 1517 年，贩卖赎罪券基本上已经变成相当有组织的商业行为。像台彻尔这样的主办人会事先与印刷厂签合同，为即将到来的布道会和赎罪券销售做广告，并准备好赎罪券，上面印着购买后即可免罪，只等着把将被拯救的灵魂的名字填上。赎罪券数量极大，有时一印就是几万份，还留有可将购买者的名字事后手工填入的空白。1490 年在奥地利一下就卖了 50 000 份赎罪券。印刷厂对此无比欢迎：赎罪券和大幅海报印刷是赚钱的买卖。印书存在固有风险，因为得自己先垫钱，而且很难拿准读者的口味，而赎罪券却是短期买卖，印刷厂可以靠它们在这个起伏不定的行业中存活下来。教会也喜欢赎罪券：它们就相当于印钞机，同时又可以安抚信徒，让他们不用担心自己的命运以及逝去的至亲灵魂的归属。

自然，马丁·路德对这一切都十分痛恨。

他认为这种做法低俗、吃相难看，在神学方面也站不住，他并不是唯一这样想的人。在他之后反对赎罪券的卡耶坦红衣主教，在对路德的《九十五条论纲》一无所知的情况下，也从神学角度著文批评赎罪券，希望减少滥发现象，由此可见一斑。这些精英神职人员的抱怨与不少人心中教会这样做就是为了敛财的看法不谋而合。1503 年，当一位推销赎罪券的人到访德意志城市吕贝克时，一位旁观者评论说，来人自称关心灵魂的救赎，走的时候带走了几千弗罗林，却颇为心安理得。表达这种情绪的人并不少。[11]

不论宗教改革的结构基础为何，因为路德的《九十五条论纲》而引发并不断扩大的具体危机，确实与近来各方对赎罪券以及美因茨的阿尔布雷希特这个人的批评有关。许多教内和教外人士都觉得赎罪券的问题严重且日益尖锐，并因此对教会的教条和腐败意见很大。此外，约翰·台彻尔于1517年大张旗鼓兜售赎罪券背后的原因，与欧洲最有权势的皇亲国戚之间存在千丝万缕的关系，所以最后引起一场燎原大火也就不难理解了。

印刷、路德与宗教改革

没有印刷业就不可能有宗教改革。持这种想法的人相当普遍：他们以为，有了新的大众传媒，就意味着教会已经无法对信息进行控制，迟早会有一位或多位改革家站出来，造成基督教世界的分裂。这话有一定道理，但强调其必然性则十分不妥。另外一个推论认为此事不一定非马丁·路德不可，其他改革派人士只要有机会一样能促成，但这同样不能成立。真实情况其实复杂得多，与1517年及其后几年独特的综合因素有关。路德的执着和他的才华又与印刷业和当时的其他动因产生了错综复杂的相互影响。

这位大学教授的德语文笔清晰流畅，让人读来有欲罢不能之感。谁都没料到一位过去几乎完全用拉丁语写作的神学家，竟然有用通用德语写作的天赋，就是这意想不到的巧合奠定了宗教改革的基础。路德运用拉丁语时的能言善辩可以让欧洲学界精英刮目相看,同时又能用德语触及普通大众。他与跟他合作、跟他同样重要的印刷业者立即抓住机会。马丁·路德与其他改革派人士不只是利用了当时的技术,他们也吸引了一批全新的读者,给印刷业者带来了商机,扩大了销售市场。[12]

当美因茨的阿尔布雷希特收到《九十五条论纲》这份邮件时,印刷业已经存在好几代人的时间了,路德对没有印刷术的世界一无所知,阿尔布雷希特也一样。几乎所有参与宗教改革争议的主要人物都只认识有印刷术的世界。阿尔杜斯·马努蒂乌斯给大家展现出曲高和寡的人文图书消费世界,只不过是印刷业增长的一个方面。马丁·路德儿时的教科书和他在大学用的教科书都是印刷业提供的。大学教授经常找聚集在高等学府附近的小印刷厂印刷教材,路德的《九十五条论纲》就是用这个标准办法印刷的。有权让他人赎罪的人在贩卖赎罪券前得先印大幅海报,他们的产品也是批量印刷在纸张或上等羊皮纸上的。马丁·路德在维滕贝格随处可见小传单、小广告、小册子、布道文和书籍。换言之,他的世界里到处都是印刷品。然而,印刷品的潜力还未得到充分发挥,宗教改革,特别是马丁·路德,在这方面发挥了举足轻重的新作用。

《九十五条论纲》是用教会和学者之间通用的拉丁语写就的、神学论述性极强的文章。他们对《九十五条论纲》的第一批回应,自然用的也是拉丁语。神职人员和上流的国际学术界人士,如伊拉斯谟和托马斯·莫尔,讨论问题时都用拉丁语。但在马丁·路德所在的德意志及欧洲其他地区，大多数普通百姓不懂拉丁语。只要《九十五条论纲》掀起的波澜停留在拉丁语范畴，它引发的任何改革都将局限于受教育的精英阶层。过去多次改革运动的下场皆是如此：不管教外人士对教会的缺点有什么意见，教会改革从来都不是他们能插足的事。

但如果围绕赎罪券及其影响的辩论能挣脱拉丁文的束缚，能用工匠、市民、商人和乡村自由民平日交易所使用的通俗语言来表达，教会改革就有可能产生大作为。

不过，还有一个主要问题待解决：1517年10月31日路德将他的论文钉到维滕贝格城堡教堂的大门上时，没有人知道，甚至连路德也不知道，会有这么多受众愿意付钱买宗教文献，从《圣经》的翻译版到教义问答，再到颇具煽动性的小册子。

改革运动如此迅速地形成燎原之势的关键在于出版商——他们多数在德语区——很快就意识到这些买家的存在，知道他们喜欢什么，并大量出版以满足其所需。而路德正好有想法兼有写作技巧，知道如何以读者喜欢的风格将想法传递出去。他的作品十分畅销，这证明他的作品有众多读者，这才是宗教改革运动迅速发展、影响深远的根本所在。

反　击

马丁·路德成千上万的读者并不是看了他的文章之后，立即不假思索地改变自己观点的；从一开始，他就面临来自他所攻击和威胁的教会内部的强力反对。他们被攻击后立即反击，同样也是使用印刷手段。改革思潮的传播主要就是通过印刷媒介和印刷市场的角逐实现的。

路德一开始只是对滥发赎罪券进行相当有针对性的攻击，很快，当路德的反对者提出他的想法可能产生极端影响并要求他解释时，战场瞬间扩大。面对这帮人的文字纠缠，路德的言论越来越极端、尖刻。印刷业者从唇枪舌剑之中看到了商机，不断出版有关改革的小册子和长篇论文。跟踪你来我往的辩论的读者越来越多。一方面是兴趣高涨的读者，一方面是向读者提供阅读材料的印刷厂，市场的激励给各方激烈言辞不断提升创造了条件。

第一份对马丁·路德发难的印刷材料来自他的主要反对者约翰·台彻尔，这并不奇怪，此人就是令马丁修士十分恼怒的贩卖赎罪券的大总管，能干但不讲原则的多明我会布道人。台彻尔的大作共印了 800 份，并带到了维滕贝格。他表示要把材料分发给大学生，结果被一群愤怒的群众搅黄了。他们扣押了全部印刷品，并付之一炬，这是以后多年宗教改革运动越来越凶残危险的先兆。

路德决定加大赌注。他对台彻尔的答复是用德语书写的一篇短小精悍的力作《论赎罪券与恩典之讲道》。与《九十五条论纲》不同，《论赎罪券与恩典之讲道》完全是为德意志普通读者而不是他的学界同行写的。他有意为之，决定把神学家之间的辩论变成众人之事。出版商欣然跟进：《论赎罪券与恩典之讲道》在莱比锡出了四版,纽伦堡、奥格斯堡和巴塞尔各两版,维滕贝格最少也出了两版。

台彻尔,且搁下人品不论,他绝对不傻。他洞悉路德的用心,自己也用德语出版了一本小册子《对二十条自以为是的错误讲道的反驳》。这本小册子文理清晰、据理力争,基本上采取侃侃而谈的笔法,而且提出了一些关键论点,他说路德的言论非常接近已被定性为异端邪说的约翰·威克利夫和扬·胡斯的言论,而扬·胡斯已经在一个世纪前因散播异端思想而被处以火刑。台彻尔的文章证明了方言写作不仅有效而且可行,但令他和教会里支持他的人遗憾的是,出版商可不同意这一点。路德马上就对《对二十条自以为是的错误讲道的反驳》一文进行回击,称其为"史无前例的无知之作",该文在1518年年底前,德文版起码就出了九版。台彻尔被路德不依不饶的谩骂文章击垮了。教会高层在感到羞辱之余,公开与这位极具魅力、个性张扬的赎罪券推销员划清了界限,不久后他就离开了人世。[13]

自此,事情的发展开始不受路德或其他任何人的控制。阿尔布雷希特将路德的文章上报罗马当局,有名望的神学家普列立亚只花了几天时间即断定《九十五条论纲》是异端言论。他就此事的判决也在罗马印刷成册,后来又在奥格斯堡和莱比锡再版。当教皇的特使红衣主教卡耶坦抵达奥格斯堡,前来与路德处理此案时,改革者路德的命运已定。卡耶坦自己也深感赎罪券有问题,不久前才著文对此严加谴责。若换个情况,他与路德可能还会找到双方同意的折中方案,甚至为教会指明前进方向。但如今问题已经超出了赎罪券的范畴——事关教会权威,最终还关乎教皇在整个教会里至高无上的地位。关于这一点,教会或卡耶坦都不肯让步。路德必须公开认错,不然就要被逐出教会。

这个决定为路德及其支持者与教会之间这场箭在弦上的冲突拉开了帷幕。印刷品成了新战场,出版商知道关于改革的辩论有销路,于是闸门就此开启。一些新人开始发声,如重量级的神学家约翰·埃克和路德的副手安德烈亚斯·卡尔施塔特。事已至此,和解无望。

马丁·路德的畅销书

1518—1519 年,继《九十五条论纲》之后,路德连续发表了许多文章。45 篇作品中 25 篇是拉丁文,20 篇是德文,内容从深奥的神学到如何关怀教众,再到有争议话题的论战,不一而足。就在马丁修士废寝忘食地继续苦战时,他的书和小册子已经在欧洲大陆市场内疯传。他已将教会或世俗当局最后对他的处置置之度外。只要有人攻击他或攻击他对《圣经》的解释,不论对错,他都觉得必须立即回应。这些争论的内容很快就变成印刷品,众人得以一睹为快。

要不是路德很快掌握了印刷业的运作行情,比如哪些出版商多快能印出来,他的著作版本如何传播到德意志和其他地方,读者有怎样的喜好,他们有多大的意愿和能力买书,所有这些都起不了作用。他发现了印刷业的需要与读者喜好之间的最佳契合点，将自己的产出与它们进行无缝连接。

这些年的印刷业的数据道出了一对了不起的、相互纠缠的故事，一边是路德的崛起，一边是印刷业的蒸蒸日上，德意志及其他地区的印刷业者都晓得如何利用他的风头来扩大自己的销售量和能触达的范围。1517年，路德发表了3篇文章，一共印了6次。1518年，他发表了17篇文章，起码印刷了87次。1519年他又写了25篇文章，出版商非常配合，起码出了170版。据现在的估计，这段时间他作品付印的总次数接近291次。1520年产量更高：27篇著作起码付印了275次，几乎相当于前两年付印次数的总和。究竟路德的著作印了多少份我们不得而知，但保守估计每一版约有1 000份。那么他的著作三年间已印行了50余万部。

一切都以难以置信的速度发生，印刷业、阅读习惯和宗教改革形势自此大为改观。1518年伊始，路德还是位住在维滕贝格、用拉丁文写作、文章基本上供学界阅读的不出名的大学教授。到1519年年底，他已成为欧洲出版作品最多的作者、德语区最知名的人物。到1520年年底，他登上了改良印刷术出现以来在世作家中最高产者的宝座。

他后来的著作可能绝大部分篇幅很短。1518年和1519年路德的45篇作品中有21篇是篇幅只有8页甚至更少页数的小册子。因为通常用4开纸印刷，每一面印4页，所以每本小册子只需要用一张纸。一次印1 000份对一个有商业头脑的出版商来说投资不大，顶多两三天就能印出来，而且保证很快就能售罄。这段时间路德只需要给德意志的印刷中心城市如奥格斯堡、莱比锡、纽伦堡的一个朋友写一封信，朋友就能找到愿意出版的出版商。出版商对市场需要十分敏感，总在寻找新的赚钱门路。路德的作品正好解决了他们对印刷到实际获得收益之间那段时间的担忧，以及需要垫付大量费用的问题。[14]

如此一来路德就在印刷业有了不少新盟友。不管他们同不同意他的论点，他的东西好卖，他们真正在乎的就是销路。

梅尔希奥·洛特是莱比锡的出版商，并且还是相当有成就、相当成功的出版商。1518年早期，他出版了约翰·台彻尔反驳路德的文章，后来又印行了两版罗马官方驳斥路德批判赎罪券的文章。然而几星期后，他开始承印路德的著作，甚至第二年还在维滕贝格开了一家分社，为路德的需要提供服务。不久，他就成了路德的一位密切合作伙伴。

洛特并不想给自己找麻烦。他并不真正相信宗教改革或改革运动的观点，只不过是跟着盈利的风向转。德意志和欧洲其他地方这样做的出版商不计其数，他们才是路德的想法得以远播的关键。如果教会的回应文章卖得好，不论是拉丁文还是德文，出版商也会大量印刷。但消费者只对福音派感兴趣——路德和其他改革派都自称福音派——他们尤其对路德本人感兴趣。[15]

除了与洛特关系不错，路德还与维滕贝格当地名人、著名画家卢卡斯·克拉纳赫建立了深厚的互利伙伴关系。曾担任选帝侯腓特烈的宫廷画师的克拉纳赫是当时多产、精干且成功的艺术家，他的兴趣和天赋并不仅限于画肖像画。他是梅尔希

第七章 马丁·路德、印刷业与教会的分裂 231

奥·洛特在维滕贝格扩大经营时的伙伴，他本人也是特别精明、从事多项经营的商人。克拉纳赫的投资包括造纸厂和运输队，用于分销新兴的印刷企业联盟生产的书籍。他基本上建立了一条出版和销售路德作品的上下游产业链，而这只不过是他广大投资组合的一部分。

克拉纳赫介入的还不只是在资本与基础设施方面。他还是装饰性木刻版画的创始人，这种木刻版画可以让任何印刷品看起来更加悦目。连路德的小册子也因为首页印刷的装饰画变成了艺术品，这些美观的产品既表达了信息的严肃和重要性，也反映了信息来自何人。路德的名字就展现在抢眼图像的正中间，潜在的读者只要途经市场的书摊，这个名字就能映入眼帘。正如历史学家安德鲁·佩蒂格里所说，这是一个绝妙的品牌化手法。路德的作品拥有独特的视觉风格，路德自己也参与其中，给他的书和小册子提高了辨识度，得到众人的喜爱。[16]

形式与功能的结合形成了一种整体效应，这显示出路德与他的合作方对市场有独到的了解。他的多数文章简短有力，用语也是一般读者能懂的语言。有了生产设备和专业的品牌宣传助力，路德的想法不胫而走。围绕着他和他所传播信息的是是非非，更增加了它们的吸引力，并鼓励未来的其他改革家或教会的捍卫者加入这场混战。倾向改革、受过教育的城里人自己也出小册子，多明我会的神学家则奋起反击舆论潮流。印刷业为满足这一要求，源源不断地印刷各种材料，不仅保证了行业的生存，更增加了它们的利润。

因为有这样的联盟,路德的产出大大超越了同时代人和对手。路德写作,出版商大量印发,读者争相传阅。路德继续写,如此循环往复。这就是宗教改革运动的实质,路德的确做出了贡献,但后来的发展渐渐不受他的控制、不被他理解,也是意料之中的事。他的著作越多,读者越众,他的论点也就越极端。他开始公然挑战教皇至高无上说和教会的组织结构,将他的观点的逻辑推理不断向外延伸。接触到改革信息的人越来越多,他们很快有了自己的想法;出版商意识到有利可图,也乐于出版。

这股动力竟然使得原先难以想象的基督教世界的内部分裂成为可能。事情就像一辆在下坡道上失控的火车,越往下行驶速度越快,路德文章的效力远远超出了他在1517年那一天走到维滕贝格城堡教堂时的想象或愿望。

沃尔姆斯会议

马丁修士尽管心跳加速,还是尽量让自己的呼吸平顺。拥挤的房间里又闷又热,他眉毛上积满了汗珠。最近的病加上几年来的辛劳,让他的颧骨更加突出,深棕色眼睛的四周更为深陷。但他凝视满满一屋子人的眼神依然犀利。座中身穿裘皮和丝绒的贵族汗流浃背,与他们比肩而坐的是侯爵、伯爵、选帝侯以及构成帝国会议——神圣罗马帝国主要决策人物群集的大会——的所有高官和权势人物。会议的主持人是下巴特别突出的21岁的皇帝查理五世。路德的眼光在皇帝这里停留了片刻,想着有关皇帝会流口水的传言不知是真是假。

帝国发言人的声音把路德拉回了现实。"这些都是你写的书吗?"这人问他,"你打算就里面的内容认错吗?"他们已经给了他两次推迟答复这个问题的机会。不会再有第三次了。

马丁修士感觉众人的眼睛都盯着他看,目光的聚焦让他头顶上光秃的部分有要烧起来的感觉。房间里的危险系数陡然上升:敌视的眼光、因愤怒和厌恶而变形的嘴角、皇帝紧握的拳头。但马丁修士早在沃尔姆斯的市民热热闹闹地欢迎他之前,早在维滕贝格群众聚集观看他上路之前,早在帝国诏书送到他在修道院简朴的住处之前,就已经做了选择。在紧张气氛似乎把房间里的空气都挤得无处躲藏之时,修士开口了。一开始,他的用词准确而审慎,但随即因情绪激动而加快了语速:

"我不能违背我所引述的经文,我的良心要求我听信上帝的话,我不能也不愿认错,因为做有违良心的事既不安全也不正确。求上帝保佑我。阿门。"[17]

房间里顿时炸锅。皇帝的脸上因为这样的言语冒犯而呈现怒火。有的观众微笑并点头表示同意,有的则满脸愤慨。马丁修士静静地站在那里,观看着四周的一切。事已至此,也只有等待最后的裁决了。

沃尔姆斯会议的这一幕充满戏剧性,一般人认为这是宗教改革第一幕的高潮。对路德而言,他已经没有退路,在当局眼中,他触犯了法律,是教会和皇帝的敌人。他站在德意志教内教外最有权势的贵族和官员面前,大义凛然,明确了自己究竟为何而战,这是一场将延续几代人的战斗。最后,多亏从三年多以前赎罪券争论开始时就一直保护他的萨克森选帝侯,他才得以免于所有死不悔改的异端分子的命运:火刑。

但如果以为沃尔姆斯会议那一幕是高潮,就等于忽视了前几年所发生一切的根本因素以及与之同时发生的潜在结构性转变。路德在会议上的表现的确堪称英勇,乃其巅峰时刻,但这更像高潮之后的落幕而非真正的高潮。早期宗教改革的主要部分已经过去:路德奋笔疾书,将一篇篇文稿送交约翰·饶-格鲁嫩贝格在维滕贝格的印刷厂;副本随信件和信使被送给奥格斯堡和莱比锡的出版商;印刷工人赶工印出千万份小册子、书籍;读者解囊购买,争相阅读路德的最新著作,从神学理论观点,到有关上帝与罪人之间正确关系的温和的教谕文章,还有与任何胆敢批判他的人的激烈的唇枪舌剑。

在沃尔姆斯会议前的这些年,路德绝对是早期宗教改革运动的主角。在他现身沃尔姆斯市出席那场重要会议时,马丁·路德的画像已颇为人们敬重。贵族带着他的书前往会议。群众公开讨论他的文章。作为教皇代表参加会议的使者亚历山大请求留宿,竟然遭到拒绝。陌生人在街上看到路德经过时,都会触摸佩剑表示崇高的敬意。印发他和教皇之间互相攻击的小册子的出版商都安然无恙。"这里除了路德的书以外都没有销路,连宫廷内都如此,老百姓异常团结,他们有大把的钱。"安德鲁·佩蒂格里写道。[18]

路德之所以是主角，是因为他写的东西最多，他有书写不同类别文章的本事，他精通拉丁文和德文，他已经打出名声，出版商已经把他当成商标了。但从会议结束后开始，就有其他声音与他争夺空间和注意力了。路德在多年以后依然是最重要人物，但自沃尔姆斯会议之后，特别是在1530年之后，他的垄断地位受到了急剧削弱。会议后他藏身瓦特堡，而其他改革派，包括他过去的亲密战友安德烈亚斯·卡尔施塔特，接手了他的未竟事业，并越走越远，论及一些路德不愿意也不能介入的话题，如圣餐时提供面包与酒就是一例。虽然路德还是一位极为重要的人物，但宗教改革运动已经开始向着他所不能及的方向发展了。

我们能从印刷作品的数量及其发行地区中看到这种改变。一直到1525年，路德的作品一共被印刷了高达1 465次，比第二多产的作家安德烈亚斯·卡尔施塔特多了将近11倍，后者的作品付印125次。另外一位著名而又有影响力的瑞士改革家胡尔德莱斯·茨温利更是相形见绌，那段时间他的作品仅仅付印了70次。仅凭这些数字可能还低估了路德的主宰地位，因为此时大多有作品出版的其他福音派人士，如早期的卡尔施塔特和菲利普·梅兰希通，都是路德这位维滕贝格教授的副手或盟友。

尽管路德在1546年逝世前依然笔耕不辍，他毕生付印的著作中有一半完成于《九十五条论纲》写成的1517—1525年的8年间，四分之三完成于1530年以前。1525年之前，他的著作原版问世后平均都会再版6次，以后则缩减至3次。像斯特拉斯堡、巴塞尔和奥格斯堡这样的城市，在早期都是再版路德作品的主要中心；1525年以后他的作品的出版量少了一半到三分之二。他的读者渐渐向德意志北部和中部集中。[19]

这些数字说明，路德的话依然有分量，但受他影响的地方在减少，读者也在减少。改革的大方向发生了转变，他已逐渐失去了对运动的掌控。其他人开始发声，在某些重要问题上与他有了分歧——如弥撒期间圣餐礼中基督的存在，以及救赎的性质，等等。最初的普遍共识是教会需要改革，所有福音派人士都有共同目标和利益，但这很快就烟消云散了。

礼貌对待不同意见向来都不是路德的强项。他那不服输的性格往往把世界划分为敌友两个阵营。两者泾渭分明，容不得含糊，谁要是移师敌营，断无生还之理。他对和解也不感兴趣，他认为最好是对方同意他的观点，因为他显然是对的。任何反对意见都不是善意的分歧，而是邪恶刁钻、冥顽不灵的表现。他与昔日密友安德烈亚斯·卡尔施塔特之间有过一段长时间的、越闹越凶的争论，最后还是以卡尔施塔特俯首认错告终。

与他最亲近的人当中，只有那些知道如何应对他的脾气、让他充分发挥长处的人得以久留。多数人在他身边待不下去，至少待不长。值得玩味的是，改革运动早年，路德之所以能发挥作用就是因为他愿意应战、争论，但正是这样的个性使他在运动发展到关键时期后无法成为团结众人的关键人物。其实，他的个性和倾向一早就注定了运动根本上没有可能形成有凝聚力的意识形态阵线，只能让他在一开始凭借大无畏精神、辛勤的工作和执着为改革运动的奠基提供帮助。

马丁·路德的结局

宗教改革同样点燃了福音派和教会支持者内心最深处的热情。路德向治理世俗社会和宗教体系的当局发起了挑战。他花了很长时间才全面厘清了他对教皇至高无上地位和既定秩序的挑战的后续影响，多半是通过回应对他所发表信念的攻击而陆续整理出来的。有人走得比他更远，把他的想法推演到马丁修士自己都不愿接受的逻辑结论。我们说路德打开了一个潘多拉的盒子，不只是因为他的想法及其后续影响，也因为他证明了一点：再极端的材料也有印刷市场。最后的暴力结果注定是不可避免的了。

路德一直深信他做的每一件事都是对的。比如说，在1522年回到维滕贝格后的一次讲道中他曾对教友说："跟随我……我是上帝置于此地的第一人。我也是受上帝嘱托宣讲他的话语的第一人。"[20] 然而，希望看到教会改变的人并不是只有路德，他沿袭的奥古斯丁会改革传统和对严格解读《圣经》的强调也不是唯一的前进道路。维护传统教会的人并非他唯一的对手，也不是他最重要的对手。随着时间的推移，福音派的新挑战者开始浮现。

其中最不容忽视的就是路德昔日的门生和笔友托马斯·闵采尔，此人曾在与路德通信的落款中自称"因福音而蒙您恩赐诞生的人"，但后来与他分道扬镳。闵采尔相信灵性和世界末日论：上帝不只是通过《圣经》，也通过梦和异象向信徒传话，而且最后审判日即将来临。所有这些可谓其来有自。中世纪的基督教有很深的神秘主义情结，路德与闵采尔都对比他们稍早些的神秘主义者约翰内斯·陶勒十分佩服。

世界末日论也不时有人谈起。闵采尔对它的强调只不过让他走上了一条不同的但依然可辨识的宗教改革之路。前去聆听他讲道的教友成百上千。他极具煽动性的言论印发后广为流传。闵采尔大声宣扬，神的国度必将在尘世实现，如有必要则不惜使用暴力。后来路德对他的厌恶甚至超过了对卡尔施塔特的厌恶。[21]

德意志的老百姓开始躁动不安，导致地方性罢工、结盟，最终酝酿出一场不折不扣的农民起义，闵采尔的言论进一步极端化。他与另一位极端派布道者海因里希·普法伊费尔将米尔豪森城变成神权政体，用他们眼中的纯正基督教理想来统治，并主张与世俗当局进行武力对抗。"上帝授命天堂所有的鸟儿来吃王公的肉，凶猛的野兽来吸吮权贵的血。"他在1525年给曼斯费尔德的阿尔布雷希特伯爵的信中如是说。[22]

德意志的农民战争是当时的一场极大的社会动乱。从某种意义上说，它算得上是16世纪20年代前中世纪屡见不鲜的典型动乱：农民要求废除农奴制，自由狩猎，结束领主对他们的沉重劳动要求等。不同的地方在于这一次他们使用福音派、改革派的《圣经》语言来支持农民的要求，并明确针对教产。路德曾因教导大众和公开反对既有的权威而直接影响了大批群众，这一点农民也心领神会。农民战争的根本宣言《十二条款》的序言部分说得很清楚，他们的目的就是"聆听福音并身体力行"，所有其他要求均源出于此。[23] 各种不同的农民战争宣言和闵采尔的著作

第七章 马丁·路德、印刷业与教会的分裂

大约印了85版，在德意志各地流传，其受众远不只是积极的反叛分子。

即便在受教育的精英中也不乏同情叛乱者。"虽然农民摧毁某些修道院的行为不可取，"当时住在距叛乱爆发不远处阿尔萨斯的伊拉斯谟写道，"惹他们这么做的却是修道院的恶行。"[24]

闵采尔再往其中加上一丁点世界末日论的暴力，结果引起一场腥风血雨。反抗者结队劫掠城堡、修道院和领主的住处，最后与德意志诸侯的军队公开战斗，并以农民的惨败告终。闵采尔在支持者被屠杀后被俘，他被处死后，首级悬挂在米尔豪森城墙外示众。这场惨烈的社会动乱和破坏造成德意志各地死亡者数以万计，甚至高达十万。

路德不想跟这件事有任何关系。他在农民起义后所写的第一篇文章题为《和平忠告》，他在文中对暴力和动乱表示惋惜，但同时也警告王公们，叛乱是对他们自己罪行的惩罚。这段话非常直白，是路德对既定社会秩序不满最明白的一次表达，但不久后他就收回了这段话。随着农民战争日益血腥，他不再同情叛乱的民众。在另一本最引人诟病的题为《反对抢劫杀戮的农民群体》（*Against the Robbing and Murdering Hordes of Peasants*）的小册子里，他摆明了自己的立场："所有会打、会杀、会刺之人，无论是在暗中还是在光天化日之下，他们要铭记，最歹毒、最凶暴、最邪恶的莫过于造反者。他们就像疯狗，人人得而诛之。"这类措辞是他多年来针对教皇或偶尔针对其他福音派改革家的用词，但他从未用它们来攻击过他的支持者。这样的转变对他的声望并无助益。[25]

对路德而言,可惜的是他这篇《反对抢劫杀戮的农民群体》的文章发表在约 6 000 名农民遭屠杀而且闵采尔被处死之后。说得好听一点,在血流成河的情况下,这样的言论实在粗鄙不堪;说得不好听,小册子里表达的情感与他的受众对他的印象截然相反——他原本应是善良、体贴的牧者,既关心他们的精神也关心他们的福祉的人。印刷品中反映出来的理想的路德形象与他现实中好争辩的顽固形象发生碰撞,是迟早的事。农民战争终于将此暴露无遗。

说起来也巧,将路德关于此事的立场挑明的恰恰也是印刷业者。他们在德意志各地出版了一版接一版的《反对抢劫杀戮的农民群体》。小册子卖出去了,印刷厂赚钱了,一如此前路德的作品一样。但路德的声望自此一蹶不振。

路德在席卷欧洲的福音派中的绝对领袖地位从此成为过去。他沦为众多声音当中的一个,他十分恶毒,毫不掩饰自己的偏激与反犹主义思想,结果自毁长城。他的追随者赶超了他,他与约翰·加尔文领导的第二代宗教改革家相比也黯然失色。

这位维滕贝格教区的教士如今肚大腰圆,已非昔日禁欲的修道者,他结婚了,是六个孩子的父亲,渐渐退出了前台。路德仍然在家里写作,分享他朴实的智慧、神学的灼见,偶尔也参与连篇累牍的骂战。他的追随者将这些内容收集成书,题为《席间漫谈》(*Table Talk*),作为改革派的一员,他继续发表文章,基督教世界继续分崩离析。如今大腹便便的政界元老马丁修士令他

第七章 马丁·路德、印刷业与教会的分裂

那个时代及日后的过度、极端和暴力成为可能。血腥的农民战争导致数万人殒命。下一个世纪及其后,还会有更多人丧命,在末日般的三十年战争时达到高潮。

马丁·路德起初不起眼的反叛行为却使世界大为改观。如同这段时间里许多其他事情一样,它们之所以成为可能,是因为金融和信贷:金融化的采矿业,使得这位未来修士能够受教育;教皇利奥十世、阿尔布雷希特主教和台彻尔贩卖赎罪券引发了宗教改革运动,但背后的驱动力是富格尔家族的借贷和国际金融汇款;印刷业是先进投机信贷安排的产物,数以百万计的印刷品催生了宗教改革。马丁·路德于1517年10月31日走到维滕贝格城堡教堂时已经是那个世界的代表,在他连续不断的推动下,世界最终失足坠入深渊。[26]

第八章

苏莱曼大帝与奥斯曼超级大国

1526年8月31日，匈牙利王国莫哈奇

密集的雨点敲打在帐篷上，滂沱大雨自天而降，冲刷着这顶装饰讲究的上好红色帐篷。

帐外雨声噼啪，帐内传来嗡嗡的谈话声，夹杂着偶尔的笑声和不时有人提高嗓门的说话声。8月大雨的噪声还不断伴随着刀锋穿透肌肤的扑哧声。每隔不久就有一声短暂的哭喊或痛苦的嚎叫穿透雨幕而来。囚犯的头颅一个接一个落在地上，将头颅与躯体分离的是那一缕弯刀熟练的重击。大量喷出的鲜血与雨一起，洒落在刚刚结束的战场的泥泞之中。

讲究的大帐将雨挡在帐外，苏莱曼大帝坐在帐内舒适威严的金色皇座上观看斩首。他头上缠着巨型白色头巾，顶上装饰着一根漂亮的红色羽毛，头巾下面是一张瘦削苍白的面庞。鹰钩鼻之下留着少量胡子，胡子向外延伸，上翘到突出的颧骨处。他就是奥斯曼帝国的统治者，眼看着刀起刀落，他毫不动容，也未呈现丝毫不安。处决的场面他见得多了，他知道以后类似机会还有的是。

在他的专业奴隶士兵"苏丹亲兵"（yeni çeri，意为"新兵"）捡起掉落的头颅，戳在帐前一排排尖矛上之前，苏丹与他死去的匈牙利敌人了无生气的双眼对望了瞬间。其他头颅则层层堆叠成金字塔形状来彰显血腥的战果。苏莱曼对死尸并不在意，倒是对大雨带来的不便感到烦心。当他坐下来书写战役日记时，大雨及斩首的记载各占一半。

奥斯曼皇室的文武百官簇拥着两天前在莫哈奇打了一个大胜仗的苏莱曼，当然真正打仗的是他的将领和军队，匈牙利国王与数千名士兵和贵族在此役中战死。2 000名浑身湿透的残兵败将正被领着走过苏莱曼标致的红帐篷，为这一场军事组织、后勤和战略的杰作来一个画龙点睛之笔，随后即被一一斩首。这是苏莱曼一长串征服战役中的又一次胜利，也是他进入中欧广袤大地的开始。下一个目标是匈牙利的首都布达，接下来是维也纳。再下一个肯定是罗马，完了以后或者就是剩余的欧洲。苏莱曼的领土已经从红海延伸到了多瑙河，从伊朗西部的山区直达北非沙漠。如今，一次决定性的打击就拿下了匈牙利平原。有什么理由就此收手呢？

1324年，即苏莱曼在莫哈奇大胜的约200年前，他的先祖奥斯曼逝世时还只是安纳托利亚的一个小军阀。其后王朝父子相传经过了八代，传到苏莱曼是第九代了。在这段时间里，奥斯曼王朝已经从一个边陲小王国，一个在基督教和伊斯兰世界夹缝中生存的蕞尔小国变成了横跨三个大陆的大帝国。苏莱曼仍然是个军阀，但他或许将是奥斯曼苏丹中最后的军阀，他的野心是毁灭各个王国，而不仅仅是从下一个安纳托利亚小国那里抓几个俘虏，劫掠一点儿东西。他的奥斯曼帝国应该是叱咤风云的超级大国，与西班牙的特拉斯塔马拉王朝、法国的瓦卢瓦王朝和贪得无厌的哈布斯堡王朝并驾齐驱，或许比它们加起来还大。

1520—1566年，苏莱曼对奥斯曼帝国的统治正值帝国开疆扩土、内部改革、文化灿烂、国运昌隆的黄金时代。伊斯坦布尔是世界的中心，使伦敦、巴黎、马德里都相形失色，因为它富甲天下、人口众多、古老而先进。苏莱曼的军队位居军事发展的最前沿，为苏丹服役的士兵们的围城战术一流，炮手技术超群。苏丹的财政和人口资源之丰富，远非他欧洲那些常年穷得叮当响、实力难以为继的对手所能比拟的。繁荣的贸易网络将伊斯坦布尔与亚历山大、大马士革与阿尔及尔、巴格达与贝尔格莱德都绑到一起。没有哪个统治者能像苏莱曼一样用一套壮丁法（devsirme，"德夫希尔梅"）——从普通百姓中挑选聪慧的男童，培养成日后只效忠苏丹的官僚、维齐尔、苏丹亲兵高官和骑兵指挥官——给自己找到最好的仆人。苏丹统领下的众多基督教子民和犹太教子民，只要交税就不会被宗教裁判所找麻烦。奥斯曼帝国是横跨欧洲和西亚的最大帝国。在国家权力不断壮大的时代，没有一个国家的国力可与奥斯曼帝国相提并论。

那么问题来了，苏莱曼当政期间固然是黄金时代，但它既是巅峰，也是有去无回的临界点。如果奥斯曼人是那个时代的主宰势力，那为什么未来的全球秩序却植根于负债累累、为战争所苦、相对贫穷的西欧，而不是博斯普鲁斯海峡四周的沃土呢？[1]

第八章　苏莱曼大帝与奥斯曼超级大国

边陲的蛮荒世界

安纳托利亚在 14 世纪初还是动荡不安的蛮荒边陲。它地处亚洲的最西端，与巴尔干半岛和欧洲隔爱琴海相望，是拜占庭帝国、伊斯兰世界和西方基督教世界的交会点。希腊人在此时间最长，约 2 000 年前就在此有了定居点，而罗马和拜占庭的统治也已基本上持续了 1 500 年。伊斯兰教是从 500 多年前突厥的塞尔柱王朝将拜占庭从小亚细亚东边赶走时，开始进入安纳托利亚的。西方基督教进入时间最晚，他们不是沿海岸搞贸易的意大利商人，就是想为上帝、荣耀和物质利益找一处新的富饶土地的"圣战"斗士。

奥斯曼就是从这里发迹的，这里是文化碰撞、移徙、宗教冲突和恶战不断的大熔炉。穆斯林、讲突厥语的游牧民族和半游牧的土库曼人（Turkoman）发挥了军事骨干作用，他们当中许多人是不久前从空旷的欧亚大草原迁居至此的。他们个个都是骑射好手，有意称霸者只要出价合适就能雇这些人。土库曼人当中经常会出现一些自称受圣灵启示、能言善道的圣人，煽动群众的宗教狂热，掀起一场又一场战争和冲突。加上安纳托利亚正好不受区域大国的直接控制——不论是蒙古人在伊朗建立的伊利汗国、一度蒸蒸日上的塞尔柱王朝、埃及和叙利亚的马穆鲁克，还是早已式微的拜占庭——还可以不时挑动这些大国之间反目相向。换言之，这里正是野心勃勃、好勇斗狠者一显身手的好地方，看看究竟谁是最后的幸运儿。

突厥部落领袖埃尔图鲁尔的儿子奥斯曼一世恰恰具备这些资质且游刃有余。我们对他所知甚少。他一直统治到 1324 年，但几乎没有留下任何踪迹。这并不奇怪。奥斯曼一世的所有活动几乎都在安纳托利亚西北角的一小块地方，即君士坦丁堡东边的比提尼亚。他的胜利都发生在东西宽 150 英里、南北长 100 英里的区域内。奥斯曼一世所建立的必定是一个小王国，只有几处城堡，但他由此控制了城堡四周广袤的乡村，并以此为据点劫掠基督徒和穆斯林邻人。奥斯曼一世和他的小王朝与其他十几个散落于山间、高原和安纳托利亚岩岸边类似的军阀和小国差别不大。

奥斯曼一世 1324 年逝世时，领地即交由其子奥尔汗继承，奥尔汗继续统治到 1362 年。比起他父亲，奥尔汗才是真正给奥斯曼帝国从小做大打下基础的人。奥尔汗于 1326 年拿下了布尔萨城，1331 年拿下了尼西亚（今称伊兹尼克），两者原来都是拜占庭的城市，1356 年他又从穆斯林统治者手中夺取了安卡拉。他还在一次大规模战役中击败了拜占庭的军队，并征服了穆斯林的卡拉斯（Karasi）酋长国。这些都是不容小觑的成就，奥斯曼王朝因此成为安纳托利亚西边的主导力量，不过奥尔汗最重要的行动还在后面：1352 年，他与拜占庭公主狄奥多拉结婚，介入了拜占庭内战，于是第一次进驻欧洲。奥斯曼人在加利波利半岛的一处岩石高地建了一座堡垒，550 年以后，第一次世界大战中在此痛击盟军的就是他们的后代。

在安全的恰纳卡莱海峡（达达尼尔海峡）沿岸站稳根基后，奥斯曼人渐渐向欧洲扩张。流窜的劫匪与征服部队由此向外，开

第八章　苏莱曼大帝与奥斯曼超级大国

始侵入君士坦丁堡以西的希腊和色雷斯平原,并深入巴尔干高原。接连的军事捷报给奥斯曼王朝、其仆从国和盟友带来了珍宝、贡品和奴隶等各种回报。

这个爆炸性的增长是众多因素促成的。其中第一个因素也即最明显的因素是物质回报的可能性。早先的奥斯曼统治者和愿意追随他们的人基本上都是劫掠者,他们所谓的国家其实就是靠打劫为生。他们首先劫掠的是邻近的比提尼亚和安纳托利亚的西部,后来越跑越远:色雷斯、希腊、安纳托利亚东部和塞尔维亚。对劫掠目标他们并不挑拣,基督徒或穆斯林都是下手对象,他们同样也不挑拣追随者。奥斯曼人吸引了一大批穆斯林土库曼人,因为这些人是安纳托利亚西部最具战斗力的民族,但其他任何人,不论背景,只要愿意,他们也都统统欢迎。通过劫掠和征服,奥斯曼王朝获得了财富和土地,又用财富和土地吸引更多追随者。就像一个自上而下滚动的雪球在下行途中体积和势头都不断增大,奥斯曼人就靠劫掠和征服,成为区域内不可小觑的势力。

第二大因素是宗教。过去学者们认为,早期奥斯曼人是以加齐(gazi,伊斯兰"圣战"勇士)角色依靠击败异教徒并散播自己的宗教而崛起的,但在重新审视早期留下的(极有限的)证据后,他们认为物质考虑仍应居首。但这并不意味着宗教感情与此无关,而是说宗教动机与其他动机相互作用后相得益彰。"圣战"(gaza)与抢夺战利品彰显荣耀(akin)基本上是同义词。这些边境骑兵(akincis)也不需要一定是穆斯林。其实,他们多是在被奥斯曼人征服的基督徒区域中，在不同时间被强征或招募而来的。参加对异教徒战争的虔诚穆斯林期待并应该得到物质回报，对苏丹忠诚的基督徒子民也一样。世俗财富与宗教义务，这两种相互纠缠的动机已深入新兴的奥斯曼帝国的子民心中，变成了他们的基因。[2]

看涨的奥斯曼浪潮

奥斯曼统治者——一开始头衔是贝伊（bey），继而是苏丹，后者是长期以来在伊斯兰统治传统中极为尊贵的称号——是靠劫掠起家的。但如果没有组织的辅佐，靠打劫和投机起家的国家通常难以为继。奥斯曼地处三大世界的交会处，三大世界又各有其长期的制度传统，奥斯曼人面前有多种选择。

奥斯曼人干脆就继承了拜占庭时代的土地所有制，将封地（timar）分给追随者，条件是他们得在军队中作为骑兵服役。税收由此进了奥斯曼国库，而不是从前收税人的口袋。奥斯曼人照搬了相邻的伊利汗国的官僚系统、税务登记方法和税制，以及围绕苏丹家族建立的组织规范。家族的权力中心是家仆，他们多为因受统治者青睐而被钦定担任高职的前奴隶，而不是需要讨好收买的独立官员。

用被奴役的人充当士兵乃穆斯林统治者的一个长期传统，这些人来自远方，没有地方权力掮客可依赖，一切都得靠苏丹。奥斯曼人也承袭了这种做法，只是又加了一点新内容：他们不按埃及马穆鲁克兵团长年以来的做法从高加索买进切尔克斯人，也不从大草原买进突厥人，而是从基督徒子民中抽调壮丁。

这种被称作"德夫希尔梅"的壮丁法，让苏丹有了直接依赖他的一大群有雄心、想往上爬的人才库。苏丹就是从这个人才库里遴选让人闻风丧胆的苏丹亲兵的，他们是专业而忠诚的步兵。对死气沉沉的色雷斯村庄的穷孩子或满布石砾的巴尔干高原上的牧童来说，壮丁法给他们提供了进身的机会，他们可凭借自己的才干而非血缘或出身来获得崇高的社会地位。奥斯曼的奴隶制并非和风细雨，但又与大西洋世界越来越常见的动产奴隶制（chattel slavery，其成熟模式在此后几百年中被美洲采用）有根本的区别。奥斯曼帝国苏丹以下最有权势的大维齐尔，理论上可能就是奴隶。苏丹宫廷中有才干而又幸运的奴隶完全有可能走上凭他们的出身无法企及的大富大贵之路。在这种奖励才干机制的驱使下，苏丹亲兵和家族就形成了一股向心的势力，抗衡着威胁要从统治者手中分裂这个不断扩张的帝国的边疆离心力量。

掠夺的欲望，再加一点宗教感的推动，以及国家组织结构的日益成熟，让奥斯曼人在混乱的巴尔干基本上横行无阻。他们拿下了君士坦丁堡西北的埃迪尔内，并定都于此。色雷斯大部分被攻破，接着希腊北边的大片土地及巴尔干中部也相继失守。塞尔维亚在1389年的科索沃战役中惨败后即俯首称臣。苏丹巴耶塞特一世对君士坦丁堡的围城之举在意识形态上赢得一等，接着又于1396年在尼科波利斯（今称尼科波尔）战役中击溃了法兰西、勃艮第、德意志和匈牙利的十字军联军。连 1402 年奥斯曼军队在安卡拉惨败于所向无敌的帖木儿之手，蒙受苏丹巴耶塞特被俘之辱，及其后长达十年、令其大伤元气的皇位继承战，也无法阻止奥斯曼帝国的扩张脚步。[3]

1451 年，年仅 19 岁的穆罕默德二世从父亲穆拉德手中接过苏丹之位时，帝国的版图已囊括安纳托利亚中部的高山和直至多瑙河的郁郁葱葱的草原，西边直抵匈牙利平原边缘。但穆罕默德对这样的疆域仍不满足。这位年轻的苏丹自幼即沉迷于亚历山大大帝和征服世界的故事，他将注意力转向博斯普鲁斯海峡边的雄伟城市君士坦丁堡。穆罕默德一步步地将帝国的无尽资源专注于成就这一件事，开始挤压这座拜占庭的首都。最后，他终于借助先进的火药大炮、足以摧毁千年城墙的地雷和通过长途陆路运输的大型划桨船偷袭港口以及人海战术，于 1453 年成功地拿下了这座城市。欧亚两个大陆的交会点如今已成了他的囊中物。[4]

在新首都坐稳后，穆罕默德二世在位期间差不多每年都在打仗。他的军队与瓦拉几亚人、匈牙利人、塞尔维亚人、白羊王朝的土库曼人、安纳托利亚的反叛诸侯、阿尔巴尼亚人和威尼斯人都有过交锋。整个希腊和巴尔干，除极少数较小的飞地外，都成了奥斯曼人的天下。只有匈牙利借助多瑙河的天险，得以逃过一劫。在与海上强权威尼斯共和国长达 16 年的鏖战中，奥斯曼袭兵沿路纵火，冲天的火光连城里都能看见，沿爱琴海和亚得里亚海的主要港口纷纷沦陷，基督教世界最富有的国度差点因此破产。1480 年，即穆罕默德二世死亡的前一年，一支奥斯曼部队

第八章　苏莱曼大帝与奥斯曼超级大国

在意大利南部登陆，捣毁奥特朗托港，等于是对他的下一个攻击目标，也即罗马，发出了清楚的信号。要不是翌年穆罕默德二世死于非命，他还真可能拿下罗马。

穆罕默德二世之子巴耶塞特二世（1481—1512年在位）并不那么热衷于征服，当然他父亲连年征讨让国家疲于奔命的情况，以及西边不那么乐观的政治前景，也限制了他的行动。倒是巴耶塞特二世的儿子，苏莱曼的父亲，被后人冠以"冷酷者"（the Grim）称号的谢里姆承袭了他祖父穆罕默德的好战作风。他关注的是伊斯兰世界和东方，1514年在查尔迪兰战役中击溃了有扩张野心的伊朗萨非王朝和他们极具魅力的领导人伊思迈尔。两年后，谢里姆的军队横扫埃及的马穆鲁克兵团，拿下叙利亚、黎凡特、埃及以及圣城麦加和麦地那的监护权。仅用几年的时间，谢里姆就将奥斯曼帝国的版图面积增加了一倍，让奥斯曼从伊斯兰世界边缘的一个小角色变成了最具威望的国家。

面对两个世界

1520年谢里姆英年早逝，他的儿子苏莱曼继承苏丹之位。苏莱时年25岁，他成了几百年来不断征服扩张的受益人。他的列位先祖在他身上都留下了些许印记。他的长相与他的曾祖父穆罕默德二世十分相像，有一个稍大的鹰钩鼻，脸颊瘦削，眼神犀利。苏莱曼脸上向两边外翘的小胡子则神似谢里姆，不过与因嚣张好战而获"冷酷者"称号的谢里姆不同的是,苏莱曼更多了几分他祖父巴耶塞特二世的沉稳和深思熟虑的个性。

然而,奥斯曼皇室成员都有残酷血腥的一面。穆罕默德二世曾让人用钝头木柱刺穿一位违抗他的威尼斯船长的身体,让博斯普鲁斯海峡来往的船看个仔细。谢里姆曾在前往出征伊朗萨非王朝的路上,勒令将自己在安纳托利亚的数万名土库曼子民处死,他可能还是暗杀父亲巴耶塞特的凶手。至于苏莱曼,从他监督莫哈奇的处死情况可见,他也绝非心慈手软之辈。这位新苏丹肤色明显很苍白,见过他的人经常拿这一点当作谈资,但这一定不是因为他观看处刑时经常恶心反胃的结果。

欧洲长期以来一直是奥斯曼觊觎的对象。究竟是对南高加索神出鬼没的土库曼人开战,还是向埃及的马穆鲁克兵团开战,还是向塞尔维亚人、匈牙利人或威尼斯人开战?每位苏丹在面临这个选择题时,每次都决定向西方进军。一方面,西征的物质回报更诱人;另一方面,鼓动奥斯曼部队去打基督徒比较容易,而且奥斯曼的国家机器也更适于西征。"冷酷者"谢里姆在位 8 年,大部分时候反其道而行,他首先向宗教"不纯正"的萨非王朝发难,然后则锁定摇摇欲坠的马穆鲁克兵团。苏莱曼这才有了疆域辽阔、富足而又国际化的大帝国,但这个帝国在规模与结构上的不平衡,也是他之前的统治者所没有见过的。

穆罕默德二世在整个统治期间几乎都在征战,很多时候还御驾亲征。谢里姆也是一样。苏莱曼也得打仗,一方面是为维系苏丹亲兵对他的忠诚,一方面也是为了在他重要的子民面前露面。

第八章 苏莱曼大帝与奥斯曼超级大国

他必须将军事注意力转向西边的基督教世界,以维系奥斯曼在伊斯兰世界新近获得的威望;但同时他又需要巩固新攫取的领土。征服全世界是他父亲的名片——有的史学家干脆把谢里姆的扩张称为16世纪旷日持久的世界大战的开端——不过,统治这么大的地方则需要一种不同的办法。苏莱曼必须同时兼顾这两个方面。[5]

多数欧洲观察家都很高兴谢里姆已不在人世。眼看着他一上台就吞并了埃及,并逼着萨非王朝退出舞台,大多观察奥斯曼人的老手假设西方会是"冷酷者"苏丹的下一个攻打对象。他对西方的兴趣已经酝酿多时了。不久前,控制了地中海中部和西部战略要地阿尔及尔港口、令人闻风丧胆的海盗巴巴罗萨兄弟才向苏丹称臣。如今北非沿岸已在谢里姆的名义控制下,整个地中海沿岸都难逃被奥斯曼人劫掠甚至征服的命运,连西班牙亦岌岌可危。这时又适逢欧洲各大国都深陷在愈演愈烈的意大利战争中,联手对付奥斯曼入侵的可能性几乎为零,虽经教皇和国王们再三努力都未见成效。自从1444年十字军在(今保加利亚境内的)瓦尔纳惨遭败绩以来,宗教与世俗统治者只做了一些零星努力试图遏制奥斯曼人,开展了几次小规模征战。任何关注形势的人都知道,谢里姆在遥远的东方的征讨已经使奥斯曼人的危险度急剧上升。他进军埃及和伊朗之举已让西方惊恐不已,但没有一个统治者此时愿意得罪孔武有力的谢里姆。

人们都说,苏莱曼与他凶神恶煞的父亲相比还差一截。"大家以为,"意大利史学家兼教士保罗·焦维奥写道,"凶猛狮子的接班人是一只温驯的羊……因为苏莱曼本人还年轻,没有经验……看来是要休养生息一段时间了。"教皇利奥十世在听说谢里姆的死讯时,"下令让罗马全境吟诵连祷文和祈祷词"。[6]

他们高兴得太早了。苏莱曼即位时已经成人,多年担任官职加上小规模的治理经验,也已为他接替苏丹的位子打下了基础。此外,有别于历次奥斯曼皇位继承的是,他是他父亲唯一可能的继承人。苏丹有时有众多子嗣,但没有人能够自动成为父亲的接班人,而胜利者又只能有一人。结果就出现奥斯曼帝国的皇子间争夺皇位的现象,私底下的钩心斗角、尔虞我诈有时可以延续数年甚至数十年。40多岁才即位的谢里姆,此前就花了几十年时间用阴谋夺权,他罢黜了父亲,除掉了三个兄弟和几个侄子,这才于1512年登基。

接班人之间的暗斗导致纷争持续不断,成了这个幅员辽阔、不可一世帝国的矛盾冲突的中心。一旦苏丹逝世,所有的矛盾——苏丹家族与边疆领主之间的矛盾,身经百战的苏丹亲兵与宫廷里维齐尔之间的矛盾,自由惯了的半游牧民族与税务官员之间的矛盾——同时爆发。这是奥斯曼帝国最为脆弱的时刻,邻国对此均知之甚详。但经过谢里姆的一番无情杀戮,谁是他的继任人选已不是问题,从而避免了统治者身亡后必然出现内战的情况。苏莱曼不需要花长时间巩固皇权。他就任苏丹后按照新皇上任的规矩,给苏丹亲兵发了奖赏,随后立即开始他的日常工作。[7]

他的工作分成几大类。谢里姆为人冷酷,征战成性,并未赢得子民的爱戴。苏莱曼继任后第一件事就是尝试修复与老百姓之间的关系。不久,刚刚拿下的叙利亚就在邻国萨非国王伊思迈尔的挑拨下搞起了反叛，而苏莱曼在处理叛变总督和有潜在危险的萨非人时，都尽可能减少不必要的流血。他还将谢里姆扣押到伊斯坦布尔的一些埃及贵族释放了，恢复了与伊朗的自由贸易，将被关押的几名商人放了，并将他父亲手下最不受欢迎的官员贾费尔贝伊处死。

刚一亲政就将人称"吸血鬼"的官员公开处死，这给人们发出了一个强烈信号，说明苏莱曼希望做一位主持公道的统治者。他即位后不久在给埃及总督的信中写道："我的最高戒律，如命运一样无法逃避或遁形，就是每个人，不论贫富，不论住在城里或乡下，是子民还是进贡者，都必须对你绝对听命。如果有人玩忽职守，不管他们是埃米尔还是托钵僧，务必严惩不贷。"苏莱曼的话很明白，即便是社会上层人士，如果违背正义，违背了苏丹的命令，都得受罚。[8]

虽然年轻的苏莱曼厉行法治，却仍不见他像他父亲那样磨刀霍霍想打仗，可是在众人眼中，所有奥斯曼统治者都应该是战争狂人。苏丹亲兵必须得有活儿干；西帕希骑兵必须集结，装备齐整，准备出征。奥斯曼帝国从许多方面来说还是个围绕着征服转的帝国，其国家财政和社会运作基本上必须以军事征战和攫取领土为后盾。帝国得有新土地和掠夺所得来满足政治秩序中主要利益攸关者的野心和需求，苏丹必须让躁动的边疆骑兵有事做，各省的总督和苏丹亲兵的指挥官不能闲着。所以，战争就是附在苏丹之位上的意识形态重轭，而作战的对象最好是信仰基督教的西方，而不是其他伊斯兰国家。

贝尔格莱德和罗得岛

铁蹄和重靴踏在离开伊斯坦布尔的青石板路上，这不断的敲击声几乎淹没了给列队伴奏的呜咽笛声与鼓声。阅兵队伍的最前面是从安纳托利亚乡下、色雷斯和希腊征召来的，马背上的西帕希骑兵；带装饰的箭匣内满是他们强劲弯弓用的长箭，弯弓就挂在腰间，旁边是厚重的月形弯刀。西帕希骑兵之后就是带着前平高帽的苏丹亲兵，身负长长的火绳枪和致命的长矛。他们是苏丹军队的核心。接着出现的是骑着体形较小的快马的众多边疆骑兵和一队队手持战斧和盾牌、被征召或自愿入伍的步兵。在所有这些人正中间的，就是骑着一匹骏马的苏莱曼本人，他头上围着硕大的白色头巾，上面镶满了宝石和珍奇羽毛。1521年2月6日的清晨，寒气逼人，经过精心打磨的铁甲、刀刃和炮筒，在阳光照耀下熠熠生辉。奥斯曼战争机器的开动就是有意要营造一种震慑作用，苏莱曼和他的谋臣都知道，间谍和外国使节都在睁大眼睛看，他们会将自己所见报告给西欧统治者，所以自己传出的信息必须清晰响亮。

登基之时，苏莱曼就曾派使者去见匈牙利的年轻国王路易二世，要求他进贡以换取和平。其后的故事有不同版本，有的说奥斯曼使者被削鼻割耳后回到伊斯坦布尔，有的说他回去时已无生命迹象。无论如何，这就给苏莱曼开战提供了理由。

再说，他与匈牙利本来就必有一战。匈牙利是局势多变的巴尔干北部毗邻奥斯曼领土的基督教王国，两国100年来冲突不断。但彼时匈牙利国力早已不复15世纪下半叶马加什·科尔温国王雄霸中欧时期的鼎盛。路易二世还是个15岁的孩子，匈牙利的权贵已将财富搜刮殆尽，将王国的军事能力和财政能力破坏无遗。苏莱曼此时不出兵更待何时？

苏莱曼并没有直接进攻匈牙利，而是先瞄准了南边的重镇、塞尔维亚的旧都贝尔格莱德。奥斯曼统治者对这座城市已经盯了很久：伟大的苏丹穆罕默德二世在1456年就险些殒命于贝尔格莱德坚固的城墙外，他在激战后败于匈牙利和西方十字军的联军之手，穆罕默德侥幸生还。然而1521年的匈牙利实力已远不及1456年，苏莱曼的帝国也不是"征服者"穆罕默德当年的帝国了。时移势易，此次战争的结果自然也不一样。

苏莱曼于7月盛夏穿过塞尔维亚前往贝尔格莱德，沿途竖立着一个个插着拒绝向奥斯曼投降的匈牙利堡垒守军头颅的木桩。7月的最后一天，他来到城墙外，他的军队已经在此为围城的前期准备工作忙活了好几个星期了。说到打围城战，欧洲没有一个国家是奥斯曼人的对手。他们有铺天盖地的炮火；有向城墙上的守卫放冷枪的苏丹亲兵；有人负责不断挥动铲锹镐头，挖壕沟，埋地雷；有人负责对防卫弱点接连进攻：奥斯曼人会向守城士兵不断施压，直至城垛陷落或守兵投降，他们的实力让对手无望与之匹敌。至于贝尔格莱德一战，经过前期几次袭击和一个月的狂轰滥炸，最后他们用大量的地雷炸毁了一座塔楼。城中的塞尔维亚守军于1521年8月投降，匈牙利人英勇奋战，最后全遭屠杀。拿下贝尔格莱德后，苏莱曼挥师北上，直奔中欧而去。[9]

尽管苏丹于 1522 年春天曾暗示要讨伐匈牙利,甚至还告诉一位威尼斯使者,为方便日后运输他已将大炮留在贝尔格莱德,但其实他已经决定来年要打击的是另一个目标:医院骑士团的总部罗得岛。这个骑士团让伊斯兰世界的几代人一直感觉如芒在背。1480 年穆罕默德二世在死前不久曾试图征服罗得岛,但即便是他也发现他不是这个工事完备、资源充足、纪律严明的骑士团的对手。

骑士团借助坚固的防御工事和海港天险,可以迅速派遣全副武装的划桨船在东地中海航线上劫掠。大量的俘虏和战利品因此源源流入罗得岛,西方的虔诚基督徒也经常奉献钱财,但求骑士团能在十字军运动结束后仍历久不衰。这支水上的圣战兵团扰乱了贸易,威胁着前往麦加的朝圣路线,让伊斯兰世界的统治者面上无光。

更为尴尬和危险的是:这些骑士能掌握奥斯曼帝国政坛的细微动向,对帝国的观察可谓独具慧眼。由于他们的介入,巴耶塞特二世的兄弟杰姆亲王于 15 世纪 80 年代逃到信奉基督教的欧洲。正因为担心他哪一天又会在某个或几个基督教国家的支持下重回奥斯曼帝国,巴耶塞特才一直未敢开始他对西方的征讨。

苏莱曼决心完成他的曾祖的未竟之志,一劳永逸地结束这个真正的潜在威胁。在贝尔格莱德轻松告捷后,他清楚西边是不可能伸出援手了。神圣罗马帝国皇帝兼西班牙国王查理五世正忙于意大利战争,法国的弗朗索瓦一世答应对骑士兵团增援后立即反悔,教皇拨不出在遥远的东部打仗的资金。医院骑士团只能靠自己了。不过，与无组织无纪律的匈牙利人——匈牙利受暴政和内乱之苦长达数十年之久——不同的是，骑士团和他们在罗得岛的据点经过几个世纪的经营，有最先进的防御工事，后来随着火药技术和防御工程的进步还曾多次得到完善。

苏莱曼于1522年7月28日带着不下10万士兵抵达罗得岛，他立即发现前面的障碍非比寻常。圆形的塔楼外围全是藏身于多角形工事内的炮门，外面的防御塔楼与高耸的主城墙相连，城墙上尽是大炮，有些地方的墙体厚达12米。面对大炮比较脆弱的石头结构前面还有土造城垛承受来袭炮火。主城墙外面有一道较矮的棱堡，下望一道宽广的石造深沟，深沟前面还有一道更宽、更不容易跨越的深沟，再前面还筑有一道土坝。来袭者即便能冒着滚滚炮火、乱枪和弓弩的袭击来到深沟前，他们还是得面对高高在上的、由训练有素的专业士兵把守的一系列石制障碍物。此外，这长达4千米的城墙隔不远就有一处内凹，守城者正好可以从突出的塔楼上，向着不幸到达主防御工事的来犯者进行枪炮夹击。医院骑士团已经把他们在罗得岛的基地变成层层死亡陷阱，让围城者最终流血丧命。[10]

这一切对于带着数万名士兵与劳工、几百艘船和大炮踏上罗得岛岩岸的苏莱曼而言都不是秘密。苏丹知道，拿下罗得岛是费时费力并需要无数人付出生命代价的事。骑士团击退了一轮又一轮的攻击，无数次修复被地雷炸毁的部分城墙，承受了奥斯曼人无休无止的炮火轰击。苏丹的数千名士兵因多次攻城无果而丧生，死伤一次比一次惨重。最后一次进攻是11月30日，大雨滂沱如末日将至，但见满水的沟渠中漂浮的尽是奥斯曼人的死尸。

不过，骑士团的死伤亦不计其数，又经过几次不分胜负的战斗后，他们接受了投降建议。就投降而言，条件不可谓不宽大：除了留下少数人质，骑士们可以自由选择去处。骑士团大团长维利耶·德·利勒·亚当身着铠甲，带着他手下最优秀的18位骑士，走出来与苏丹见面。他亲吻苏莱曼的手，两人对视良久，未发一言。

"将此人赶出他的宫殿，我的确心情沉重。"苏莱曼后来对他的大维齐尔这样说。维利耶则评论苏莱曼说："他算得上是铮铮铁骨的骑士。"

1523年1月1日，医院骑士团永远离开了罗得岛。苏莱曼赢了，虽然代价沉重。比起在贝尔格莱德的摧枯拉朽之战，这次围城是对奥斯曼人围城能力的最佳彰显。欧洲没有一个国家可以派出这么多的人和规模这么大的驰援舰队，供应几百门大炮所需，与不屈不挠的敌人对阵5个月，同时还承受数万人的死伤。如果查理五世或弗朗索瓦一世要如此一显身手，必定难逃破产和灾难结局。但其他人做不到的，苏莱曼做得到。

莫哈奇

在马丁·路德的宗教改革继续撕裂基督教世界的社会结构和宗教体系，诸侯与国王们彼此耗尽国力，在从潘普洛纳到米兰与皮卡第的土地上相互厮杀之际，苏莱曼在一旁观望、等待。罗得岛围城战所费不赀，连他的无限资源也濒临崩溃，在下一次出征前他需要有一段休养生息的时间。更闹心的是，原来他最信得过的重臣竟然在埃及造反，而且要不是苏丹及时恢复了秩序，这块富饶宝贵的领土险些就丢了。苏莱曼不得不更依赖一位新的大维齐尔，此人就是易卜拉欣帕夏，他出身希腊奴隶后裔，才干非凡，又是苏丹的密友。易卜拉欣帕夏的崛起与骤然陨落本身就是一段充满传奇的故事，但起码就目前来说，苏莱曼有多位干将的支持的确是他的福气。

苏莱曼暂时没有西进的计划。反而有东进的打算，伊朗萨非王朝的创始人伊思迈尔国王年仅 37 岁，就因生活放荡、郁郁不得志而身亡，继承王位的是他 10 岁的儿子塔玛斯普。苏莱曼给这位新王写了一封恐吓信："我已决定出兵大不里士和阿塞拜疆，在伊朗、图兰、撒马尔罕和呼罗珊扎营……如果你想到我门口，求我看在真主的分上赐你一点面包屑，我将乐于成全，而你也不会失去你的国家……我会时刻关注你，真主慈悲，让我抓到你，为世界除掉你这祸害。"[11]

幸好，1525 年 2 月法国在帕维亚一战惨遭败绩，在西方打开了一扇更有利的战略缺口，塔玛斯普和伊朗这才躲过一劫。法国国王弗朗索瓦一世在战争中被俘，他的王国彼时迫切需要能与其一起对付西班牙和神圣罗马帝国皇帝查理五世的盟国。还有哪个盟友比奥斯曼帝国的超强统治者更可贵呢？奥斯曼人的部队有这个能耐，在查理五世从西班牙到那不勒斯再到中欧的庞大疆域上四处出击。传递求援信息的两位使者,一位在波斯尼亚遇害,但幸存的那一位到了伊斯坦布尔,并且给苏丹留下了深刻印象。于是苏莱曼给被关押的弗朗索瓦送去了希望,他在给法国国王的信中写道:"保持高昂情绪,不要绝望。"奥斯曼人将向查理五世宣战。[12]

苏丹亲兵需要打仗。他们老不打仗,在军营里都坐不住了,1525年3月,他们在伊斯坦布尔暴动,滥杀无辜。苏莱曼将他们的将军和其他几个领头的人处死后,给其他人发放了丰厚奖金以兹安抚,总算是暂时平息了纷乱。但这只不过是短期解决办法,苏莱曼需要给他们找一个为之奋斗的新计划。这个计划就是征服匈牙利,该国是夹在奥斯曼帝国与查理五世领土上的软肋之间最后的障碍。过了匈牙利就是哈布斯堡王朝的心脏地带——维也纳和奥地利,如果能拿下匈牙利和奥地利,苏莱曼或可将他的统治从多瑙河一直延伸到莱茵河。这就够苏丹亲兵忙活好一阵子了。

匈牙利国王路易二世在1526年春抵御奥斯曼人入侵的能力并不比5年前苏莱曼进攻贝尔格莱德时强。1526年交战时他刚满20岁,却已满头灰发,在穆斯林对手的强壮身影衬托下更显得苍白而了无生气。路易向他的连襟查理五世求援,可是面对弗朗索瓦一世和一系列欧洲盟国的查理也无能为力。他另一位连襟,查理五世的弟弟即奥地利大公斐迪南,向神圣罗马帝国会议恳求出钱出兵。帝国会议犹豫再三,最后什么也没给。匈牙利贵族作为任何指望击退入侵者的军队所能依赖的核心,在面对身经

第八章 苏莱曼大帝与奥斯曼超级大国 263

百战的奥斯曼战争机器时，个个裹足不前。更令人担忧的是匈牙利精英在此时仍一如既往地相互倾轧，根本不可能形成联合阵线对付奥斯曼来犯者。[13]

起码有些匈牙利人还是决心一战。他们选择莫哈奇平原为战场。这里是奥斯曼前进大军的必经之地，四散的匈牙利人在此集结比较方便，同时平原地形也利于守军中的大量骑兵发挥优势。奥斯曼的军队于 1526 年 8 月 28 日晚间抵达，藏身在临近平原的沼泽和丛林中。他们的士兵约有 5 万人，相当于匈牙利战场上兵员人数的两倍，另外他们配备的大炮和火绳枪也远远优于对方。匈牙利一方有大量身穿重甲、手持武器的战士，这些中世纪骑士的后人虽然尚未过时，但在更现代化的战场上则需要有专业步兵和炮火的配合。与奥斯曼人相比，匈牙利人这方面的实力差多了。

如果匈牙利人设一道防守线，在线后对奥斯曼人严阵以待，他们在人数上和兵种组成上的劣势也许不至于如此致命。如果他们在奥斯曼人于沼泽地里挣扎着走上莫哈奇平原之前就立即出击，也许也能零星地击溃来犯者。但他们选择等待。三分之一的奥斯曼军队都已在战场部署后，匈牙利人才开始阻止。不过，他们选择出击的时间还是不错的：当时正午已过，已经部署的奥斯曼人以为匈牙利人不会动手。匈牙利人证明了这个猜想不成立，他们希望能在其余人员部署到位前先给这一部分人来个出其不意。

计划本身没有问题。于是一群披戴盔甲的骑士，骑着披挂铠甲的战马，冲向奥斯曼人来不及备战的左翼，迫使他们乱成一片。对匈牙利人而言不幸的是，苏莱曼正带领他的苏丹亲兵和大炮前来支援。苏莱曼从因连日大雨而变得泥泞的陡坡上下来，观望了一下战场形势。他看到自己的第一批士兵纷纷后撤，手持武器的匈牙利士兵正乘胜追击。蹄声阵阵，喊声震天，刀剑铿锵，刀刃刺入肌肤的扑哧声，偶尔传来火绳枪的噼啪声和大炮的轰鸣声，一切都在浓重而湿热的夏季空气中回荡。苏丹亲兵举起手中的枪瞄准奋勇冲来的匈牙利人，火绳枪点燃后冒出滚滚浓烟，模糊了一张张蓄须的脸。炮兵把大炮安排就位，将炮弹和火药送入炮管，瞄准对方的铠甲兵出击。

苏莱曼眼前的世界在阵阵白烟中炸了开来。重型火绳枪的子弹击穿了铁片制作的铠甲。马匹身中炮弹，翻肠破肚。苏丹亲兵一再上膛，对前面四处骑行的士兵进行一轮又一轮射击。一队匈牙利骑兵不知怎么躲过了铅弹和铁球，径直来到了苏莱曼面前。苏丹看到他们离自己越来越近，箭矢、枪弹、刀剑、长矛朝自己汹涌而来。在殊死无序的混战中，锋利的长矛被苏莱曼的胸甲挡住，苏丹的贴身护卫及时赶到，砍倒了来袭者的马匹，将马背上的人拽到地上，将他们用乱剑砍死。

匈牙利的步兵中有不少人是与奥斯曼人有过交锋的雇佣兵，他们继骑兵之后上阵，但过不了苏丹亲兵和枪炮这一关。在骑兵队被枪炮击溃后，他们被围在战场中间。奥斯曼人从三面对匈牙利步兵进行包抄，最后几乎将他们全部歼灭。"盾牌像玫瑰花一样绽裂，盛满鲜血的头盔像含苞待放的玫瑰。血腥迷雾像紫云般从地平线上冉冉升起，形成胜利者头上的玫瑰祥云。"当时曾在现场的奥斯曼史学家凯末尔帕萨兹用诗意的语言来描写战场的血腥。[14]

夜幕降临时分，少数狼狈的幸存者——其中就有路易国王——往安全地点撤离。20岁的国王差一点全身而退，但是他的坐骑在经过一条溪流时失足倒下，把他压在了马腹下。路易溺亡。独立的匈牙利王国也随之覆灭。

战后的惨状令人不忍直视。莫哈奇平原成了数以千计的英魂的葬身之所。奥斯曼人手中还有2 000名战俘。这些衣衫褴褛的幸存者不久即被处决，他们的头颅不是被插在木棍上，就是被堆放在苏莱曼红色帐篷前面的临时骷髅塔上。

连续几天的暴雨过后，军队重新上路，夺取了匈牙利首都布达。匈牙利王国仅余一小片土地不在奥斯曼控制下。苏丹的版图已经从尼罗河一直延伸到匈牙利大平原，抵达了奥地利和中欧的大门口。

维也纳

苏莱曼的下一场战斗可要比打赢莫哈奇之役难多了。他最后的对手永远是查理五世——西班牙国王、神圣罗马帝国皇帝、勃艮第公爵兼哈布斯堡王朝的实际领导者。查理的弟弟斐迪南已被任命为奥地利大公兼克恩滕（卡林西亚）、施泰尔马克（施蒂里亚）和蒂罗尔*的统治者——他的这些领土与已陷落的匈牙利毗邻。斐迪南一直想在既有领土外再多拿下几个名分。他的连襟路易二世死亡后，机会就此降临。波希米亚议会选举斐迪南为国王，因此路易二世的两处领土中的一处要交给哈布斯堡王朝；可是匈牙利人比较固执，许多人宁可选择特兰西瓦尼亚的权贵约翰·佐波尧，也不想要外国的亲王。

但斐迪南仍不死心，他领着一支专业的德意志雇佣兵进入匈牙利，占领了部分匈牙利王国的领土。佐波尧四处求助，结果找到苏莱曼门上。苏莱曼当然希望与他为邻的是已然处于弱势的匈牙利贵族，而不是贪得无厌、其心昭然若揭的哈布斯堡王朝。出于对帝国声望和大国权术的考虑，苏莱曼向来知道他终将与哈布斯堡一战。如今这一战正迅速化为现实。

莫哈奇战役后有几年时间里，苏莱曼都在对斐迪南和佐波尧之间的斗争作壁上观，顺便也处理一下安纳托利亚的一系列叛乱事件。这些年战争频仍耗费了不少财力和人力，而且打入中欧心脏直逼维也纳大门，其后勤补给也不容易，肯定会大伤奥斯曼人的元气。

任何人要想拿下铜墙铁壁的维也纳城都需要大军，甚至要比苏莱曼1526年进攻匈牙利时规模还要大。除了人力和装备，围城也需要大量枪炮、地雷所使用的火药，炮阵使用的铁弹和石弹，士兵和劳工的口粮，还要给数以千计的马匹和其他驮畜预备

---

* 这三处在今奥地利南部和西部。——译者注

第八章 苏莱曼大帝与奥斯曼超级大国

粮草。所有这些都得从伊斯坦布尔千里迢迢运来，沿途地形崎岖，还需跋山涉水。有些必要物资可以从离维也纳比较近的塞尔维亚、波斯尼亚和被占领的匈牙利领土送来，不过协调物资的数量和运输也是个挑战。难上加难的是，时间的选择亦颇费周章。排除在天寒地冻时作战的可能后，军事行动的窗口期将十分短暂。如果出发得太早，供给和人力恐无法及时到位；出兵太迟则留给维也纳围城的时间不够。

苏莱曼和他的大军于1529年5月10日从伊斯坦布尔出发：苏丹亲兵数千，来自各省的一排排的西帕希骑兵、几百门大炮和不计其数的边疆骑兵以及随从人员。然而，他们刚出发就赶上天公不作美，敌人做不到的事，捉摸不定的气候做到了，苏丹的部队不得不放慢脚步：大雨敲打着行军的路面，冲毁了桥梁，淹没了营地，土路变得一片泥泞。他们足足走了两个月才抵达贝尔格莱德，比预计时间晚了一个月。苏莱曼直到9月27日才到达维也纳城外。连续不断的滂沱大雨使得围城重器的运输严重滞后。

即便一切顺利，维也纳这一关也很难过。早早得知消息的奥地利人已进一步加固了这座中世纪城市的城墙以抵御炮轰，还清理并加深了防御用的壕沟。为了让72门炮的炮兵和上千名枪手的视线不受障碍，守军还拆毁了数百家位于城墙外的民房。富有经验的德意志雇佣兵和刚从血腥的意大利战场赶来的、身经百战的西班牙火绳枪手，与几千名当地兵员一起在此驻守。斐迪南任命一位年长但功勋卓著的指挥官领导守军。尼古拉斯·冯·扎尔姆伯爵有50多年作战经验，曾在佛兰德斯、瑞士和伦巴第的战场上打仗，是当之无愧的沙场老将。

苏莱曼从距离维也纳三四英里的一座小山丘上矗立起的豪华红帐篷里观察着周遭的一切。由于大炮迟迟未到，苏丹的埋雷手在通往城墙的地道内埋雷试图破墙，但只弄出几个小缺口。轻型火炮无法穿透加固的防御工事。奥斯曼营地仍在承受大雨的打击，夜晚反常的寒冷天气把他们冻得不轻。每一次攻击均以失败告终，死伤人数不断攀升。守军坚守不屈，奥斯曼人的士气渐渐不支，奋勇不再。最后一次进攻中，能翻越城垛的第一人有黄金重赏，却依旧不能成功，损失更加惨重。维也纳城墙前面散落着来自阿尔巴尼亚和希腊的苏丹亲兵、来自安纳托利亚起伏丘陵地的西帕希骑兵和波斯尼亚轻骑兵的尸体，守军岿然不动。

苏莱曼最后终于下令撤退。他别无选择。当时已是10月中旬。天气不好，以后还会更坏。苏丹亲兵已处在哗变边缘，其部队的状态比他们还要糟。奥斯曼人焚毁营帐打道回府时，苏莱曼和易卜拉欣帕夏声称此战告捷，但真正的结果大家心里都有数。奥斯曼人已经达到了自己的极限。[15]

奥斯曼之道

从一方面说，维也纳围城之战可谓奥斯曼帝国的最高峰。虽然奥斯曼的边疆骑兵继续俘虏人质、焚烧村庄，在从意大利北部到波希米亚的各地不断烧杀抢夺，但维也纳的失利重挫了它，让它不再构成直接征服的威胁。苏莱曼于1532年二度出兵维也纳，却因围困一座匈牙利城堡而拖延了时日，连维也纳城都没到。

另一方面，1529年的出师不利也使奥斯曼将注意力转到对它更有利的方向（也是更令人担忧的方向）。奥斯曼对基督教世界权力之争的介入加深了，在与法国结盟反对查理五世和他的弟弟斐迪南时到达顶峰。地中海变成了苏莱曼和他的继承人与西班牙及其盟友间长达数十年斗争的主要场所。他们与海雷丁·巴巴罗萨及北非海盗结盟，使意大利和西班牙沿岸变成了交战区。伊斯兰世界的机会也在召唤。奥斯曼人在与萨非人几番对阵后，又将巴格达、底格里斯河与幼发拉底河的下游平原及河口、波斯湾沿岸纳入了苏丹的版图。就在他们对这个方向越来越感兴趣的同时，奥斯曼的海军也在印度洋现身，这支新来的队伍立即开始与葡萄牙人争夺在这片广大富饶海域上的控制权。与欧洲人一样，奥斯曼人也是大航海时代的参与者，在他们统治的欧亚大陆一隅之外的世界，他们是后来者。[16]

苏莱曼的帝国与其同时代国家相比，并非所向无敌。苏丹并未像之前的成吉思汗或帖木儿那样企图征服全世界，但他的奥斯曼帝国是当时国力遥遥领先于他国的绝对强权。苏莱曼在1542—1544年第二次真正与哈布斯堡王朝交锋时让后者饱受屈辱，虽说哈布斯堡王朝是唯一可与其一争高下的对手，但这一仗是在奥斯曼帝国的边缘、哈布斯堡王朝对手的家门口打的。

这一切都不是偶然或单纯的意外，奥斯曼此时的强盛是建立在几代统治者锐意进取以及他们手下有能力、有才干的官员打下的坚实结构基础之上的。奥斯曼的兴国大业与其基督教竞争者的先例不同且形式各异，但过程基本一致，他们的目标都是将更多权力集中到统治者手中，不论是收税权、行政管理权还是军权。不过，奥斯曼虽然在苏莱曼的统治下如日中天（并且直到18世纪都是超级大国），他们后来势衰也是这段时间效率太高的结果。苏莱曼统治时期既是黄金时代，也是西方世界的转型期，在这以后，奥斯曼人与其对手之间的结构差异对苏丹接班人而言就不那么有利了。

从本质上说，苏莱曼所继承的奥斯曼帝国是一个靠征服和攫取领土建立的国家。查尔斯·蒂利在评论西欧国家时曾有一句名言："战争造就国家，国家造就战争。"这话一样适用于奥斯曼人，战争与国家的联系对奥斯曼人而言甚至更加紧密。征服所掠夺的财富和奴隶给国家机器提供了资金，也让统治者可以继续发动战争。攫取新领土后就有更多的西帕希骑兵充当奥斯曼军队的骨干，国家还授予他们每人一块封地来养活自己。与西欧的封地不同，这封地是不能继承的，拥有人死后，其封地即回归国家。对于新近征服地区的基督徒，奥斯曼人则根据抽调壮丁法，将壮丁交与国家，作为苏丹亲兵和皇室的人才储备。奥斯曼从他们控制下的任何一块土地上，均可征调兵员、谷物、牲畜、木材、金属以及其他一次性战役或长期争战所需要的物资。奥斯曼军队行军时不会抢夺本国百姓的粮食，一般来说，他们靠的是一套复杂的后勤安排来满足所需。苏莱曼多次在日记上写到苏丹亲兵因抢劫民粮而被斩首的事。

简而言之，只要打胜仗就有办法让奥斯曼人发动更有效、更大规模的战争：士兵更多，资源更多，国家能量就更大。战争也令国家获益。奥斯曼的赋税系统由专业官僚管理，高效而井井有条，既不过于严苛也不松散无序。地方官员要定期更新自己辖区的税收登记册。非穆斯林子民要交"吉兹亚"（jizya），即人头税，这是国家最大的税收来源。农民也得交税，通常是交给封地拥有者的。在其他地区，富商联盟筹集资本买下某些地方或某些物产的征税权，给国家提供现金，然后再将征税工作分包给地方的专业人士。国家官僚对这些包税人管得很严，对于犯规者一律严惩不贷，并定期修订应收款信息。为防止财政收入停滞不前，包税人的合同每隔几年需重新续约。开矿和专门资源，即盐，又是一大收入来源。所有这些加起来让苏丹手头现金充裕，有了进一步征战的本钱。

与他的常年囊中羞涩的基督教对手不同，苏莱曼经常有预算盈余，因为他不断有大笔税收、进贡和掠夺所得流入国库。就以1527—1528年为例，国库的钱多得快装不下了：当年的盈余高达1 027 016 000艾克斯，约合235万杜卡特。这差不多是小雅各布·富格尔在查理五世竞选神圣罗马帝国皇帝时借款的4倍多，而这笔借款还是查理以未来几年的收入为抵押才借到手的。当然这一年奥斯曼的情况也特别好，不过其他几年也都有较少的盈余，如果某一年出现了赤字，通常第二年就会好转。除了这些常规的收入来源外，如遇大型战事，如罗得岛战役或维也纳战役，苏丹也会加征税收，以获得更多财富。[17]

除钱财的数量巨大外，奥斯曼的税收制度还有严密组织。士兵们定期获得粮饷，不时还有奖金和额外收入。当1525年苏丹亲兵生事时，苏莱曼将为首者处决，但也付出了20万杜卡特——远超1000万艾克斯——收买军心。1529年围困维也纳，在进行一次危险攻击任务时，苏莱曼答应给每位成功的士兵1000艾克斯的奖励。这笔奖金在希望迅速获胜的苏莱曼眼中不算什么，却相当于维也纳一名守军8个月的薪水。反观欧洲这边，参战的德意志雇佣兵、瑞士长矛兵和西班牙火绳枪手都长期处于被欠饷的状态，1527年罗马之所以遭到劫掠，就是因为欠饷。

为防止钱币流通到本地或其流通地区之外，官员们还在各级协调税单和税收。财务信息被送交中央，让苏丹的主要官员都知道账面上有多少钱，可以做多少事，但现金不在此列。行省下属村落或城镇的法官可以下令修护桥梁，或为即将到来的军事战役筹措物资，并且从可用的地方资金中拨款。接着就有官员向中央财务部门禀报这些款项的使用，以便让账目清晰。前面提到的可观财政预算和盈余还不包括这些地方小金库中的钱，以及西帕希骑兵通过封地制获得的税金。

奥斯曼国库资源充沛有余。莫哈奇之役中，苏莱曼用兵5万人，从首都出发行军600英里，途中艰险自不待言。他们面对的匈牙利部队以当时的标准来说，人数也不算少，差不多相当于弗朗索瓦一世前一年攻打帕维亚军队的规模。苏莱曼在莫哈奇战役中用的5万人在数量和质量方面均属上乘，但规模不及1522年攻打罗得岛的军队。

除了人力，苏丹和他的仆从对于手中的资源究竟有多少，可以用在哪里，以及如何有效利用它们，都比同时代其他君王掌握得更好。苏丹不需要依赖独立的军事承包商或不怎么靠谱的军需供应商，如果打仗需要大炮，苏丹可以找伊斯坦布尔的皇家兵工厂。比如说，在1517—1519年，这个兵工厂就生产了673门大炮和迫击炮，很多都是当时最大的炮。硝石是火药的主要成分，其生产由国家官员严密监管。虽然企业家在奥斯曼帝国的军需方面也发挥了作用，特别是在16世纪后期，但打仗从来就没有像西边那些国家那样私有化，那样昂贵。奥斯曼压根儿就没有葛兹·冯·贝利欣根或格奥尔格·冯·弗伦茨贝格这样的人物。在那个战争费用日益昂贵，规模越来越大的年代，奥斯曼人花得起这个钱，不愁物资和人力来源，更比对手有能力进行远途征战。当然一切并非十全十美。这套体系需要大量行政管理人员，在地方上收缴苛捐杂税，容易引起农民或相对而言比较有特权的封地拥有者的不满，而苏丹亲兵也有贪得无厌、索要无度之辈。话说回来，哪怕是只能达到这套系统一半的效率和收益的财政制度，当时的任何一个基督教国家领导人都会不惜一切代价拥有。正如马丁·路德在《致德意志基督教贵族公开书》中所说，竟有基督徒称"当代最佳统治莫过于突厥人的统治"，路德对此很不以为然。[18]

但从长期来看，西欧基督教统治者因为得想方设法筹钱——或者更重要的是让他们的银行家筹钱，所以弄出了一套越来越先进的财务工具。而奥斯曼人因为钱财和权势应有尽有，还经常有盈余，没有必要发展出让西欧国家财政发生革命性改变的长期付息国债。商人和其他有钱的债权人提供的贷款是为应付眼前开销的短期贷款，它们不能构成金融家与国家机器之间长期的、相互依赖的、最终卓有成效的关系基础。

不错，奥斯曼人没有神圣罗马帝国特有的贪婪而长袖善舞的军事企业家，也没有如小雅各布·富格尔和热那亚的投资人那样给16世纪下半叶野心勃勃的西班牙王室提供资金的人物。西欧东拼西凑的应付办法是先打仗，再还钱，最后落得债台高筑，单是支付利息就把他们压得喘不过气来，濒临破产；但这也给他们打下了必要基础。奥斯曼人越来越依赖包税制，后来又不得不仰仗有势力的宫廷官员临时而低效的高利贷救急，但这些毕竟不是长久之计。反倒是基督教西欧的那套财政机制让他们能够投资发展更昂贵的军事技术，到离家更远的地方去打旷日持久的仗，让不可一世的奥斯曼人望尘莫及。

没有预言家预料到将来的这一发展。主要制约苏莱曼及其继任者的野心的还是距离——与核心领土的距离，而不是财政治理上的缺失。1565年攻打马耳他未果，1571年在勒班陀海战失利，甚至1593—1606年与哈布斯堡王朝长期的胶着战，虽然它们都未导致帝国覆灭，但有一点很清楚，其实在1566年苏莱曼执政末期已经可以看出，奥斯曼已经不再是个东征西讨的国家。靠攫取领土挣快钱的日子已经一去不复返了，以后的战争只会更长、更苦、利润更薄，即便奥斯曼人在战争中表现并不差。面对此景，除非进行重大持续改革，否则奥斯曼人的财政制度出现裂痕将是迟早的事。

关键的转变进程就发生在苏莱曼的长期统治期间。帝国最后斩获的主要领土来自匈牙利之战和美索不达米亚之战。他曾多次御驾亲征,体现了奥斯曼王朝几个世纪以来的个人领导作风,但在他之后的苏丹鲜有沿袭此风者。在皇位激烈竞争的磨炼下,历任奥斯曼统治者,从奥斯曼到谢里姆,个个都精明能干,但在苏莱曼以后,再也没有出现这样的人才。1553 年,他亲自处决了他最有才华的儿子穆斯塔法,另外一个儿子于 1561 年叛变失败后丧生。谢里姆二世是苏莱曼唯一幸存的儿子,但他乏善可陈。他的继任者更是一个比一个差。[19]

不过,帝国也并不需要他们个个能干。奥斯曼帝国已经是一个有职业官员任职的、稳定的官僚国家。带兵打仗不需要苏丹亲自上阵,制定政策时苏丹也不需要事必躬亲,他有维齐尔、谋臣和其他重臣辅佐。奥斯曼帝国仍是一流大国,但它在最强势的时刻埋下的弱点渐渐浮出,直到完全展现。不论盛衰,奥斯曼帝国一直都是欧洲的基本组成部分,其重要性并不亚于西班牙和德意志的哈布斯堡王朝或当时的任何其他欧洲王朝。

第九章

查理五世与大一统

1517年9月20日

在劲风吹袭下,深蓝的海水迎风而起,涌上狭窄的海湾和岩滩时卷起阵阵白色浪花。豆大的雨点自天而降,却被狂风吹成了近乎水平方向。

几只小船在汹涌的波涛中挣扎。透过瓢泼大雨,小河入海口的两侧已隐隐可见崎岖嶙峋的岩石和树林密布的山丘。这个小海湾太小,无法在前方的船队抛锚后为其提供任何保护,船的棕色桅杆在迷雾中若隐若现。

最前面的一艘船中坐着一位身着厚重斗篷、歪戴着时尚宽檐帽的年轻人。他名叫查理,继承了他那以冲动和勇敢著称的祖父的名字。没有胡须的遮挡,年轻人的下巴更显得突出,闭不拢的嘴部不断吸进海风带来的咸湿空气。一头棕色的长发披散在脖子周围。在船向河流挺进时,他一言不发。他不爱说话。查理因为舌头不好使,下巴又长得怪,讲话比较费劲,所以他宁可让别人替他说。虽然才刚刚成年,但以他的地位,他正好有这个特权。

"这应该就是西班牙了。"查理心想,将帽檐往下拉了拉,挡一挡扑面而来的雨。这里与他成长的环境可大不一样。阿斯图里亚斯沿岸起伏的山峦和巉岩与低地国家平缓的海岸和一望无际的冲积平原有天壤之别。左思右想后,查理意识到他其实对西班牙所知甚少。这是他第一次到访,观感不怎么样。这个笼罩在低沉乌云和迷蒙暴雨中的小海湾并非他原来的目的地,他们是受天气所迫才来到这个破敝的海港的。西班牙的新国王来到他自己的王国时,在这里登岸确实不合适,尤其他是个外国人,本来很想在子民面前风风光光地登岸的。

见到陆地时,查理还是很感谢上天的。从泽兰登船后的十天旅程因风向不对而十分不顺畅。他咳了一声,感觉要打喷嚏。他虽然定期打猎骑马,但身体并不是特别强壮,周围的人老是担心他的健康。如果查理有个三长两短,麻烦可就大了。他身上流淌着的许多王室血脉将就此中断。对这位才不惊人、貌不出众的17岁青年来说,这诚非小事,而对整个欧洲大陆而言,这是件关乎其政治未来的大事。[1]

这位西班牙的新国王是卡斯蒂利亚的伊莎贝拉与阿拉贡的斐迪南的外孙,也是神圣罗马帝国皇帝马克西米利安与勃艮第的玛丽的孙子。他们辖下的大片土地——格拉纳达和阿斯图里亚斯、西西里和那不勒斯、佛兰德斯和荷兰、奥地利和蒂罗尔——都将归他所有。几年后,小雅各布·富格尔的钱又帮他买到了神圣罗马帝国的皇位。新大陆的阿兹特克和印加王朝遭遇的残酷到震惊了世界的镇压,就发生在他在位期间,这些种族灭绝性的征服所带来的物质回报充实了他的财库。马丁·路德，这位不怎么谦逊的维滕贝格教授兼修士就是在这位年轻皇帝的辖区内成为赫赫有名的煽动家的。查理虽多次努力，但都无法阻挡此人声名远播。葛兹·冯·贝利欣根拿了查理的钱，为他的军队卖命。查理也曾和手下们一起从维也纳城门出发到北非的沙漠，多次与苏莱曼大帝对阵。

兴国大业和王朝兼并、帝国扩张以及金融家的无孔不入是这个时代的大趋势，而这一切在查理身上全数体现。他的作为——或许更多的是他的不作为——让宗教改革的烈火越烧越旺，使马丁·路德变成了改革运动的活烈士。查理成为当时最位高权重的基督教统治者，既是必然，也是让人难以置信的偶然，是几十年间深层结构转变的结果，也是生与死、法律细则和精神疾病等偶然因素造成的结果。皇帝本人既是居于这一张因果大网正中间的蜘蛛，又是身陷其中无法挣脱的受害者。他无所不能，又样样都不能，被时代诸多事件裹挟，可谓权倾一时，却又无能为力。

从这个意义上讲，查理是这个时期欧洲的化身。他是勃艮第公爵、西班牙国王和神圣罗马帝国皇帝，如此广阔的大陆就因为他所主张的统治权和他的血脉，被整合在了一起。他是终点也是起点，是结果也是起源。

一位不怎么出色的年轻人

1521年，查理21岁那一年在沃尔姆斯会议上与马丁·路德对阵，当时他是勃艮第、布拉班特、洛捷、林堡和卢森堡公爵，那慕尔侯爵，勃艮第的宫伯，阿图瓦、夏洛莱、佛兰德斯、埃诺、荷兰、泽兰和巴塞罗那伯爵，卡斯蒂利亚、阿拉贡、西西里和那不勒斯的国王，神圣罗马帝国皇帝以及罗马人的国王。他那时才将承袭自他祖父马克西米利安和哈布斯堡家族一连串祖先的奥地利大公的爵位让给了他弟弟斐迪南不久。他拥有如此得天独厚的条件，既是机缘巧合，也是继承体制运作的结果。

拥有如此多的头衔，如此多的土地、税收和随之而来的臣民，查理因此成为数百年间或有史以来，欧洲最有权势的统治者。除了法国、意大利少数地块、英伦三岛（不列颠群岛）和斯堪的纳维亚，几乎整个中欧和西欧都认他为最高领袖。

一个人是如何集如此多的头衔、如此多的统治权于一身，使其领土从多瑙河畔的大平原一直延伸到直布罗陀海峡岩岸的呢？答案是这是两个主要王系，奥地利的哈布斯堡王朝世系和西班牙的特拉斯塔马拉王朝世系，几个世纪累积的结果。

中世纪晚期的欧洲到处都是贪得无厌的贵族家族。所有这些人，从英格兰中部最底层的乡绅到法国珠光宝气的统治者，都在绞尽脑汁争夺、购买新土地和头衔，最常见的是通过联姻的方式。无数大大小小的战争，小到只有几十人参与的地方仇隙，大到有几万名士兵参与的国际冲突，往往都是因争夺这些土地和头衔而起的。手边幸运地有流动资金的人还可以从当前统治者手中直接买到新的土地或头衔，也可以用钱贿赂代议机构来承认自己主张的统治权。一桩婚姻就可能打乱一个郡、一个王国甚至整个大陆的权力平衡，其影响大小取决于通过婚姻能继承的统治权有多少。这对于贵族来说可是绝对严肃的事件，同时也是他们平日自娱自乐、心心念念的所在。

这些家族之中最为成功的当数哈布斯堡和特拉斯塔马拉。哈布斯堡家族一开始只是在今日瑞士的阿尔高有一座城堡。后来他们得到了奥地利公国，此后即一帆风顺。至13世纪，王朝成员当选神圣罗马帝国皇帝。1438年以后，这一帝位一直掌握在哈布斯堡家族手中。查理的祖父马克西米利安更可谓一步登天。除了他继承的领地外，他还获取了他的堂表亲西吉斯蒙德出产银矿的土地蒂罗尔。更重要的是，他娶了勃艮第的女继承人玛丽为妻，玛丽是"大胆查理"唯一的后人，故而在这位公爵死后继承了所有在法国周边的土地和统治权。接着马克西米利安的父亲腓特烈于1493年逝世，马克西米利安又当选了神圣罗马帝国皇帝。其实这也是意料之中的事。[2]

特拉斯塔马拉家族亦非等闲之辈，除了西班牙的两大王国卡斯蒂利亚和阿拉贡之外，他们对其他地方也有一系列统治权。最值得一提的就是西西里和那不勒斯。伊莎贝拉与斐迪南本来就是表亲，两人结婚后他们的统治权都归长女胡安娜。经过几番精打细算，胡安娜与"美男子腓力"成婚，他是马克西米利安与已故的勃艮第的玛丽的儿子，或许是哈布斯堡王朝唯一长得俊俏的人。

腓力与胡安娜的婚姻中争吵不断，腓力频频拈花惹草，令胡安娜十分痛苦。她是天生就十分敏感，还是多少有些精神疾病，此事众说纷纭，有人说她有严重的抑郁症，有人说她有精神分裂症。但可以确定的是：先是她丈夫，在她丈夫死后是她残暴且权力欲极强的父亲斐迪南，都声称她的精神状态无法亲政。他们给别人这样的印象，主要是为了让自己在政治上受益；因为这就意味着腓力和后来的斐迪南可以在她的头衔和权利上做文章，而她或任何其他人都无权干涉。[3]

查理生于1500年，是腓力和胡安娜的长子，他从出生之日起就被卷入这个私人关系和王朝强权政治交织的极度异常的怪圈中。他基本上是在勃艮第统治的尼德兰长大成人的，父母亲都没怎么照顾过他。腓力和胡安娜在1506年前往西班牙，填补了因伊莎贝拉女王过世而空缺的卡斯蒂利亚王位，不久后腓力即在西班牙逝世。胡安娜因丈夫身亡，感情上和政治上都痛失依靠，有十多年的时间没有去看自己的长子。她的父亲斐迪南不愿意放弃对卡斯蒂利亚的统治，他自妻子1504年逝世后一直将统治权据为己有；而唯一确保他能继续使用卡斯蒂利亚的资源来满足他对那不勒斯和西西里的野心的办法，就是宣称自己的女儿无力行使女王的统治权。他下令将胡安娜关在一所修道院中。她与外界接触的机会少得可怜，更别说与自己远在800英里之外佛兰德斯的儿子联系了。[4]

虽然伊莎贝拉亡故后，斐迪南曾再婚，但他没有留下可以继承阿拉贡、西西里和那不勒斯的子嗣。他一旦亡故，这些王位都将留给他的长外孙——年纪轻轻的查理。在斐迪南监禁女儿后由他代理执政的卡斯蒂利亚王位也将同样归查理所有。又因为查理是美男子腓力的长子，勃艮第下辖的所有土地，包括荷兰、布拉班特、佛兰德斯和埃诺等地，本已归他。本来马克西米利安的奥地利大公爵位——最有希望当选神圣罗马帝国皇帝的位子——应该由他的儿子腓力继承，如今只能传给长孙了，而他的长孙正是查理。

两个欧洲最贪得无厌的王朝经过几个世纪的努力，包括常年征战、收买和进行于己有利的联姻，才让这个大孩子有了今天的地位。到中世纪晚期，有势力的王朝通过兼并原来属于不同领主的土地而越发强大。这当中有一部分是结构使然，是当时占主导地位的集权力量和军事技术与政治技术变迁的结果。但是这些继承的世系都集中到查理一人身上，也是一系列意想不到事件的结果："大胆查理"1477年战死疆场，勃艮第的玛丽5年后因骑马意外不幸身亡，伊莎贝拉和斐迪南唯一的儿子体弱多病早早归西，"美男子腓力"刚一登上卡斯蒂利亚王位竟骤然离世，胡安娜女王又因精神原因无法亲政。

查理之所以能够赢得大量疆土并因此身负重任，显然不是因为他本人有任何作为，而完全是因为他的出身。近代有名的传记作家杰弗里·帕克在给查理作传时曾有这样一段话："说起年轻的查理，几乎人人都觉得他乏善可陈。"[5]

对于即将权倾一时的统治者而言，这并非吉兆。

来到西班牙

作为一个年轻人，查理一点儿也不独立，或者按评论家的说法,他根本没有任何值得一提的地方。在公开场合,不论是吃饭还是正式谒见场合,他的特点就是一言不发。别人很难判断他究竟是比较迟钝,还是本就沉默寡言。也有一些展现他个性的零星故事,可是也不足以让我们洞悉他这个人。查理12岁那年,他的一个仆从因想让小主人辞退自己的对手而遭到了查理的斥责。他不喜欢别人在他面前用粗口,他一向就事论事,也不喜欢别人拍马屁或进谗言。

关于查理的记述无非就是这类再普通不过的事情。他的祖父和外祖父都曾为得到自己所爱的人冒险策马骑行,就像侠义的骑士、年轻英雄的爱情故事一样,马克西米利安于1477年娶到了勃艮第的女继承人玛丽,斐迪南1469年娶到了伊莎贝拉。这类事情查理从来没做过。

总的来说,他行事均依赖重臣——有人认为他过于依赖他们了,这些人包括谢夫尔领主威廉·德克洛伊(William de Croÿ, Lord of Chièvres)和乌得勒支的阿德里安,即未来的教皇阿德里安六世,等等。唯一一件或能表明他未来意图的事就是他曾用自己的匕首在布鲁塞尔住所的窗台上刻下了一句话,即"更上一层楼"(plus oultre)。这句话翻译成拉丁语是"Plus Ultra",在未来40年里成了他的座右铭。这位年轻人肯定是从别人念给他听的特洛伊战争的英雄故事里找到了这句话。[6]

1517年,就在下船踏上他的新王国西班牙的海岸时,他面对子民也没说什么,查理并不是一位相貌堂堂的年轻人。他身材中等,拜常年狩猎和骑马所赐算得上健康,他相当喜欢这类活动。可是他那张脸绝对谈不上俊俏。首先他的下巴十分突出,致使他那张在尖尖的大鼻子下面的嘴呈现微张状态。画像师再有技巧,再想讨好主子,也改变不了这个现实。然而,这一切似乎并不影响他对女性的吸引力,查理一生风流成性,如同当时大多数上层贵族男性一样,早早就开始了放荡不羁的生活。身边的侍女、贵族女性、市民的妻女、家中的女佣等都是他的猎物,他起码有私生子女四人。他也没冷落妻子——他的表妹,葡萄牙的伊莎贝拉——他们育有子女七人,其中三人得以长大成人。[7]

相貌不出众也就罢了,他的脑子更谈不上灵光。当时一位威尼斯的外交官是这么说的:"他没说几句话,不怎么聪明。"一位英国人就不那么含蓄了:"卡斯蒂利亚国王是个傻子。"用当时贵族的标准来看,查理应该是接受了不错的教育,但说不上勤奋好学,对卡斯蒂利亚语或阿拉贡语他都一窍不通。尽管学拉丁文多年,他也没学好。法语是他的母语,也是他运用最自如的语言。[8]

他之前从来没有到过西班牙,也与这个新王国主要的政治掮客和贵族没有任何直接的私人关系或政治关系。他的谋臣和助手全部来自欧洲北部,多半讲法语或佛拉芒语,间或夹杂荷兰语和德语。

这一点尤其不妙。他的新子民对他一无所知,他对他们也一样。总之,查理所到之地与他只有王朝关系,而无人际关系,没有人质疑他的统治权,但他确实毫无治理经验可言。这就是数百年政治联姻和贵族间接近乱伦的近亲繁殖的必然结果。这并不是首次有一位统治者来到全新的国度,但是像查理这样对他庞大、强势、内部错综复杂的王国如此不熟悉的情况还是头一遭。由于他不熟悉情况，挑战自然升级，那些原来风平浪静时都难以处理的问题变得更为棘手了。

其实在查理尚未从勃艮第统治下的尼德兰启程时，他对这些新近获取的大片土地的管理失当就已经开始了。查理在外祖父斐迪南刚刚故去时就以新国王自居，而他的母亲当时依然健在，阿拉贡的王室会议对此颇有微词。"我们认为殿下不应迈出这一步，"他们在1516年2月写给他的信中如此表示，"这既不符合宗教法，也不符合世俗法。殿下确实和平地得到了这个国家，无人否认您今后有治理权，如何治理悉听尊便，您可以对全国上下发号施令。但在我们的女王陛下在世之时，实无必要使用国王称号。"这番话或许不切实际，胡安娜也许还会活很长时间，而王子到底不是国王，但查理和他的谋臣好歹也应该考虑一下人家表达的保留意见和反感才对。

他们还是我行我素。另外，他们并没有立即前去接管王位，年轻的国王和他的谋臣决定暂时留在布鲁塞尔，听取这个王国从格拉纳达到那不勒斯一切无恙的报告。这么做也并不全错：红衣主教希门尼斯·德·西斯内罗斯曾是伊莎贝拉和斐迪南手下的长期咨议，他作为大权在握的卡斯蒂利亚摄政，似乎把每件事都安排得很妥当，而那不勒斯的总督也刚平息了一场由斐迪南死讯传来引发的小暴乱。所以查理连西班牙国土都没踏上，就信心满满地下令对北非的阿尔及尔港开战。他和谋臣们，主要是谢夫尔领主，更担心的是不可一世的法国新国王弗朗索瓦一世，恐怕他会威胁尼德兰，而不担心千里之外的西班牙。[9]

没过多久，情况就开始不妙了。攻打阿尔及尔被证明是自取其辱。西斯内罗斯也不能尽数掌控卡斯蒂利亚，贵族大公对他颐指气使的态度、他的贪婪和他没有明确得到统治委任权都很有意见。有人甚至亲赴布鲁塞尔向新国王告状。他们告诉查理，除非他在 1517 年 10 月到西班牙去，否则议会就在没有他的情况下开会。到时候会不会出现叛变或更糟的事就不好说了。

所以查理才在 1517 年 9 月 20 日在西班牙北部登岸，此地既非计划中的目的地，也远非他心中的文明之城。从小小的比利亚维西奥萨港到他久未谋面的母亲被监禁的托德西利亚斯，路上花了几个月的时间。查理在旅途中患病，服用犀牛角研磨成的粉末和其他各种药物均未见效。路上不论是住宿还是饮食条件，都与他在勃艮第宫廷里习惯的锦衣玉食没法比。他因为要去托德西利亚斯，自然就无法立即奔赴巴利亚多利德开会，西班牙的权贵们只好耐心等候他的加冕和接见。所有这些都没让西班牙给查理留下最初的好印象，反之亦然。[10]

1517 年 11 月初，就在查理刚登陆，准备前往托德西利亚斯不久，西斯内罗斯逝世。不论他有多少缺点，他到底是西班牙政界耆老，是掌管行政和决策长达几十年的宿将，同时也是查理的外祖父母成功统治的鲜活证明。这位红衣主教还兼任西班牙最重要、最富有的教区托莱多的大主教，他的去世令这个主教位立即出缺。没有了西斯内罗斯已经够糟了，更糟的是国王竟然任命一名乳臭未干、年仅 19 岁的外国人，谢夫尔领主的侄子，来担任这个年薪 8 万杜卡特的职位。这显然有违伊莎贝拉的遗愿,因为遗嘱中规定了神职官员不得由外国人担任。查理此举已经犯规,在托莱多问题上犯规可是大事。同样重要的是,阿拉贡的阿方索是西班牙的一大权贵,他是斐迪南的私生子、萨拉戈萨大主教,自他父亲死后即担任阿拉贡摄政职位,他也想要托莱多这个位子。查理不但没把大主教职位给阿方索,还告诉他这位叔叔不必求见,人人都觉得他这样做粗鲁无礼。[11]

这些比起他对待自己 14 岁的弟弟小斐迪南的态度,都是小巫见大巫。查理在佛兰德斯长大,是位地地道道的勃艮第王子,小斐迪南则一辈子都没离开过西班牙。小斐迪南与擅长权谋的祖父斐迪南同名(据称连权谋大师马基雅弗利都对他祖父十分佩服),而且还跟祖父同一天生日。他是一位地地道道的西班牙王子。在老国王过世前,查理的代表、乌得勒支的阿德里安,与阿拉贡的斐迪南经多次协商后同意,给老斐迪南最钟爱的后生小斐迪南一笔财产,但查理全然不顾这些。他在去萨拉戈萨的路上,曾答应给小斐迪南建立自己的宫廷,结果却把小斐迪南外派到他见都没见过的尼德兰去。而且查理还刻意让他弟弟与自幼一起长大的伙伴分开。原来,因为阿拉贡这个地方不太好管,一些有权势的阿拉贡人开始酝酿立小斐迪南为国王来取代查理。新国王不愿冒这样的风险,于是决定牺牲弟弟的幸福来成全自己。

出于政治考虑他这么做可能是合理的,但的确太冷酷无情了。不过,小斐迪南的境遇还是比胡安娜强。查理坚持继续关押胡安娜,让这位女王生活在一个虚幻世界中无法逃脱,连她父亲去世的消息都瞒着她，也不告诉她外面世界都发生了什么大事。其实这样做本无必要，根本没有人吵着要胡安娜复出，再者说，这样做也极其残忍。

年轻的查理就这样开始了他对西班牙的统治：赶走了他的新子民已然熟悉的王子，孤立他的母亲，侮辱他那当摄政的叔叔，让他的宫廷里充满瞧不起西班牙人的外国顾问。即使他的统治还有积极的一面，比如他很快就学会了卡斯蒂利亚语，而且慢慢能够在公开场合自己开口说话了，这些积极面也远远不能抵消他的过失。他在新王国中慢慢上路了，开始接见重要人物，通过答应给这些团体（卡斯蒂利亚国会、阿拉贡和加泰罗尼亚的议会）一些好处将收税权哄骗到手。西班牙是一个为了决定国家究竟由谁做主而经历了十几年战争的国家，一个表面之下有诸多势力暗流涌动的国家，有没有哪位统治者能驾驭这些势力，这个问题还值得商榷。但查理肯定没有这个能力，果然不到几年的工夫，就爆发了严重的公开叛乱。城市公社（Comuneros）起义很快就以查理来到这个新国度之前无法想象的方式，威胁到了他最重要的领地。

买得王位

在城市公社点燃西班牙战火前，这位年轻国王心里还惦记着其他事情。1519年1月下旬，也就是他在新国度登上王位的一

第九章　查理五世与大一统　　289

年半以后，查理得知了祖父马克西米利安过世的消息。

这对他个人而言非常不幸。除了他那位两度守寡、十分能干的姑姑玛格丽特——她曾任勃艮第领地的摄政，对年轻的王子视如己出——马克西米利安对查理一生影响最大。这位老皇帝喜欢夸夸其谈，总有凭自己的能力无法实现的雄心壮志。虽然他的才华也有偶然迸发的时候，但大部分时候干的都是傻事，这一点他的同时代人、他父亲腓特烈三世和他女儿玛格丽特都很清楚。马克西米利安成不了气候，连他自己也承认。"你看，我为这个帝国献上了我的血、我的钱和我的青春，结果一事无成。"1513年，他第一次想给自己的孙子谋取王位时，曾向普法尔茨伯爵腓特烈如此说道。查理是马克西米利安的后嗣，是他刻意栽培的对象，是他对自己王朝未来的所有希望所在。如今西班牙和勃艮第的资源已然到手，查理眼看有希望完成马克西米利安未竟的事业。他老人家费尽心思、绞尽脑汁，机关算尽却总未得逞的骑士美梦，有可能在他长孙身上成为现实。[12]

马克西米利安的过世对这位18岁的年轻人来说无疑是重大打击，在他的成长过程中，身边的成年人本就屈指可数；同时，此事也引发了一场最重大的政治危机。年轻而野心勃勃的法国国王弗朗索瓦一世在位没几年，已经战功赫赫。1515年他亲自率兵在意大利北部马里纳诺击溃了强劲的瑞士军队，这一战让长达8年的意大利战争在有利于法国的条件下画上了句号。战场上连连告捷后，他的声名不胫而走，弗朗索瓦也夸下海口，愿意为争取神圣罗马帝国的帝位出个好价。选帝侯们当然也不傻，表示愿闻其详。别的不说，他们总可以利用弗朗索瓦这一番表态——以及似乎也有意参加角逐的英格兰国王亨利八世的态度——让大家为争取他们的选票而竞标。

虽然查理对德意志各地方言均一窍不通，他与德意志的渊源并不比弗朗索瓦或亨利更深，也从未踏上广大的德意志领土，但他怎么也不愿意眼睁睁地让他祖父的帝位落入他最大的竞争对手囊中。弗朗索瓦对查理在意大利的米兰和那不勒斯的领地也十分垂涎。更为严重的是，起码从查理的角度来看，弗朗索瓦一直就是他的勃艮第属尼德兰领地的一大威胁。一想到弗朗索瓦有可能像前几代法国国王那样领军北伐阿图瓦、佛兰德斯和布拉班特，这个年轻人的胃里就会翻江倒海。查理是在那里长大的，他仍然认为（也一直认为）自己是勃艮第的王子，那些领土永远是他朝思暮想的、最惦记的地方。

马克西米利安死前已经为这一天的到来筹划了很久。在他最后一次出征意大利以闹剧收场、自身健康每况愈下的时候，他更加努力，欲穷尽最后的精力促成他孙子的当选。

神圣罗马帝国的皇帝由七位选帝侯选举产生，他们是美因茨、科隆和特里尔的大主教们，波希米亚国王，勃兰登堡藩侯，统治莱茵兰地区零碎领土的普法尔茨伯爵，以及萨克森公爵。每一位选帝侯的选票都有价格，马克西米利安于是开始盘算他们要什么价，如何筹到这笔钱。他当时已债务缠身，一文不名——马克西米利安多次向小雅各布·富格尔借 1 000 弗罗林的小额贷款以支付家庭开销——老皇帝自己已经无法拿出钱款。可是他的孙

第九章 查理五世与大一统

子却有两个闪闪发光的新王国，他可以打这两个地方的税收的主意。

查理一开始答应给他爷爷10万弗罗林来买皇位，这绝对是一笔大数目。可这还远远不够。"如果你真想要这顶皇冠，在资金上就要倾尽所有。"马克西米利安把话说得很明白，他不但要钱，还想安排他认为合适的婚姻大事。在一个星期没有等到满意答复的情况下，马克西米利安又修书一封，这一回不但更加直言不讳，而且还极尽操纵之能事。"如有任何疏忽，我们一生为巩固我们家族地位、光耀后世所付出的所有心血，就会因为你的过失而付诸东流，危及我们的王国、领地和统治，并祸及子孙。"[13]

当时担任勃艮第与西班牙两地财务总管的谢夫尔收到了马克西米利安的财务总管雅各布·威林格言辞更激烈的来信。"兹事体大，你应该是知道的，且容我再次提醒你，"他写道，"(查理当选能够)让我们的敌人和对我们不怀好意的人自此臣服；反之，我们将身陷痛苦混乱的深渊，仅留下日后无尽的遗憾……这番话你得好生听取，否则我们只有失败一途。可别再掉以轻心了！"[14]

马克西米利安毕生都在为此努力，他认为必要时也不惜花光孙子的钱。老皇帝花起别人的钱来一向慷慨，行将就木时更没有理由改变作风。就在他死前，马克西米利安与选帝侯们达成了临时协议，答应给每一方先付50万弗罗林，以后每年还追加养老金和各种奖励共计数万弗罗林。可是1519年1月12日，没等协议签字、封印和送交，马克西米利安就溘然长逝了。

他一死，以前的安排一律作废。弗朗索瓦的外交使节明确忠告莱茵-普法尔茨伯爵，法兰西国王"强势、富有、尚武、能征善战"，这番话在鼓励之中也隐含威胁。弗朗索瓦曾给一个德意志使者写信说："只有用金钱或武力才能得到你要的东西。"他是做了两手准备的。比起威风凛凛、功成名就的弗朗索瓦，不成熟、毫不起眼的查理根本不是对手。法国军队进入神圣罗马帝国境内以示捍卫弗朗索瓦的领土主张，已经没有什么可以阻挡他们了。[15]

但查理仍想不惜一切代价力挽狂澜，他沿袭了马克西米利安对凡事的解决之道：运用小雅各布·富格尔的信任。富格尔也不傻。他在哈布斯堡商界已摸爬滚打三十余载，这些年更是赚得盆满钵满。承担购买皇位的财务代理一职肯定会给他带来连做梦都想不到的更多商机。为什么？因为西班牙和那不勒斯再加上继承而来的奥地利领地和勃艮第在低地国家的领地，这么大的财政基础在欧洲历史上绝对名列第一，借钱给这样的王室必将让他有个财源滚滚的未来。于是富格尔几乎想都不想，就拒绝将弗朗索瓦国王的信用证兑成现金，转而同意立即借50万弗罗林给查理。这笔贷款是用西班牙未来的税收做抵押的，奥格斯堡做会计的能人一定仔仔细细估算过，不会有差错。

查理当选的关键正是欧洲大陆的大量资金通过以奥格斯堡为中心的金融网络的输送。查理祖先的显赫地位和他满怀雄心壮志的爷爷能让他成为神圣罗马帝国皇帝的候选人，但为他买得皇冠的是富格尔家族和他们所代表的金融世界。

第九章 查理五世与大一统

自不量力

到 1520 年，查理就已经取得了他未来 35 年人生拥有的全部头衔和统治权。所有这些加在一起，让他成了在查理曼之后欧洲势力最大的统治者。这位新皇帝管辖的疆域直抵北海、波罗的海、亚得里亚海、大西洋和地中海，甚至还有远在加勒比地区和太平洋的鲜为人知的新世界领土。欧洲一些最富庶的地区，如佛兰德斯、德意志南部以及安达卢西亚的许多繁忙的港口也在他辖下。他当选神圣罗马帝国皇帝也意味着他将统管这些地区的财富以及它们的金融网络，这些都共同为查理的皇权所用。

在许多观察家看来，查理代表了统一君主制的可能性。统一的君主制就意味着普世的和平，也是中世纪根深蒂固的世界观的胜利，虽然这种世界观有许多方面，有教皇的宣传、但丁和罗马法等多个不同来源，其中心思想是一套普世信仰和一个普世教会的管理。这种普世化的传统，即使在新兴的人文主义已经提出关于统治权和教会作用的新观念的年代，在欧洲大陆的知识分子间依然强势且流行。查理的新财务大臣莫丘利诺·德·加蒂纳拉是一位颇有经验的意大利法学家和行政官，他借查理之口在卡斯蒂利亚国会上发言时，就讲到了这个普世化的主张："我深信，德意志与上帝同在，奉上帝之旨意与命令建立帝国……因为只有来自上帝本身的才是帝国。"[16]

查理所拥有的统治权超过史上任何统治者。但是这么多权利的碰撞既是好事也是制约。除了查理在个人层面上拥有这些权利以外，它们并未得到整合。他有布拉班特公爵的头衔，但这与他是那不勒斯国王之间并无关联，那不勒斯王国的子民心中设想的统治者也与布拉班特公国子民的想法不一样。一个地方的税收要转到别处去并不容易，甚至不可能。如果他需要钱去打仗，他得分别到神圣罗马帝国的帝国会议、卡斯蒂利亚的国会和阿拉贡的议会要钱，而它们只不过是这片土地上众多代议机构之中的三个。他每一块领土上的百姓对统治者都有不同的期待，对他应该为他们做什么有不同的想法，对自己的最终利益所在也有不同立场。不论他怎么宣称统一君主制，不论他用什么样的仪式和符号来表现他对世界的统治，不论他的谋臣做了多少意识形态宣传，查理还是指挥不动他的百姓。

查理对米兰公国有什么个人意图，或者他要不要为了维护格拉纳达和西西里岛沿岸的安全而出征北非阿尔及尔港，这与布拉班特的贵族或萨克森的神职人员有什么干系？在皮卡第与法国国王一战，会让那不勒斯的巨贾受益吗？西班牙沿岸巴斯克港口的羊毛商人，需要缴税支持在匈牙利与奥斯曼人的战斗吗？这么一问，查理的权力和能力的限制就不言而喻了。

这就是查理统治下的核心难题。不管他在理论上有多么强大，一个人统治这么多不同的领土——每块领土有自己的贵族、等级、问题、关切、政治结构和特性——真是说多难就有多难。查理工作勤奋、毫不含糊，清晨即起，整日处理公务，但这个工作量绝非任何一个人承担得了的。当叠床架屋的中世纪政治对各种权力的限制，与兴国大业所提供的无限可能交会时，查理就发现各方的责任和支持者的利益各不相同，让他莫衷一是。

矛盾和问题立即显现。查理在1520年年初离开西班牙，前往神圣罗马帝国内部的新领地。没过几个月，卡斯蒂利亚就爆发了大规模叛乱，亦即人称的"城市公社起义"。托莱多、布尔戈斯、巴利亚多利德和许多其他城市都发生了暴动和骚乱。叛乱波及范围很广，起因是这些城市对现况极度不满，而且它们都有很强的认同感，于是大家一起宣泄怒气。但乡下的骚乱针对精英而来。起义者在托德西利亚斯游行，并释放了女王胡安娜，打算用她来取代她的儿子。

远在德意志的查理正忙着别的事，并未对事态的严重性太上心。他在西班牙的代表，乌得勒支的阿德里安，并不是伊比利亚人，他不清楚叛乱的根源和群众的不满程度。查理本人其实也不清楚，他还在催手下官员上交西班牙叛乱者所控制地区的税收。这在任何其他情况下都可以称得上是不折不扣的荒唐之举。对查理而言幸运的是，胡安娜拒绝被人当枪使，年轻的国王最终任命了能干的人来辅佐他，他们召集军队，用武力敉平了叛乱。一波未平一波又起，巴伦西亚也同时出现了同样严重的骚乱。与卡斯蒂利亚一样，这里也是兵戎相见后才化解危机。后来查理又进行了严厉镇压，比如在巴伦西亚处死了许多人，萨莫拉的主教受刑后被斩首，还有巨额罚金。叛乱终于结束。但这些严厉的手段并不能解决引发叛变的代议制、税收和王室的控制等根本问题。[17]

西班牙只不过是查理众多统治地区中的一个。几乎就在同时，这位国王兼皇帝还得处理一个名叫马丁·路德的奥古斯丁会修士到处散播奇谈怪论的问题。路德在沃尔姆斯会议表态时，正值卡斯蒂利亚城市公社起义和巴伦西亚行会叛乱之时。也难怪查理在苏莱曼大帝向贝尔格莱德进军时，无意向他的连襟、匈牙利国王路易二世伸出援手——这件事也发生在同一时间段里。查理确实忙不过来，也顾不上奥斯曼进军中欧会带来什么战略影响了。

重要的事情就这样一件件被疏忽了。皇帝无暇他顾。查理的一生和他的统治就是这样忙忙碌碌、丢三落四，随着时间的推移越来越糟。

发动战争，制造和平

查理在行使权力方面，面对着多重障碍，但只要他打定主意要做某一件事，事成的可能性也近乎无限大。受加蒂纳拉和其他理论家的熏陶，查理对统一君主制的概念深信不疑。他还认为他有责任追求哈布斯堡和特拉斯塔马拉之前诸王所主张的权利。但是他并没有一套完整的战略和统一的目标，也没有仔细考虑权力的平衡，没有深入了解和平或冲突的风险和机遇。查理和他的谋臣都不傻——绝对不傻——只是他们的计算跟我们的根本不同。战争是国王的本职，也是消遣。它自有一套逻辑和理由。[18]

查理的尚武雄心有的是发泄口。他是在意大利战争消停的当口获得西班牙国王和神圣罗马帝国皇帝之位的，而这一系列冲突从1494年以来就让意大利和欧洲大部分地区饱受战争之苦。他

第九章　查理五世与大一统　　297

的祖父马克西米利安和他的外祖父斐迪南都曾在不同时段深度介入这场战争。在这场无休止的战争中，特拉斯塔马拉这一支要比哈布斯堡这一支获益更多。多年来，马克西米利安花钱无数、玩弄权术、暗箭伤人、见风使舵，结果什么便宜也没占到。而斐迪南得到了引发这些冲突的那不勒斯王国，并让自己的王朝在意大利站稳了脚跟。那不勒斯如今归查理所有，所以意大利对他而言有长远利益。然而，值得留意的是，在获得了一系列头衔和土地之后，他的领土从皮卡第延伸到加泰罗尼亚，就与法国国王弗朗索瓦一世的领土接壤了。

甚至在卡斯蒂利亚发生城市公社起义和马丁·路德在沃尔姆斯宣称自己并无悔意之时，两支法国军队已经开始行动：一支在法国东部沿默兹河而来，另一支则进入了西班牙北部的纳瓦拉。更糟糕的是，法国国王还鼓动莱茵河畔强有力的小贵族格德斯公爵入侵查理在弗里斯兰的领土。这三桩威胁查理都得应付，它们只不过是威胁他领土和权威的一系列军事挑战中的第一批。

虽然它们发生在远离意大利半岛的地方，但这些接触又点燃了新一轮意大利战争的对峙。各方势力从1494年以来就不断拉帮结派，变换阵营，将战场从阳光普照的意大利南部一直拉到英国北部的沼泽地。战争把西欧的每一个大国都拉了进来，包括英格兰和苏格兰，还一度让威尼斯共和国面对法国、西班牙、神圣罗马帝国与教皇的联合。马克西米利安皇帝多次倒戈，希望在混乱中讨一点便宜（通常都无功而返）。不过大多数时候，冲突的主角就是法国和西班牙，战场则多半在意大利。法国国王与阿拉贡的国王都主张自己对那不勒斯的权利，意大利各小国被迫要选边站。最后的结果是到 1521 年雇佣兵部队已将意大利半岛各地蹂躏殆尽，烧杀劫掠无所不为，不时还大规模地相互厮杀。

现在轮到查理接下祖父和外祖父的重任，继续与法国长期较量，尽破坏之能事了。1521—1522 年冬，查理和他的谋臣花了不少时间琢磨这个仗要在哪里打，不过这也没有耽误皇帝在这段时间里至少有了三个私生子，也没耽误他打猎和打网球。他到英格兰访问了相当长一段时间，因为英格兰国王亨利八世娶了他的姑姑凯瑟琳，而他当时已经跟他们的女儿玛丽定亲。在没有查理直接参与的情况下，一支由西班牙职业军人和他出钱雇来的德意志雇佣兵组成的军队，在一个名叫普罗斯佩罗·科隆纳的有经验的意大利雇佣兵的指挥下，于 1522 年 4 月于比可卡重挫法国军队。1522 年年底，皇帝回到西班牙度过了一段美好时光，并监督对城市公社叛乱者的惩罚。另外，法国最重要的贵族波旁公爵变节，从效忠弗朗索瓦一世转而效忠这位西班牙国王兼神圣罗马帝国皇帝，这更让形势一片大好。原因是贪得无厌而又像当时其他统治者一样手头拮据的弗朗索瓦一世，拒绝让公爵继承原本应由他继承的领地，波旁这位有才华的军人和一代强人，一怒之下决定以自由身加入查理阵营。

与亨利八世联合出击的计划一直没实现，但直到 1524 年以前，主动权都掌握在查理手里。北意大利大部分地方驻扎的法军都被他的那不勒斯总督夏尔·德·拉努瓦赶出去了。波旁公爵没能在法国境内成功谋害弗朗索瓦，但他带领了一支王室军队入侵了普罗旺斯,围困马赛并将美丽的乡村田园付之一炬。但此后情况即急转直下。弗朗索瓦一世截断了波旁公爵的退路,带领一支大军进入北意大利,于1525年2月围困帕维亚的王室守军。查理手头没钱,部队节节败退。他和英格兰的联盟告吹了。眼看着他在意大利的据点就要守不住了,可能连那不勒斯王国都保不了,以后情况只会更糟。查理和朝廷上下整日愁眉不展,就怕再等到坏消息。

1525年3月10日中午,皇帝正与一帮谋臣讨论意大利的情况时,一匹精疲力竭的马驮着一位上气不接下气的使者赶到位于马德里的宫殿。信使传达了他的消息,查理听罢一言不发,僵在那里,然后他将使者的话重复了一遍:"法国国王如今是我的阶下囚,我们打赢了?"皇帝再次沉默,继而退回宫内,跪倒在圣母马利亚像前,感恩祷告半个小时后才出来庆祝自己的胜利。[19]

帕维亚战役对法国来说是一场旷世灾难,是他们自1415年阿让库尔战役以来遭受的最惨痛的失败。法国军队溃不成军。他们在北意大利的战略据点全面失守。法国的上层贵族战死疆场。弗朗索瓦本人也被俘,在王朝统治者"朕即国家"的时代,他就是可供利用的最佳杠杆。查理可以予取予求,要弗朗索瓦放弃他对土地的主张,要他割让领土,总之查理可以漫天要价。所有的牌都在查理手上,就等他出牌了。[20]

或许人们早能料到,没过多久这些大好局面就会化为乌有,只留下混乱和灾难。

分分合合

就在查理的德意志雇佣兵和西班牙火绳枪手在帕维亚把法国军队打得落花流水的前几天,生活在巴伐利亚梅明根辖下领土的农民向城市领导官员递交了一份篇幅很长而且详细的要求清单。这件事与福音派的宗教改革浪潮在德意志各地的激荡有关,村民要求自己选举布道人,而不是听任教会的指派。这本身已经够极端了,但更了不得的是,宗教改革的逻辑终点是基督徒人人平等。梅明根的村民要改造压迫他们、让他们对上层社会低眉顺眼的等级制度。

他们并不是唯一这样做的一群人。1524年收获季节和1525年的头几个月,德意志西南部就一直有大规模农民运动,运动范围之广可以说百年来欧洲罕见。帕维亚战役之后数月,运动更向德意志西部和中部蔓延,一直到莱茵-普法尔茨、巴登、符腾堡和图林根。不久农民与德意志诸侯部队间的公开战斗就爆发了。情况不断恶化。有些凶悍的农民屠杀贵族,劫掠他们的城堡,德意志诸侯于是雇用善战的佣兵大规模杀戮、施加酷刑和处决。路德的影响或许助长了农民起义,但他后来曾用非常激烈粗暴的语言与这些人划清界限。所有这些都发生在最终受神圣罗马帝国皇帝查理管辖的地方,包括几个哈布斯堡世袭领地。但查理此时正在别处忙碌,还得靠他的弟弟小斐迪南和施瓦本联盟的贵族代他处理此事。他希望农民问题能很快过去。[21]

农民起义确实过去了,但已经在德意志各地造成了成千上万人死亡和大面积的严重破坏。农民起义并未直接影响到远在1 000多英里之外西班牙的查理,当时他还在合计应该如何好好利用打败弗朗索瓦的事,但农民起义已为未来的问题埋下了伏笔。

到1526年春,查理基本上已经把弗朗索瓦被俘带来的机会浪费殆尽。被囚禁的国王答应了查理提出的释放条件,包括交出他两个儿子兼继承人为人质,但他一出边境,立即就不认账了。与此同时,弗朗索瓦的母亲本事很大,她一直在为组建联军与皇帝一战之事奔走。教皇克雷芒七世、威尼斯共和国、佛罗伦萨和已经下台的米兰公爵弗朗切斯科·斯福尔扎,与弗朗索瓦组成了科尼亚克同盟,英格兰的亨利八世做担保人。他们开出的条件可不一般,包括交回法国王子,还清欠亨利八世的80万杜卡特债务,还要保证交出意大利境内的一些领土。[22]

这还只是查理一连串倒霉事件的开始。匈牙利国王路易二世不断向其哈布斯堡的连襟发出越来越绝望的求援信。苏莱曼已经开始行动,眼睛直盯着匈牙利。查理和小斐迪南都拒绝向面临奥斯曼人入侵的连襟伸出援手。小斐迪南如今已是奥地利大公,正在代哥哥处理到处生乱的路德宗,并平息农民起义的最后残余,他将眼前的威胁看得十分清楚。仍然远在西班牙的查理不愿意有所行动。"如果我们处于和平状态,我可以保证我一定会竭尽所能帮助匈牙利,"他在给斐迪南的信中这样说,"但如果我领地里的战火还在继续——我看肯定会继续——你说,我难道应该不顾自己而倾力相助吗?"查理转而向小斐迪南建议,他可以暂时容忍路德宗以腾出兵力对付奥斯曼。即使在路易提出最后一次哀求后，查理依然不为所动。"我这儿已经有个烦人的突厥人需要应付了：法国国王。"他对匈牙利国王如此写道。[23]

在没有任何哈布斯堡亲属的援助兵力和金钱的情况下，匈牙利国王在莫哈奇遭到苏莱曼的碾压式打击，国王身亡，大多数匈牙利贵族也惨遭杀害。奥斯曼人由是打开了进入中欧的通道，可进入哈布斯堡的传统领地施泰尔马克、奥地利和蒂罗尔。不管1526年在匈牙利与奥斯曼人一战可能花费多少力气、多少经费，以后几年在哈布斯堡家门口应付奥斯曼人的代价要比这大得多。[24]

且不论实际的治理和战争代价，查理三心二意的作风本身也是要付出代价的。这位皇帝能应付下来吗？这里面又牵涉到千丝万缕的问题。查理并不认为奥斯曼人的威胁大于眼前科尼亚克同盟给他带来的实在危险。就在苏莱曼进军匈牙利时，小斐迪南还在奉哥哥之命，在德意志招募雇佣兵，把他们送到南边的意大利为查理而战。即便路易和小斐迪南可以说服查理最大的威胁在匈牙利——这肯定不容易，因为他正在对付庞大的基督教联军，其中还包括教皇——他的资金也不足。"我已经把我能筹到的最后一点现款送到意大利去了。"查理在获知匈牙利沦陷的消息时如此写道。直到莫哈奇的灾难发生后，查理才发现奥斯曼人才是最大的威胁，此时觉悟已然太迟。

事事都可能进一步恶化。查理有足够资金在意大利组建一支庞大军队，包括格奥尔格·冯·弗伦茨贝格这位老兵从德意志带过来的 16 000 名昂贵的德意志雇佣兵，可是他没有足够的钱发放军饷。大军中有些驻扎于那不勒斯要塞的西班牙士兵已经有 20 个月没拿到一分钱了，而德意志雇佣兵几个月前离家来到这里后，也没拿到过军饷。更糟的是，查理从未说明大军究竟由谁来指挥，是波旁公爵，还是指挥规模最大的部队的弗伦茨贝格？还是那不勒斯总督夏尔·德·拉努瓦？

大难已然临头。士兵们拒绝听命，除非拿到薪水。最受人尊敬、最有经验的弗伦茨贝格看到军中哗变，大受刺激，得了中风，已经无法胜任指挥官一职。拉努瓦与教皇克雷芒达成了协议，但他面对不听话的部队，无力将其付诸实施。士兵们喜欢波旁公爵，他答应他们只要效忠即可任意劫掠，这就意味着从伦巴第往南到罗马这一路上他们都在打劫。1527 年 5 月 6 日，饥饿而愤怒的部队攻入永恒之城罗马，造成数千人横死街头，全城惨遭洗劫，令人不忍直视。[25]

罗马遭劫，是一个什么都想据为己有的皇帝力不从心的必然结果。两年后，苏莱曼大帝带兵出现在维也纳城门外，查理在保护家族祖先遗产时仍然作为有限。维也纳幸存下来，奥斯曼人撤退，查理的实际作为或者说他应有的作为，最多只是其中的一半原因，另一半原因是天气恶劣和敌人的后勤支援不到位。银行家愿意借钱给他，因为皇帝疆域广阔，未来的税收可以保证他还得起贷款；但他需要做的事太多，欧洲所有的银钱加起来都不够他用。

全球帝国

总算查理运气好,他还可以动用跨大西洋而来的意外之财。继哥伦布远航后,名义上属西班牙王室管辖的封建领主在加勒比地区进行了各式各样的殖民和征服计划。当新国王第一次抵达西班牙时,这些领地还不算多:只有加勒比海的几个小岛和在巴拿马地峡较为偏远的几个据点,它们都并不特别富有或被人看好。那里一共只居住着约5 000名西班牙人,外加几百名非洲奴隶和数量更多的土著。但就在查理统治期间,西班牙在新世界的领地面积翻了两番,包括墨西哥、秘鲁等大片领土,所有领土都归卡斯蒂利亚王室直接管辖。远在天边的查理对胡作非为的手下臣民并不太在意,但他是人类历史上地域最广阔的、最骇人听闻的、最赚钱的征服计划的总管。[26]

新疾病加上几乎无法想象的残酷剥削让土著居民遭受重创。在哥伦布到达后的两代人的时间里,西班牙人所到之处的加勒比土著人口骤降,趋近于零。恰逢区域内奴隶贩卖活动兴旺,保证了新殖民地对劳工的需求,也因此引发了一系列致命后果:以15 000名被强押至伊斯帕尼奥拉岛的土著为例,不到10年时间里,只有2 000人存活下来,其余全部丧命。有人估计,1493—1518年,在西班牙人统治的四个最大的加勒比海岛屿上,大约有20万人丧生。西班牙的武器、欧洲人的疾病、情绪压抑、营养不良和过度劳累是造成这个骇人听闻的死亡数字的原因,而这一切又都归因于在探险之旅中一开始就存在的逐利动机。[27]

这个进程并非始于查理，他的继任者也并不比他好到哪里去，但西班牙的统治延伸到美洲大陆的大片领土，从根本上改变了暴力和剥削的规模。领兵争夺墨西哥的埃尔南·科尔特斯是一名精明且特别心狠手辣的海盗，他（自称）于1519年在乔卢拉这座城市中，一次性屠杀了3 000多人。后来几年在阿兹特克帝国的首都特诺奇蒂特兰，他和手下就出手更狠了。[28]

查理对他新领土上的奇花异草和奇珍异兽一直很感兴趣，他喜欢色彩鲜艳的羽毛和他外祖父斐迪南养的一只鹦鹉。这位皇帝偶尔也表示对土著福利的关心，但匪夷所思的是，这竟推动了对非洲奴隶的大量进口，何其不幸。不过，说到底，查理最心心念念的还是他在美洲的领地能够提供的财富。他需要钱给士兵发薪水、造船、贿赂外国统治者，另外还需要还清众多债主们的债。新大陆可以毫无悬念地满足他这个需求。

新大陆注入的第一笔钱于1520年3月抵达。科尔特斯送来了一大批财宝，其中大部分是在乔卢拉大屠杀中搜刮而来的，他希望在他与古巴总督的争执中，查理能站在他这边。查理马上就把所有的钱花在英格兰和尼德兰之行上，所以是乔卢拉人的血给皇帝的欧洲冒险提供了资金。

这很快就变成了一个模式。钱一到，查理几乎在第一时间就给它找到了去处。1524年，科尔特斯在野蛮征服了特诺奇蒂特兰及阿兹特克帝国的中心地带后，送来12万金比索，这笔钱马上就在意大利战场派上了用场。数以万计的土著美洲人惨死可以满足查理几个月的军事花销，一转头，皇帝的钱又花光了。[29]

查理用了他的臣民在美洲大陆掠夺来的大量财富，却未能真正约束这些人的行为。就以1529年他在弗朗西斯科·皮萨罗离开巴拿马前往秘鲁前的命令为例："据已有资料显示，该地居民有了解我们神圣天主教教义的智慧和能力，所以无须用武力制服他们。应以爱心和盛情待之。"大家都知道，皮萨罗实际上并没有这么做。1532年11月，皮萨罗带领一小撮人用大炮攻击一群正在集会的印加贵族，并用骑兵追杀，结果造成2 000多人死亡，皇帝阿塔瓦尔帕被俘。皮萨罗向印加人索要多达6吨黄金和12吨白银的赎金，赎金送到后，皮萨罗即将阿塔瓦尔帕绞杀。[30]

到1535年，查理可真称得上拥有一个全球帝国了。他出资成就了麦哲伦的环绕地球之旅，因而拥有了"香料群岛"摩鹿加群岛（今称马鲁古群岛）。查理一如既往，也将它变现了：他因需要资金帮助维也纳抵御奥斯曼人，而用高价将它卖给了葡萄牙国王。墨西哥的矿产和粮食也源源不断运出，这些当地劳工的血汗所得变成了他的资金来源，但他的钱永远不够。

1534年，第一批印加的稀世珍宝运抵塞维利亚时，查理不是赞叹，而是将掠夺物中的精品留下，其余的全部熔化铸为钱币——还是老习惯，他需要钱。皇帝的目光投向了北非沿岸重镇突尼斯，于是又花了大量精力和资源想拿下它。

第九章 查理五世与大一统

突尼斯

汗水顺着查理湿透的金色短发流到他精心打理的胡须上，须发紧贴着他突出的下巴。本来留须的目的就是遮盖他那外翘的下巴，这下可谓前功尽弃。幸好正在打仗，没人有闲心去注意皇帝的地包天长相。四周炮声隆隆，夹杂着火绳枪的噼啪声和铿锵的金属碰撞声：北非突尼斯港口拉古莱特（今称哈勒格瓦迪）城墙外聚集着几千名士兵，他们正在围攻该城。港湾内湛蓝的海水与浅褐色海岸的交界处，一排矮小的划桨帆船和高船体的大型帆船正向城里的守军发射炮弹。1535 年 7 月 14 日对查理来说是个好日子，他第一次亲临战场，为此他十分振奋，感觉他 35 年的人生没有白活。十几年来他频频斥巨资打仗，但发号施令的地方不是在遥远的宫中，就是在野外营帐，如今他终于身临现场。他亲历战争的愿望终于实现了。其实，这回是他不顾谋臣的劝诫和判断，坚持亲自督阵与穆斯林一战的。看到炮弹炸毁砖石结构，刀刃穿透肌肤，皇帝频频表示赞许。他是让这一切发生的那个人。

这支军队和运送兵力的船舰来自查理帝国的四面八方：德意志雇佣兵从阿尔卑斯山南下到热那亚登船，在那不勒斯和西西里辗转多年的西班牙老兵携带着惯用的火绳枪和伤痕累累的盔甲，素有训练的意大利雇佣兵继承了几十年半岛连年征战的军事传统，以马耳他为基地的医院骑士团是很久以前参与远征的十字军骑士后人；查理的连襟葡萄牙国王提供了上乘的战船，其费用来自印度洋航行赚来的钱。来自欧洲基督教世界的400艘船搭载着26 000名士兵，加上操船的25 000名船员，浩浩荡荡地集结在穆斯林的这个海盗窝点。这支庞大远征军的资金来源是谋害印加人后夺得的财富，沾满血腥的钱正在制造更多的血腥。

查理最辉煌的时刻，就是拿下拉古莱特和不久后突尼斯的陷落，以及让突尼斯臭名昭著的海盗统治者巴巴罗萨仓皇出逃。他手下的士兵抢夺了大量动产，并贩民为奴。西班牙和法国沿岸海盗肆虐的情况暂归沉寂。

查理五世花了大把金银对付其他基督教统治者。他整天就想着意大利，却忽视了他在中欧的责任，导致他的一位连襟丧命，以后还不得不花更多的钱抵御奥斯曼人对奥地利和波希米亚的进攻。大家都同意查理在突尼斯战役中找对了敌人，也就是穆斯林——他的大把钱财终于用对了地方。为此，他甚至与他一生的劲敌、法国国王弗朗索瓦一世勉强签了一个临时停战协议。[31]

不过，如同查理所有的努力一样，这一次战役的成功不但为时甚短，甚至有些虚幻。巴巴罗萨逃到阿尔及尔，加强了他与苏莱曼大帝缔结不久的联盟，成了整个奥斯曼舰队的指挥，力量顿时跃升了10倍。其后几年，他不断骚扰意大利，杀害人数达数千，而且还抓了大量俘虏，让伊斯兰世界的贩奴市场忙得不亦乐乎；相形之下，他先前的骚扰简直就是小事一桩。这次战役的花费极其昂贵，有人估计大约是1 076 652杜卡特，比查理买皇冠的钱还多。

第九章　查理五世与大一统

整个战役靠的是源自印加帝国的财富。查理将部队集结在巴塞罗那，被召到加泰罗尼亚的还有王国境内所有的铸币高手。查理需要他们将每一盎司的血腥暴利都尽快变成钱币，好付钱给士兵、水手、船长、军械士、饼干厂商、咸肉制造商，当然还有银行家。连从安第斯山脉获得的钱财也只够充当其他更大开销的保证金，所有的钱走的都是当时越来越复杂的金融安排渠道。说到花钱，最有创造性又最大限度地利用金融界的人，当数查理五世，而突尼斯战役正是他如何这样做、为何这样做的缩影。

到 1535 年，欧洲已经没有一个国家（除了有海外帝国的重商城邦威尼斯外）比西班牙更有大规模征战的筹资经验或筹资工具了。卡斯蒂利亚和阿拉贡从 1482 年开始讨伐格拉纳达之后，几乎就一直处于战争状态，战鼓停歇的和平年代顶多只有几年。那不勒斯、米兰、威尼托、罗马涅、热那亚、普罗旺斯、加泰罗尼亚、纳瓦拉、希腊沿岸，这些只是西班牙出钱打过仗的众多地点中的一部分。查理的野心甚至比他贪婪的祖父和外祖父都有过之而无不及，幸运的是，他还有一帮干练的金融顾问帮他安排。其中最杰出的当数弗朗切斯科·德洛斯·科沃斯，他或许是当时唯一全面了解卡斯蒂利亚王室——查理众多王国的支柱——繁复的金融安排的人。

印加帝国的财宝在 1534 年被送来时，其总价值约为 200 万杜卡特。查理作为西班牙国王，按王室惯例可拿到五分之一，约 40 万杜卡特。这笔可随时可动用的现金的数目十分可观，但远远比不上计划中的征战的开销。不过,科沃斯想到了弄到更多钱的办法。他利用西班牙国家财政使用的基本工具——债券,用长期低息债券来换取立刻能用的现金。此时,查理和科沃斯扣押了所有来自印加的财富,并要求原本应分到这批财富的人接受债券。他们创造性地将两个筹资办法合并使用,这才让查理和谋臣们终于凑足了资金去攻打突尼斯。不过即便这样还是不够,于是他不得不再向富格尔家族借贷大额现金,这样一来,在其他款项没有到位的时候,也不会耽误战争的准备工作。另一笔 12 万杜卡特的资金交给了安特卫普银行家,由他们把钱转给查理的姑姑,低地国家的摄政——极具才华、临危不乱的奥地利的玛格丽特。这样就保证了弗朗索瓦国王不可能在所谓的休战的情况下试图撼动哈布斯堡王朝。[32]

突尼斯战役用到了前几十年、几百年发展出来的所有金融工具,而作为抵押的就是来自美洲的财富。钱通过当时最知名的银行家从奥格斯堡流到西班牙,再到安特卫普。这笔资金支持的战役用到了查理统治下广袤领土各地的士兵,当然,他拥有这一切,又是漫长的累积和兼并的结果。这些士兵使用的长矛、火绳枪和大量火炮又都是那个巨变年代最先进的作战武器。战役结束后,那些把查理描绘成信仰的维护者、"突厥人的毁灭者"和"非洲的驯服者"的宣传印刷品广为流传,用文字、金属雕版或木雕版画向全欧洲述说着皇帝的胜利。查理能打这场大仗以及事后铺天盖地的宣传,反映了整个这段时期所经历的巨变规模。[33]

查理的结局

突尼斯战役后，查理沿意大利半岛开始了凯旋之旅，他途经西西里、那不勒斯、罗马和佛罗伦萨，这是查理统治时期的高潮。但胜利的喜悦为时不长。不到一年，弗朗索瓦一世与查理又开始了新一轮的毁灭性的战争。奥斯曼人的威胁与日俱增，当年突尼斯战役的漏网之鱼、海盗巴巴罗萨成为统帅后，比过去更为凶险。1538年的普雷韦扎战役中，巴巴罗萨击溃查理属下领导的一支基督徒船队，造成数万人死伤。此后情况越来越糟：查理的两大劲敌，苏莱曼大帝和弗朗索瓦一世，于1536年正式结盟，一起找他的弱点下手。查理于1542年在中欧与奥斯曼人一战（葛兹·冯·贝利欣根和一队战士参与了此役），结果铩羽而归。16世纪40年代后期，他镇压了德意志诸侯组成的新教徒的施马尔卡尔登联盟，但此后再无战功可言。战争越打越长，越打越贵，危机一个接一个，皇帝疲于奔命。

1555年，心力交瘁的查理退位。他将统治德意志的责任交给了弟弟小斐迪南，将西班牙和尼德兰交给了他的儿子腓力。此时的查理尖下巴上的胡须已呈灰白色，经过几十年的劳累，瘦削的面庞尽显疲态，他余生最后的三年是在一个条件比较好的西班牙修道院中度过的。他未能亲见占用了他大好年华的意大利战争的结束。与奥斯曼人的斗争又持续了好几十年，地中海和中欧都曾是战场。他死后10年，他心爱的低地国家出现叛乱，战争打打停停，延续了80年之久。

查理并不特别杰出，但也不笨；多数观察家都认同他工作勤奋，很少干绝对的傻事。他的个性里确有冷酷绝情的一面，但这是当时作为统治者的必要条件。在当时的贵族当中，他的英勇、尚武、喜好狩猎、对自己和自己的权利主张确信不疑，这些都是标配。从来没有人说他有才华，但才华向来都不是他那个阶层的人的追求。

查理所有宏伟的计划和对普世统治权的追求，最后落得一场空，倒不是说他的一生是失败的一生；就像在倾斜的冰面上往上爬，他尝试过，但没有成功。任何领导人，即便是旷世奇才，都不可能成功应对查理所面临的每一项挑战：联合欧洲基督教世界来对抗奥斯曼人的威胁，与德意志和其他地方的宗教改革运动达成和解或消灭他们，监管他的臣民在美洲的胡作非为，对意大利问题和更广泛的哈布斯堡-法国冲突找到长久的解决办法。

从这个意义上说，查理五世可以说是这个时期整个欧洲的缩影，在国家基础结构、金融制度、生产和传播文字的技术、军事几个领域的发展，以及关键的宗教改革等方面，他既大有可为又有所不能。从摩鹿加群岛到秘鲁，世界出现了各种各样的新机遇。查理对这一切都曾涉猎，影响不论好坏，肯定是有的。虽然他自己远在欧洲享受着顶级奢华生活，手上基本没有沾染什么罪恶，他的下属却称得上是满手血腥、罪恶滔天。

结　论

查理五世统治期间的起起伏伏是时代使然。皇帝本人就是时代主要趋势的集中体现：国家力量的增长和探险之旅，探险之旅的潜在暴力和火器战争，宗教改革的出现，其中最值得一提的是金钱的力量。

作为皇帝的查理同时代表着统一与分裂：他代表统一，因为他统治的西欧面积之大，几乎前无古人后无来者，他是继罗马帝国灭亡后再次统一的最大希望所在；他代表分裂，因为在他统治期间，宗教分崩离析，欧洲也经历了为时最久、最具破坏性的战争。

在查理做皇帝的那个时代，紧张的气氛潜滋暗长，危机不断酝酿。欧洲人，不论是来自格洛斯特郡的羊圈，还是来自威尼斯热闹的运河区，都有一个极大的共同点。他们的教会是个普世教会，该教会（起码在理论上）有着单一的等级秩序，从最底层的教区修士，一直到最高层的教皇本人。经过千百年的接触和交流，欧洲各国的政治结构也有极大的相似性。

欧洲人尤其拥有同样的经商概念。他们看待金钱、信贷、投资和利润的角度大同小异，大家使用的工具也相同。阿尔杜斯·马努蒂乌斯对约翰·赫里蒂奇使用的英文一窍不通，但他绝对可以理解这位羊毛商的账簿的性质、其中的记录和他的经营方式。同样，约翰·赫里蒂奇虽然听不懂葛兹·冯·贝利欣根这位雇佣兵的施瓦本方言，却也熟悉后者招募雇佣兵时的信贷安排和支付周期延后的做法。体系和制度让他们从事的活动成为可能，对金融的理解塑造了他们交易、借进、借出和投资的方式，这些体系、制度和理解无处不在。行业与行业、区域与区域之间的差别，比起共通之处算不了什么。

这些相似之处就是这个时代主要进程迅速发展的驱动力——从探险之旅、兴国大业和国家财政，到印刷业、火药作战以及宗教改革。在伊莎贝拉和斐迪南用长期公债给西班牙的多次战争筹资后，不到一代人的时间里，法国也开始效仿。在热那亚出生成长的克里斯托弗·哥伦布用商业投资的语言说动了塞维利亚有钱的商人和卡斯蒂利亚及阿拉贡朝廷的财务官员。小雅各布·富格尔的代理人在里斯本、安特卫普和威尼斯赚得盆满钵满。从约翰·赫里蒂奇处购得的羊毛，可能会送到低地国家纺织成毛布，再在意大利变成成衣，由是编织了一张从米兰工匠的成衣到格洛斯特郡牧羊人在酒馆还清赊账的交易大网。这个时代的主要进程，很快就被大家接受并广为传播，因为其支付机制已遍布整个西欧。

虽然经济制度把欧洲绑在了一起，其后果却是它的分裂。

查理五世建立统一帝国的梦想，因一些纷争不断的国家连年用极具破坏性的火药作战而破灭。新的金融机制找到了新办法给持续不断的战争筹钱，让暴力延续了一代又一代。欧洲各地涌现的印刷厂并没有立即将欧洲大陆引入方便获取学识的新时代，宗教论战文章反而成了最赚钱的印刷品，煽动起改革派的大规模骚乱。美洲数百万人的死亡，全球无数人经受的苦难，以及借助刀剑枪炮的海上贸易在印度洋的出现，这些都是探险之旅的直接产物。这些大转变集中出现在16世纪的头几十年。这是一个前所未有的扰攘动乱时代，它改变了整个大陆，并重塑了全世界。

这个时代并未目睹西欧主宰世界的开端。在欧亚大陆的这一特定区域里，武力最强大的当数奥斯曼帝国；查理五世长年债务缠身，而苏莱曼则年年盈余，对照之下查理的情况着实可笑。在查理这边，士兵因皇帝欠饷而劫掠罗马；在苏莱曼那边，却开出每人1 000艾克斯的重赏，鼓励苏丹亲兵奋力翻越维也纳城墙，每笔钱都相当于一个穷嗖嗖的西班牙长矛兵6个多月的薪水。查理想方设法也筹不到的钱，在苏丹眼里就是个零头。

但这四个决定性的十年给欧洲在全球的主宰地位打下了基础。不到三个世纪，查理的接班人和他对手的接班人，即控制了全球的绝大部分。1490年无法想象的那个未来的隐约轮廓开始逐渐显现。

1530年，改变几乎并未停滞，但接下来几个世纪的许多主要发展都能追溯至从哥伦布初次探险到罗马遭劫这几十年的变

结 论

化。北海先是成为欧洲的经济重心，后来又成为世界的经济重心，肯定也是拜这段时间之所赐，其主要原因就是富格尔家族的多种金融活动，以及葡萄牙人决定将安特卫普作为香料转运中心。虽然其具体基地从安特卫普迁至阿姆斯特丹，后又迁至伦敦，北海在后来四个世纪依然是全球金融中心。从可流通、可转让的汇票到股份公司等一系列概念都首创于斯，后来因第一次世界大战的剧烈震荡，全球金融中心才漂洋过海到达华尔街。[1]

这就是低地国家和英国"小分流"的起源，是仍然界定我们今日世界的"大分流"的前身。它与尼德兰革命——低地国家北部脱离西班牙的哈布斯堡王朝统治，成为荷兰共和国——有紧密联系。尼德兰革命起源于哈布斯堡王朝夺权阴谋和随宗教改革而来的宗教骚乱，而两者都发生在 1500 年前后的几十年间。

如果没有改革运动造成的宗教分裂或 1490—1530 年的国家力量和金融力量的急剧增长，1618—1648 年三十年战争的大灾难就根本无法想象。这场战争其实是百年来教派冲突与欧洲王朝间争夺的叠加结果，一切费用都依靠从意大利战争开始使用的国家财政工具支付。继三十年战争之后，是 17—18 世纪的军事财政国家[*]的出现，而欧洲内部冲突不断和真正全球帝国的诞生依托的就是这样的国家形式。工业革命就发生在这样一个大杂烩的环境之内，19 世纪初开始出现的"大分流"亦由是而生。

---

*　军事财政国家是指可依赖税收和财务创新手段支撑大规模作战的国家。——译者注

这一巨型上层建筑至今仍笼罩着21世纪。它遗留的痕迹处处可见：印度人玩板球游戏，种族隔离后的南非成立了真相与和解委员会，纳瓦霍印第安人在沙漠岩石中畜养羊群，日本的工薪文化，北极环境的灾难性退化。所有这些都是在这段看似遥远的年代奠定的基础上成长出来的。

这个故事的核心就是资本。国家靠征税来打仗。士兵用枪杆子或长矛讨要军饷。从里斯本、阿姆斯特丹和伦敦前往生产香料的印度洋港口或产糖的加勒比海岛屿的航行花费昂贵。每一样东西都有成本，欧洲的优越性并不在于它有资源或有某种文化特性，而在于它此时此刻正好有能促成这些事情的经济结构。每一样东西都有成本，就在这40年里，欧洲人在寻找支付办法这方面特别有本事。

这段时间开启了世纪历史的巨变，欧洲人民为此付出了巨大代价，而与他们在别处不期而遇的人付出的代价则更大。罗马街头死尸堆积如山，与后来的尼德兰革命和三十年战争的破坏相比，只能算是前菜，拿不到薪水的士兵与宗教仇恨的叠加绝对是致命组合。数千名奴隶被迫登上了早年葡萄牙前往加那利群岛和西非的航船，他们是日后横跨大西洋数以百万计人口贩卖活动的先声，这些人被当成货物，遭受了非人待遇。

一本账簿初看来就是枯燥乏味、没有生命的东西：每行每列都是数字，还有一些外行人看不懂的晦涩符号系统。枯燥乏味只是假象，一如21世纪的生活中少不了的一页页电子表格。数字、日期和简短文字的背后都是真人真事。一名里斯本商人的记事本

结　论　　　319

里记录了他买卖了多少人口,把人的苦痛换算为资产。负责给德意志雇佣兵支薪的出纳,也记下了这些人用刀剑与暴力拿到了多少薪水。地方羊毛商贩记录了因收回土地所有权而撂荒的草场上放牧了多少羊群。银行家记录了对海外航行的投资如何借助大炮夺取丝绸与香料而获益。

其实它们并不仅仅是用墨水记录的账目,也是一本本血泪史。

致　谢

本书如果没有大量人员相助就无法写成。我感谢所有协助者，他们都是我生命中的贵人。

我也要感谢多年来倾听《历史潮流》节目的所有听众。因为有你们，我才能一期又一期地探讨15—16世纪的历史，没有意犹未尽的遗憾。你们无穷的探究之心、富有洞察力的问题以及对我的大力支持令我铭感五内。

朱迪思·本内特引导我关注中世纪末期，关注经济和社会史，教我如何为教学备课。德布·哈克尼斯是我在早期现代性研究和叙事技巧方面的指导人。我永远感谢他们两位：在我读研期间，他们的教导给我此生的作家和史学家事业都打下了坚实基础。

丹·琼斯不仅是一位一流史学家和电视主持人，也是很够意思的朋友，他一步步带我走过撰写出书大纲的流程。没有他的宝贵意见，这本书也不可能存在。我的代理人威廉·卡拉汉同样是不可或缺的人物。编辑蕾切尔·坎伯里让本书更趋完善，与她共事是我写作生涯中的一件乐事。

挚友来之不易，我在这方面却特别幸运。本书下笔伊始我就有幸遇到一位出色的史学家、一个大好人基思·普尔麦斯，他对我助益良多。奥尔布罗·伦迪是一位极具灼见的评论家和咨询对象，是我所认识的作家中的佼佼者。爱德华多·阿里诺·德拉·卢比亚和J.伊特达利给我提供了宝贵意见，让我历经重重困难仍得以坚持。

我尤其要感谢我的家人。自小父母便鼎力支持我在历史方面的兴趣，带我去参观博物馆、看战场遗迹、逛书店。孩子们是我快乐的泉源，"爸爸现在正忙着写作"是我不得已经常对他们说的话。还有我贤惠的妻子，与你在一起的每一天都让我感觉幸福满满。

参考文献

Abu-Lughod, Janet L. *Before European Hegemony: The World System, A.D. 1250–1350*. Oxford: Oxford University Press, 1989.

Ágoston, Gábor. *Guns for the Sultan: Military Power and the Weapons Industry in the Ottoman Empire*. Cambridge, UK: Cambridge University Press, 2005.

Aland, Kurt, ed. *Martin Luther's Ninety-Five Theses: With the Pertinent Documents from the History of the Reformation*. St. Louis: Concordia Publishing, 1967.

Andreau, Jean. *Banking and Business in the Roman World*. Cambridge, UK: Cambridge University Press, 1999.

Aram, Bethany. *Juana the Mad: Sovereignty and Dynasty in Renaissance Europe*. Baltimore: Johns Hopkins University Press, 2005.

———. *La reina Juana: Gobierno, piedad y dinastía*. Madrid: Marcial Pons, 2001.

Asch, Ronald G. "Monarchy in Western and Central Europe," pp. 355–83 in Hamish Scott, ed., *The Oxford Handbook of Early Modern European History, 1350–1750*. Vol. 2, *Cultures and Power*. Oxford: Oxford University Press, 2015.

Aston, T. H., ed. *The Brenner Debate: Agrarian Class Structure and Economic Development in Pre-Industrial Europe*. Cambridge, UK: Cambridge University Press, 1987.

Ayton, Andrew, and J. L. Price, eds. *The Medieval Military Revolution: State, Society, and Military Change in Medieval and Early Modern Europe*. New York: St. Martin's Press, 1995.

Babinger, Franz. *Mehmed the Conqueror and His Time.* Edited by William C. Hickman. Translated by Ralph Manheim. Princeton, NJ: Princeton University Press, 1978 (original German ed. 1953).

Bagchi, David. "Luther's *Ninety-Five Theses* and the Contemporary Criticism of Indulgences," pp. 331–56 in R. N. Swanson, ed., *Promissory Notes on the Treasury of Merits: Indulgences in Late Medieval Europe.* Leiden: Brill, 2006.

Bailey, Mark, and Stephen Rigby, eds. *Town and Countryside in the Age of the Black Death: Essays in Honour of John Hatcher.* Turnhout, Belgium: Brepols, 2011.

Barron, Caroline. *London in the Later Middle Ages: Government and People, 1200–1500.* Oxford: Oxford University Press, 2005.

Baumann, Reinhard. *Georg von Frundsberg: Der Vater der Landsknechte und Feldhauptmann von Tirol.* Munich: Süddeutsscher Verlag, 1984.

Belich, James. *Replenishing the Earth: The Settler Revolution and the Rise of the Angloworld.* Oxford: Oxford University Press, 2009.

Benecke, Gerhard. *Maximilian I, 1459–1519: An Analytical Biography.* London: Routledge, 1982.

Benedictow, Ole J. *The Black Death, 1346–1353: The Complete History.* Woodbridge, UK: Boydell Press, 2004.

Bergier, Jean-François. "From the Fifteenth Century in Italy to the Sixteenth Century in Germany: A New Banking Concept?," pp. 105–29 in *The Dawn of Modern Banking.* New Haven, CT: Yale University Press, 1979.

Berlichingen, Götz von. *Götz von Berlichingen: The Autobiography of a 16th-Century German Knight.* Translated Dirk Rottgardt. West Chester, OH: The Nafziger Collection, 2014.

———. *Mein Fehd und Handlungen.* Edited by Helgard Ulmschneider. Sigmaringen, Germany: Thorbecke, 1981.

Blickle, Peter. *The Revolution of 1525: The German Peasants' War from a New Perspective.* Baltimore: Johns Hopkins University Press, 1981.

Bonney, Richard, ed. *Economic Systems and State Finance.* Oxford: Clarendon Press, 1995.

Bowd, Stephen D. *Renaissance Mass Murder: Civilians and Soldiers During the Italian Wars*. Oxford: Oxford University Press, 2019.

Brandi, Karl. *The Emperor Charles V: The Growth and Destiny of a Man and of a World-Empire*. Translated by C. V. Wedgwood. London: Jonathan Cape, 1965.

Braudel, Fernand. *Civilization and Capitalism, 15th–18th Century: The Structures of Everyday Life: The Limits of the Possible*. Translated by Sian Reynolds. Berkeley and Los Angeles: University of California Press, 1992 (1st ed. 1981).

———. *The Perspective of the World*. Translated by Sian Reynolds. Berkeley and Los Angeles: University of California Press, 1992 (1st ed. 1982).

———. *The Wheels of Commerce*. Translated by Sian Reynolds. Berkeley and Los Angeles: University of California Press, 1992 (1st ed. 1982).

Brecht, Martin. *Martin Luther: His Road to Reformation, 1483–1521*. Minneapolis: Fortress Press, 1985.

Britnell, Richard H. *The Commercialisation of English Society, 1000–1500*. Cambridge, UK: Cambridge University Press, 1993.

Britnell, Richard, and Ben Dobbs, eds. *Agriculture and Rural Society After the Black Death: Common Themes and Regional Variations*. Hatfield, UK: University of Hertfordshire Press, 2008.

Cameron, Euan. "Dissent and Heresy," pp. 3–21 in R. Po-chia Hsia, ed., *A Companion to the Reformation World*. Malden, MA: Blackwell, 2004.

Campbell, Bruce M. S. *The Great Transition: Climate, Disease, and Society in the Late-Medieval World*. Cambridge, UK: Cambridge University Press, 2016.

Capoccia, Giovanni. "Critical Junctures," pp. 89–106 in Orfeo Fioretos, Tulia G. Falleti, and Adam Sheingate, eds., *The Oxford Handbook of Historical Institutionalism*. Oxford: Oxford University Press, 2016.

Carpenter, Christine. *The Wars of the Roses: Politics and the Constitution in England, c. 1437–1509*. Cambridge, UK: Cambridge University Press, 1997.

Carus-Wilson, Eleonora Mary, and Olive Coleman. *England's Export Trade, 1275–1547*. Oxford: Clarendon Press, 1963.

Casale, Giancarlo. *The Ottoman Age of Exploration*. Oxford: Oxford University Press, 2010.

Chaudhuri, K. N. *Trade and Civilisation in the Indian Ocean: An Economic History from the Rise of Islam to 1750*. Cambridge, UK: Cambridge University Press, 1985.

Çipa, H. Erdem. *The Making of Selim: Succession, Legitimacy, and Memory in the Early Modern Ottoman World*. Bloomington: Indiana University Press, 2017.

Clemons, G. Scott. "Pressing Business: The Economics of the Aldine Press," pp. 11–24 in Natale Vacalebre, ed., *Five Centuries Later. Aldus Manutius: Culture, Typography and Philology*. Milan: Biblioteca Ambrosiana, 2019.

Clot, André. *Suleiman the Magnificent*. Translated by Matthew J. Reisz. London: Saki, 2005 (original French ed. 1989).

Crosby, Alfred W. *The Measure of Reality: Quantification and Western Society, 1250–1600*. Cambridge, UK: Cambridge University Press, 1997.

Crouzet-Pavan, Elisabeth. "Toward an Ecological Understanding of the Myth of Venice," pp. 39–64 in John Martin and Dennis Romano, eds., *Venice Reconsidered: The History and Civilization of an Italian City-State, 1297–1797*. Baltimore: Johns Hopkins University Press, 2000.

Crowley, Roger. *Conquerors: How Portugal Forged the First Global Empire*. New York: Random House, 2015.

Davies, Martin. *Aldus Manutius: Printer and Publisher of Renaissance Venice*. Malibu, CA: J. Paul Getty Museum, 1995.

De la Rosa Olivera, Leopoldo. "Francisco de Riberol y la colonia genovesa en Canarias." *Anuario de Estudios Atlanticos* 18 (1972): 61–129.

De las Casas, Bartolomé. *The Diario of Christopher Columbus's First Voyage to America, 1492–1493*. Translated by Oliver Dunn and James E. Kelly Jr. Norman: University of Oklahoma Press, 1989.

De Roover, Raymond. *The Rise and Decline of the Medici Bank, 1397–1494*. New York: Norton, 1966.

Desan, Christine. *Making Money: Coin, Currency, and the Coming of Capitalism*. Oxford: Oxford University Press, 2014.

De Valera, Diego. *Memorial de diversas hazañas*. Edited by Juan de Mata Carriazo. Madrid: Espasa-Calpe, 1941.

De Zurara, Gomes Eanes. *Chronicle of the Discovery and Conquest of Guinea*. Edited and translated by Sir Charles Raymond Beazley and Edgar Prestage. London: Hakluyt Society, 1896.

Dimmock, Spencer. *The Origin of Capitalism in England, 1400–1600*. Leiden: Brill, 2014.

Disney, A. R. *A History of Portugal and the Portuguese Empire*. Vol. 2, *The Portuguese Empire*. Cambridge, UK: Cambridge University Press, 2009.

Duffy, Christopher. *Siege Warfare: The Fortress in the Early Modern World, 1494–1660*. London: Routledge & Kegan Paul, 1979.

Dyer, Christopher. *An Age of Transition? Economy and Society in the Later Middle Ages*. Oxford: Oxford University Press, 2005.

———. *A Country Merchant, 1495–1520: Trading and Farming at the End of the Middle Ages*. Oxford: Oxford University Press, 2012.

Edwards, John. "*España es Diferente*"? Indulgences and the Spiritual Economy in Late Medieval Spain," pp. 147–68 in R. N. Swanson, ed., *Promissory Notes on the Treasury of Merits: Indulgences in Late Medieval Europe*. Leiden: Brill, 2006.

———. *Torquemada and the Inquisitors*. Stroud, UK: Tempus, 2005.

Edwards, Mark U. *Printing, Propaganda, and Martin Luther*. Minneapolis: Fortress Press, 1994.

Ehrenberg, Richard. *Capital and Finance in the Age of the Renaissance: A Study of the Fuggers, and Their Connections*. Translated by H. M. Lucas. New York: Harcourt, 1928.

Eisenstein, Elizabeth. *The Printing Press as an Agent of Change*. Cambridge, UK: Cambridge University Press, 1980.

Eisermann, Falk. "The Indulgence as a Media Event: Developments in Communication Through Broadsides in the Fifteenth Century," pp. 309–30 in R. N. Swanson, ed., *Promissory Notes on the Treasury of Merits: Indulgences in Late Medieval Europe*. Leiden: Brill, 2006.

Elbl, Ivana. "The King's Business in Africa: Decisions and Strategies of the Portuguese Crown," pp. 89–118 in Lawrin Armstrong, Ivana Elbl, and Martin M. Elbl, eds., *Money, Markets and Trade in Late Medieval Europe: Essays in Honour of John H. A. Munro*. Leiden: Brill, 2013.

Elgger, Carl von. *Kriegswesen und Kriegskunst der schweizerischen Eidgenossen im XIV., XV. und XVI. Jahrhundert*. Lucerne: Militärisches Verlagsbureau, 1873.

Elliott, J. H. "A Europe of Composite Monarchies." *Past and Present* 137 (1992): 48–71.

Epstein, Steven. *Genoa and the Genoese, 958–1528*. Chapel Hill: University of North Carolina Press, 1996.

Erasmus, Desiderius. *Colloquies*. Vol. 1. Translated by Craig R. Thompson. Toronto: University of Toronto Press, 1997.

Erikson, Erik. *Young Man Luther: A Study in Psychoanalysis and History*. New York: Norton, 1958.

Espinosa, Aurelio. *The Empire of the Cities: Emperor Charles V, the Comunero Revolt, and the Transformation of the Spanish System*. Leiden: Brill, 2009.

Faroqhi, Suraiya. *The Ottoman Empire and the World Around It*. London: I. B. Tauris, 2007.

Fernández-Armesto, Felipe. *Before Columbus: Exploration and Colonization from the Mediterranean to the Atlantic, 1229–1492*. Philadelphia: University of Pennsylvania Press, 1987.

———. *Columbus*. Oxford: Oxford University Press, 1991.

———. "La financiación de la conquista de las islas Canarias durante el reinado de los Reyes Católicos." *Anuario de Estudios Atlánticos* 28 (1982): 343–78.

Ferreira, Susannah Humble. *The Crown, the Court, and the* Casa da Índia*: Political Centralization in Portugal, 1479–1521*. Leiden: Brill, 2015.

Flint, Valerie. *The Imaginative Landscape of Christopher Columbus*. Princeton, NJ: Princeton University Press, 1992.

Francisco, Adam. *Martin Luther and Islam: A Study in Sixteenth-Century Polemics and Apologetics*. Leiden: Brill, 2007.

Freedman, Paul. *Out of the East: Spices and the Medieval Imagination*. New Haven, CT: Yale University Press, 2009.

Füssel, Stephan. *Gutenberg and the Impact of Printing*. Translated by Douglas Martin. Aldershot, UK: Ashgate, 2003.

Geffcken, Peter. "Jakob Fuggers frühe Jahre," pp. 4–7 in Martin Kluger, ed., *Jakob Fugger (1459–1525): Sein Leben in Bildern*. Augsburg: Context-Medien und -Verlag, 2009.

Gerulaitis, Leonardas Vytautas. *Printing and Publishing in Fifteenth-Century Venice*. Chicago: American Library Association, 1976.

Ghosh, Shami. "Rural Economies and Transitions to Capitalism: Germany and England Compared (c.1200–1800)." *Journal of Agrarian Change* 16, no. 2 (2016): 255–90.

Goffman, Daniel. *The Ottoman Empire and Early Modern Europe*. Cambridge, UK: Cambridge University Press, 2002.

Goldthwaite, Paul. *The Economy of Renaissance Florence*. Baltimore: Johns Hopkins University Press, 2011.

Gordon, Bruce. "Conciliarism in Late Mediaeval Europe," pp. 31–50 in Andrew Pettegree, ed., *The Reformation World*. London: Routledge, 2000.

Granovetter, Mark. "The Impact of Social Structure on Economic Outcomes." *Journal of Economic Perspectives* 19, no. 1 (2005): 33–50.

Green, Toby. *A Fistful of Shells: West Africa from the Rise of the Slave Trade to the Age of Revolution*. Chicago: University of Chicago Press, 2019.

Greif, Avner. *Institutions and the Path to the Modern Economy: Lessons from Medieval Trade*. Cambridge, UK: Cambridge University Press, 2006.

Grendler, Paul F. *Schooling in Renaissance Italy: Literacy and Learning, 1300–1600*. Baltimore: Johns Hopkins University Press, 1989.

Gritsch, Eric W. *Thomas Müntzer: A Tragedy of Errors*. Minneapolis: Fortress Press, 1989.

Guardiola-Griffiths, Cristina. *Legitimizing the Queen: Propaganda and Ideology in the Reign of Isabel I of Castile*. Lewisburg, PA: Bucknell University Press, 2011.

Häberlein, Mark. *The Fuggers of Augsburg: Pursuing Wealth and Honor in Renaissance Germany.* Charlottesville: University of Virginia Press, 2012.

Hall, Bert. *Weapons and Warfare in Renaissance Europe.* Baltimore: Johns Hopkins University Press, 1997.

Hanawalt, Barbara. *The Wealth of Wives: Women, Law, and Economy in Late Medieval London.* Oxford: Oxford University Press, 2007.

Harreld, Donald J. *High Germans in the Low Countries: German Merchants and Commerce in Golden Age Antwerp.* Leiden: Brill, 2004.

Harris, Ron. *Going the Distance: Eurasian Trade and the Rise of the Business Corporation, 1400–1700.* Princeton, NJ: Princeton University Press, 2020.

Headley, John M. *The Emperor and His Chancellor: A Study of the Imperial Chancellery Under Gattinara.* Cambridge, UK: Cambridge University Press, 1983.

Hess, Andrew. "The Ottoman Conquest of Egypt and the Beginning of the Sixteenth-Century World War." *International Journal of Middle East Studies* 4, no. 1 (January 1973): 55–76.

Hirsch, Rudolf. *Printing, Selling and Reading, 1450–1550.* Wiesbaden: Otto Harrassowitz, 1967.

Hoffman, Philip T. *Why Did Europe Conquer the World?* Princeton, NJ: Princeton University Press, 2015.

Hook, Judith. *The Sack of Rome: 1527.* 2nd ed. New York: Palgrave Macmillan, 2004.

Howell, Martha C. *Commerce Before Capitalism in Europe, 1300–1600.* Cambridge, UK: Cambridge University Press, 2010.

Hunt, Edwin S., and James M. Murray. *A History of Business in Medieval Europe, 1200–1550.* Cambridge, UK: Cambridge University Press, 2010.

Imber, Colin. *The Ottoman Empire: The Structure of Power, 1300–1650.* 2nd ed. New York: Palgrave Macmillan, 2009.

Inalcik, Halil. *An Economic and Social History of the Ottoman Empire.* Vol. 1, *1300–1600.* Cambridge, UK: Cambridge University Press, 1994.

Jacob, Frank, and Gilmar Visoni-Alonzo. *The Military Revolution in Early Modern Europe: A Revision*. London: Palgrave Pivot, 2016.

Jacobs, C. M., trans. *Works of Martin Luther: With Introduction and Notes*. Vol. 1. Philadelphia: Holman, 1915.

Kaebler, Lutz. "Max Weber and Usury," pp. 59–86 in Lawrin Armstrong, Ivana Elbl, and Martin M. Elbl, eds., *Money, Markets and Trade in Late Medieval Europe: Essays in Honour of John H. A. Munro*. Leiden: Brill, 2013.

Kaeuper, Richard. *Medieval Chivalry*. Cambridge, UK: Cambridge University Press, 2016.

———. *War, Justice, and Public Order: England and France in the Later Middle Ages*. Oxford: Clarendon Press, 1988.

Kafadar, Cemal. *Between Two Worlds: The Construction of the Ottoman State*. Berkeley: University of California Press, 1995.

Kamen, Henry. *The Spanish Inquisition: A Historical Revision*. New Haven, CT: Yale University Press, 1997.

Kapr, Albert. *Gutenberg: The Man and His Invention*. Translated by Douglas Martin. Aldershot, UK: Scolar Press, 1996.

Kastritis, Dimitris J. *The Sons of Bayezid: Empire Building and Representation in the Ottoman Civil War of 1402–1413*. Leiden: Brill, 2007.

Kleinschmidt, Harald. *Charles V: The World Emperor*. Stroud, UK: Sutton, 2004.

Knecht, R. J. *Renaissance Warrior and Patron: The Reign of Francis I*. Cambridge, UK: Cambridge University Press, 1994.

Koenigsberger, H. G. "*Dominium Regale* or *Dominium Politicum et Regale*: Monarchies and Parliaments in Early Modern Europe," pp. 1–26 in H. G. Koenigsberger, *Politicians and Virtuosi: Essays in Early Modern History*. London: Hambledon, 1986.

Kowaleski, Maryanne. *Local Markets and Regional Trade in Medieval Exeter*. Cambridge, UK: Cambridge University Press, 1995.

Ladero Quesada, Miguel Ángel. *La Haciendia Real de Castilla, 1369–1504*. Madrid: Real Academia de la Historia, 2009.

Lane, Frederic C. *Venice: A Maritime Republic*. Baltimore: Johns Hopkins University Press, 1973.

Le Goff, Jacques. "The Usurer and Purgatory," pp. 25–52 in *The Dawn of Modern Banking*. New Haven, CT: Yale University Press, 1979.

L'Héritier, Maxime, and Florian Téreygeol. "From Copper to Silver: Understanding the *Saigerprozess* Through Experimental Liquation and Drying." *Historical Metallurgy* 44, no. 2 (2010): 136–52.

Liss, Peggy K. "Isabel, Myth and History," pp. 57–78 in David A. Boruchoff, ed., *Isabel la Católica, Queen of Castile: Critical Essays*. New York: Palgrave Macmillan, 2003.

———. *Isabel the Queen: Life and Times*. 2nd ed. Philadelphia: University of Pennsylvania Press, 2004.

Lopez, Robert S. *The Commercial Revolution of the Middle Ages, 950–1350*. Cambridge, UK: Cambridge University Press, 1976.

———. "The Dawn of Medieval Banking," pp. 1–24 in *The Dawn of Modern Banking*. New Haven, CT: Yale University Press, 1979.

Lowry, Heath W. *The Nature of the Early Ottoman State*. Albany: State University of New York Press, 2003.

Lowry, Martin. *Nicholas Jenson and the Rise of Venetian Publishing in Renaissance Europe*. Oxford: Basil Blackwell, 1991.

———. *The World of Aldus Manutius: Business and Scholarship in Renaissance Venice*. Ithaca, NY: Cornell University Press, 1979.

MacCulloch, Diarmaid. *The Reformation: A History*. New York: Penguin, 2003.

Mahoney, James, Khairunnisa Mohamedali, and Christopher Nguyen. "Causality and Time in Historical Institutionalism," pp. 71–88 in Orfeo Fioretos, Tulia G. Falleti, and Adam Sheingate, eds., *The Oxford Handbook of Historical Institutionalism*. Oxford: Oxford University Press, 2016.

Mallett, Michael. *Mercenaries and Their Masters: Warfare in Renaissance Italy*. 2nd ed. Barnsley, UK: Pen & Sword Military, 2009.

Mallett, Michael, and Christine Shaw. *The Italian Wars, 1494–1559: War, State and Society in Early Modern Europe*. New York: Routledge, 2012.

Mann, Nicholas. "The Origins of Humanism," pp. 1–19 in Jill Kraye, ed., *The Cambridge Companion to Renaissance Humanism*. Cambridge, UK: Cambridge University Press, 1996.

Marius, Richard. *Martin Luther: The Christian Between God and Death.* Cambridge, MA: Belknap, 1999.

Marshall, Richard K. *The Local Merchants of Prato: Small Entrepreneurs in the Late Medieval Economy.* Baltimore: Johns Hopkins University Press, 1999.

McCormick, Michael. *Origins of the European Economy: Communications and Commerce, AD 300–900.* Cambridge, UK: Cambridge University Press, 2001.

McGrath, Alister E. *The Intellectual Origins of the European Reformation.* 2nd ed. Malden, MA: Blackwell, 2004.

Merriman, Roger Bigelow. *Suleiman the Magnificent, 1520–1566.* Cambridge, MA: Harvard University Press, 1944.

Mokyr, Joel. *A Culture of Growth: The Origins of the Modern Economy.* Princeton, NJ: Princeton University Press, 2016.

Morris, Ian. *Why the West Rules—For Now: The Patterns of History, and What They Reveal About the Future.* New York: Farrar, Straus & Giroux, 2010.

Muldrew, Craig. *The Economy of Obligation: The Culture of Credit and Social Obligation in Early Modern England.* New York: St. Martin's Press, 1998.

Munro, John. "The Monetary Origins of the 'Price Revolution': South German Silver-Mining, Merchant-Banking, and Venetian Commerce, 1470–1540." University of Toronto working paper, 2003.

Nauert, Charles G. *Humanism and the Culture of Renaissance Europe.* Cambridge, UK: Cambridge University Press, 1995.

Newitt, Malyn. *A History of Portuguese Overseas Expansion, 1400–1668.* New York: Routledge, 2005.

Nightingale, P. "Monetary Contraction and Mercantile Credit in Later Medieval England." *Economic History Review* 43 (1990): 560–75.

Nossov, Konstantin, and Brian Delf. *The Fortress of Rhodes 1309–1522.* Oxford: Osprey, 2010.

Oberman, Heiko. *Luther: Man Between God and the Devil.* New Haven, CT: Yale University Press, 1989.

O'Callaghan, Joseph F. *The Gibraltar Crusade: Castile and the Battle for the Strait.* Philadelphia: University of Pennsylvania Press, 2011.

———. *The Last Crusade in the West: Castile and the Conquest of Granada.* Philadelphia: University of Pennsylvania Press, 2014.

———. *Reconquest and Crusade in Medieval Spain.* Philadelphia: University of Pennsylvania Press, 2003.

Ocker, Christopher. *Luther, Conflict, and Christendom.* Cambridge, UK: Cambridge University Press, 2018.

Ogilvie, Sheilagh. *Institutions and European Trade: Merchant Guilds, 1000–1800.* Cambridge, UK: Cambridge University Press, 2011.

Oldland, John. *The English Woollen Industry, c.1200–c.1560.* New York: Routledge, 2019.

Oliva Herrer, Hipólito Rafael. "Interpreting Large-Scale Revolts: Some Evidence from the War of the Communities of Castile," pp. 330–48 in Justine Firnhaber-Baker and Dirk Schoenaers, eds., *The Routledge History Handbook of Medieval Revolts.* New York: Routledge, 2017.

Oro, José García. *El Cardenal Cisneros: Vida y impresas.* 2 vols. Madrid: Biblioteca de Autores Cristianos, 1992–93.

Özbaran, Salih. "Ottoman Naval Policy in the South," pp. 55–70 in Metin Kunt and Christine Woodhead, eds., *Süleyman the Magnificent and His Age: The Ottoman Empire in the Early Modern World.* London: Longman, 1995.

Pálffy, Géza. *The Kingdom of Hungary and the Habsburg Monarchy in the Sixteenth Century.* Translated by Thomas J. DeKornfeld and Helen D. DeKornfeld. New York: Columbia University Press, 2009.

Pamuk, Şevket. "In the Absence of Domestic Currency: Debased European Coinage in the Seventeenth-Century Ottoman Empire." *Journal of Economic History* 57, no. 2 (June 1997): 345–66.

Parker, Geoffrey. *Emperor: A New Life of Charles V.* New Haven, CT: Yale University Press, 2019.

———. *The Military Revolution: Military Innovation and the Rise of the West, 1500–1800.* 2nd ed. Cambridge, UK: Cambridge University Press, 1996.

Parrott, David. *The Business of War: Military Enterprise and Military Innovation in Early Modern Europe.* Cambridge, UK: Cambridge University Press, 2012.

Perjés, Géza. *The Fall of the Medieval Kingdom of Hungary: Mohács 1526–Buda 1541.* Vol. 26 of *War and Society in East Central Europe.* New York: Columbia University Press, 1989.

Pettegree, Andrew. *The Book in the Renaissance.* New Haven, CT: Yale University Press, 2010.

———. *Brand Luther: 1517, Printing, and the Making of the Reformation.* New York: Penguin, 2015.

———. *The Invention of News: How the World Came to Know About Itself.* New Haven, CT: Yale University Press, 2014.

Pike, Ruth. *Enterprise and Adventure: The Genoese in Seville and the Opening of the New World.* Ithaca, NY: Cornell University Press, 1966.

Pomeranz, Kenneth. *The Great Divergence: China, Europe, and the Making of the Modern World Economy.* Princeton, NJ: Princeton University Press, 2000.

Poos, L. R. *A Rural Society After the Black Death: Essex 1350–1525.* Cambridge, UK: Cambridge University Press, 1991.

Potter, David. *Renaissance France at War.* Woodbridge, UK: Boydell Press, 2008.

Preda, Alex. "Legitimacy and Status Groups in Financial Markets." *British Journal of Sociology* 56, no. 3 (2005): 451–71.

Redlich, Fritz. *The German Military Enterpriser and His Work Force: A Study in European Economic and Social History.* Vol. 1. Wiesbaden: Franz Steiner Verlag, 1964.

Reeve, Michael D. "Classical Scholarship," pp. 20–46 in Jill Kraye, ed., *The Cambridge Companion to Renaissance Humanism.* Cambridge, UK: Cambridge University Press, 1996.

Reston, James. *Defenders of the Faith: Christianity and Islam Battle for the Soul of Europe, 1520–1536.* New York: Penguin, 2009.

Rex, Richard. "Humanism," pp. 51–71 in Andrew Pettegree, ed., *The Reformation World.* London: Routledge, 2000.

Rogers, Clifford J., ed. *The Military Revolution Debate: Readings on the Military Transformation of Early Modern Europe.* Boulder, CO: Westview Press, 1995.

———. "The Military Revolution of the Hundred Years War," pp. 55–93 in Clifford J. Rogers, ed., *The Military Revolution Debate: Readings on the Military Transformation of Early Modern Europe*. Boulder, CO: Westview Press, 1995.

Roper, Lyndal. *Martin Luther: Renegade and Prophet*. New York: Random House, 2016.

Rösch, Gerhard. "The *Serrata* of the Great Council and Venetian Society, 1286–1323," pp. 67–88 in John Martin and Dennis Romano, eds., *Venice Reconsidered: The History and Civilization of an Italian City-State, 1297–1797*. Baltimore: Johns Hopkins University Press, 2000.

Roth, Norman. *Conversos, Inquisition, and the Expulsion of the Jews from Spain*. Madison: University of Wisconsin Press, 1995.

Ruggiero, Guido. *The Renaissance in Italy: A Social and Cultural History of the Rinascimento*. Cambridge, UK: Cambridge University Press, 2015.

Ruiz, Teofilo R. *Crisis and Continuity: Land and Town in Late Medieval Castile*. Philadelphia: University of Pennsylvania Press, 1994.

Rummel, Erika. *Jiménez de Cisneros: On the Threshold of Spain's Golden Age*. Tempe: Arizona Center for Medieval and Renaissance Studies, 1999.

Russell, Peter. *Prince Henry "the Navigator": A Life*. New Haven, CT: Yale University Press, 2000.

Saak, Eric Leland. *Luther and the Reformation of the Later Middle Ages*. Cambridge, MA: Cambridge University Press, 2017.

Safley, Thomas Max. *Family Firms and Merchant Capitalism in Early Modern Europe: The Business, Bankruptcy, and Resilience of the Höchstetters of Augsburg*. New York: Routledge, 2020.

Şahin, Kaya. *Empire and Power in the Reign of Süleyman: Narrating the Sixteenth-Century Ottoman World*. Cambridge, UK: Cambridge University Press, 2013.

Scheidel, Walter. *Escape from Rome: The Failure of Empire and the Road to Prosperity*. Princeton, NJ: Princeton University Press, 2019.

Scott, Jonathan. *How the Old World Ended: The Anglo-Dutch-American Revolution, 1500–1800*. New Haven, CT: Yale University Press, 2019.

Scott, Tom. *Thomas Müntzer: Theology and Revolution in the German Reformation*. New York: St. Martin's Press, 1989.

Scott, Tom, and Bob Scribner, eds. *The German Peasants' War: A History in Documents*. New York: Humanities Books, 1991.

Shaffern, Robert W. "The Medieval Theology of Indulgences," pp. 37–64 in R. N. Swanson, ed., *Promissory Notes on the Treasury of Merits: Indulgences in Late Medieval Europe*. Leiden: Brill, 2006.

Shepard, Alexandra. *Accounting for Oneself: Worth, Status, and the Social Order in Early Modern England*. Oxford: Oxford University Press, 2015.

Sherer, Idan. *Warriors for a Living: The Experience of the Spanish Infantry During the Italian Wars, 1494–1559*. Leiden: Brill, 2017.

Silver, Larry. *Marketing Maximilian: The Visual Ideology of a Holy Roman Emperor*. Princeton, NJ: Princeton University Press, 2008.

Simonsfeld, Henry. *Der Fondaco dei Tedeschi in Venedig und die deutsch-venetianischen Handelsbeziehungen*. Stuttgart: Cotta, 1887.

Spruyt, Hendrik. *The Sovereign State and Its Competitors: An Analysis of Systems Change*. Princeton, NJ: Princeton University Press, 1994.

Spufford, Peter. *Money and Its Use in Medieval Europe*. Cambridge, UK: Cambridge University Press, 1988.

———. *Power and Profit: The Merchant in Medieval Europe*. London: Thames & Hudson, 2002.

Stasavage, David. *States of Credit: Size, Power, and the Development of European Polities*. Princeton, NJ: Princeton University Press, 2011.

Stayer, James M. "The German Peasants' War and the Rural Reformation," pp. 127–45 in Andrew Pettegree, ed., *The Reformation World*. London: Routledge, 2000.

Stein, Robert. *Magnanimous Dukes and Rising States: The Unification of the Burgundian Netherlands, 1380–1480*. Oxford: Oxford University Press, 2017.

Steinmetz, Greg. *The Richest Man Who Ever Lived: The Life and Times of Jacob Fugger*. New York: Simon & Schuster, 2015.

Strayer, Joseph R. *On the Medieval Origins of the Modern State*. Princeton, NJ: Princeton University Press, 1970.

Strieder, Jacob. *Jacob Fugger the Rich*. New York: Adelphi Press, 1931.

Studer, Roman. *The Great Divergence Reconsidered: Europe, India, and the Rise of Global Economic Power*. Cambridge, UK: Cambridge University Press, 2015.

Subrahmanyam, Sanjay. *The Career and Legend of Vasco da Gama*. Cambridge, UK: Cambridge University Press, 1997.

Swanson, R. N. "The Pre-Reformation Church," pp. 9–30 in Andrew Pettegree, ed., *The Reformation World*. London: Routledge, 2000.

Taylor, Larissa. "Society and Piety," pp. 22–36 in R. Po-chia Hsia, ed., *A Companion to the Reformation World*. Malden, MA: Blackwell, 2004.

Thomas, Hugh. *Conquest: Montezuma, Cortés, and the Fall of Old Mexico*. New York: Touchstone, 1993.

Thrupp, Sylvia L. *The Merchant Class of Medieval London, 1300–1500*. Ann Arbor: University of Michigan Press, 1948.

Tilly, Charles. *Coercion, Capital, and European States, AD 990–1992*. Malden, MA: Blackwell, 1992.

———. *The Formation of National States in Western Europe*. Princeton, NJ: Princeton University Press, 1975.

Tooze, Adam. *The Deluge: The Great War, America and the Remaking of the Global Order, 1916–1931*. New York: Viking, 2014.

Tracy, James D. *Emperor Charles V, Impresario of War: Campaign Strategy, International Finance, and Domestic Politics*. Cambridge, UK: Cambridge University Press, 2002.

Trim, David J. B., ed. *The Chivalric Ethos and the Development of Military Professionalism*. Leiden: Brill, 2003.

Usher, Abbott Payson. *The Early History of Deposit Banking in Mediterranean Europe*. Cambridge, MA: Harvard University Press, 1943.

Val Valdivieso, María Isabel del. "Isabel, *Infanta* and Princess of Castile," pp. 41–56 in David A. Boruchoff, ed., *Isabel la Católica, Queen of Castile: Critical Essays*. New York: Palgrave Macmillan, 2003.

Van der Wee, Herman. *The Growth of the Antwerp Market and the European Economy, 1400s–1600s*. The Hague: Nijhoff, 1963.

Van Doosselaere, Quentin. *Commercial Agreements and Social Dynamics in Medieval Genoa*. Cambridge, UK: Cambridge University Press, 2009.

Varela, Consuelo. *Colón y los Florentinos*. Madrid: Alianza, 1989.

Vaughan, Richard. *Charles the Bold*. Woodbridge, UK: Boydell Press, 2002 (1st ed. 1973).

Verlinden, Charles. "The Italian Colony of Lisbon and the Development of Portuguese Metropolitan and Colonial Economy," pp. 98–113 in Charles Verlinden, *The Beginnings of Modern Colonization*. Ithaca, NY: Cornell University Press, 1970.

———. "A Precursor of Columbus: The Fleming Ferdinand van Olmen," pp. 181–95 in Charles Verlinden, *The Beginnings of Modern Colonization*. Ithaca, NY: Cornell University Press, 1970.

Watts, John. *The Making of Polities: Europe, 1300–1500*. Cambridge, UK: Cambridge University Press, 2009.

Weissberger, Barbara F. *Isabel Rules: Constructing Queenship, Wielding Power*. Minneapolis: University of Minnesota Press, 2004.

Wickham, Chris. *Framing the Early Middle Ages*. Oxford: Oxford University Press, 2005.

Williams, Ann. "Mediterranean Conflict," pp. 39–54 in Metin Kunt and Christine Woodhead, eds., *Süleyman the Magnificent and His Age: The Ottoman Empire in the Early Modern World*. London: Longman, 1995.

Wilson, Peter. *The Thirty Years War: Europe's Tragedy*. Cambridge, MA: Harvard University Press, 2011.

Wood, Diana. *Medieval Economic Thought*. Cambridge, UK: Cambridge University Press, 2002.

Woodhead, Christine. "Perspectives on Süleyman," pp. 164–90 in Metin Kunt and Christine Woodhead, eds., *Süleyman the Magnificent and His Age: The Ottoman Empire in the Early Modern World*. London: Longman, 1995.

Wyman, Patrick (host). "Interview: Historian Christopher Dyer on Peasants and the Medieval Economy." *Tides of History*, September 27, 2018.

Zmora, Hillay. *The Feud in Early Modern Germany*. Cambridge, UK: Cambridge University Press, 2011.

———. *State and Nobility in Early Modern Germany: The Knightly Feud in Franconia, 1440–1567*. Cambridge, UK: Cambridge University Press, 2003.

尾 注

关于金钱和流通货币的说明

1 Peter Spufford, *Money and Its Use in Medieval Europe* (Cambridge, UK: Cambridge University Press, 1988), pp. 291–93 and 400–414.

2 Martha C. Howell, *Commerce Before Capitalism in Europe, 1300–1600* (Cambridge, UK: Cambridge University Press, 2010), pp. 303–6.

3 Idan Sherer, *Warriors for a Living: The Experience of the Spanish Infantry During the Italian Wars, 1494–1559* (Leiden: Brill, 2017), p. 25.

4 Paul Goldthwaite, *The Economy of Renaissance Florence* (Baltimore: Johns Hopkins University Press, 2011), p. 613.

引 言

1 Judith Hook, *The Sack of Rome: 1527*, 2nd ed. (New York: Palgrave Macmillan, 2004), pp. 161–66.

2 引自 Hook, *Sack of Rome*, p. 163。

3 引自 Hook, *Sack of Rome*, p. 167 和 pp.166–76; Kenneth Gouwens, *Remembering the Renaissance: Humanist Narratives of the Sack of Rome* (Leiden: Brill, 1998), pp. xvii-xix 和 1–5。

4　关于欧洲的落后地位，见 Janet L. Abu-Lughod, *Before European Hegemony: The World System, A.D. 1250–1350* (Oxford: Oxford University Press,1989)。

5　关于多极体系：Walter Scheidel, *Escape from Rome: The Failure of Empire and the Road to Prosperity* (Princeton, NJ: Princeton University Press, 2019)。关于"深度分流"：Ian Morris, *Why the West Rules–For Now: The Patterns of History, and What They Reveal About the Future* (New York: Farrar, Straus & Giroux, 2010)。关于文化：Joel Mokyr, *A Culture of Growth: The Origins of the Modern Economy* (Princeton, NJ: Princeton University Press, 2016)。关于英荷关系：Jonathan Scott, *How the Old World Ended: The Anglo-Dutch-American-Revolution, 1500-1800* (New Haven, CT: Yale University Press, 2019), and James Belich, *Replenishing the Earth: The Settler Revolution and the Rise of the Angloworld* (Oxford: Oxford University Press, 2009)。关于中国：Kenneth Pomeranz, *The Great Divergence: China, Europe, and the Making of the Modern World Economy* (Princeton, NJ: Princeton University Press, 2000)。关于军事：Philip T. Hoffman, *Why Did Europe Conquer the World?* (Princeton, NJ: Princeton University Press, 2015)。关于印度与市场：Roman Studer, *The Great Divergence Reconsidered: Europe, India, and the Rise of Global Economic Power* (Cambridge, UK: Cambridge University Press, 2015)。这只是最近作品的简短书单，相关的还有很多很多。

6　长时段历史学，在更大规模上关注重塑了社会结构的长时间段进程，其经典著作参见费尔南·布罗代尔（Fernand Braudel）的三卷本：*Civilization and Capitalism, 15th–18th Century: The Structures of Everyday Life: The Limits of the Possible*, trans. Sian Reynolds (Berkeley and Los Angeles: University of California Press, 1992 [1st ed. 1981]); *The Wheels of Commerce*, trans. Sian Reynolds (Berkeley and Los Angeles: University of California Press, 1992 [1st ed. 1982]); and *The Perspective of the World*, trans. Sian Reynolds (Berkeley and Los Angeles: University of California Press, 1992 [1st ed. 1982])。

7　Avner Greif, *Institutions and the Path to the Modern Economy: Lessons From Medieval Trade* (Cambridge, UK: Cambridge University Press, 2006), especially pp. 14-23; Sheilagh Ogilvie, *Institutions and European Trade: Merchant Guilds, 1000-1800* (Cambridge, UK: Cambridge University Press, 2011), 特别关注 pp. 414-33。

8　Bruce M. S. Campbell, *The Great Transition: Climate, Disease, and Society in the Late-Medieval World* (Cambridge, UK: Cambridge University Press, 2016).

9 基础性介绍参见 Craig Muldrew, *The Economy of Obligation: The Culture of Credit and Social Obligation in Early Modern England* (New York: St. Martin's Press, 1998), pp. 1-3。穆德鲁（Muldrew）的论述可以更广泛地运用到他所举的英国的例子以外。另见 Thomas Max Safley, *Family Firms and Merchant Capitalism in Early Modern Europe: The Business, Bankruptcy, and Resilience of the Höchstetters of Augsburg* (New York: Routledge, 2020); Alexandra Shepard, *Accounting for Oneself: Worth, Status, and the Social Order in Early Modern England* (Oxford: Oxford University Press, 2015)。关于更普遍的市场与社会关系网，参见 Mark Granovetter, "The Impact of Social Structure on Economic Outcomes," *Journal of Economic Perspectives* 19, no. 1 (2005): 33-50; Alex Preda, "Legitimacy and Status Groups in Financial Markets," *British Journal of Sociology* 56, no. 3 (2005): 451-71。

10 Greif, *Institutions and the Path to the Modern Economy*, pp. 338-49; 另见 Ron Harris, *Going the Distance: Eurasian Trade and the Rise of the Business Corporation,1400-1700* (Princeton, NJ: Princeton University Press, 2020), pp. 173–233。

11 关于制度迁移的理论框架，参见 Harris, *Going the Distance*, pp. 57–62；关于欧洲各地信贷制度的不同，以及英格兰极度发达的信贷制度，参见 Christine Desan, *Making Money: Coin, Currency, and the Coming of Capitalism* (Oxford: Oxford University Press, 2014), pp.205-30；关于信贷在较小的意大利市场的集中性，参见 Richard K. Marshall, *The Local Merchants of Prato: Small Entrepreneurs in the Late Medieval Economy* (Baltimore: Johns Hopkins University Press, 1999), pp. 71-100。

12 Peter Spufford, *Money and Its Use in Medieval Europe* (Cambridge: Cambridge University Press, 1988), especially pp. 339-62；关于钱币短缺以及随之而来的信贷短缺，参见 Desan, *Making Money*, p. 206。

13 Stephen D. Bowd, *Renaissance Mass Murder: Civilians and Soldiers During the Italian Wars* (Oxford: Oxford University Press, 2019), table on p.6.

14 对这些概念的介绍可参见 James Mahoney, Khairunnisa Mohamedali, and Christopher Nguyen, "Causality and Time in Historical Institutionalism," pp. 71–88 in Orfeo Fioretos, Tulia G. Falleti, and Adam Sheingate, eds., *The Oxford Handbook of Historical Institutionalism* (Oxford: Oxford University Press, 2016), especially pp.

77–87; and Giovanni Capoccia,"Critical Junctures," pp. 89–106 in Fioretos, Falleti, and Sheingate eds., *The Oxford Handbook of Historical Institutionalism*。

第一章　克里斯托弗·哥伦布与探险

1. Bartolome de las Casas, *The Diario of Christopher Columbus's First Voyage to America, 1492–1493*, trans. Oliver Dunn and James E. Kelly Jr. (Norman: University of Oklahoma Press, 1989), pp. 391–93.
2. Felipe Fernández-Armesto, *Before Columbus: Exploration and Colonization from the Mediterranean to the Atlantic, 1229–1492* (Philadelphia: University of Pennsylvania Press, 1987), pp. 151–202.
3. Peter Russell, *Prince Henry "the Navigator": A Life* (New Haven, CT: Yale University Press, 2000).
4. Russell, *Prince Henry*, pp. 73–74.
5. Russell, *Prince Henry*, p. 84.
6. 关于西非黄金贸易，参见 Toby Green, *A Fistful of Shells: West Africa from the Rise of the Slave Trade to the Age of Revolution* (Chicago: University of Chicago Press, 2019), pp. 31–67。
7. Green, *A Fistful of Shells*, pp. 37–59.
8. Malyn Newitt, *A History of Portuguese Overseas Expansion, 1400–1668* (New York: Routledge, 2005), pp. 26–32.
9. Gomes Eanes de Zurara, *Chronicle of the Discovery and Conquest of Guinea*, ed. and trans. Sir Charles Raymond Beazley and Edgar Prestage (London: Hakluyt Society, 1896), p. 6.
10. Ivana Elbl, "The King's Business in Africa: Decisions and Strategies of the Portuguese Crown," pp. 89–118 in Lawrin Armstrong, Ivana Elbl, and Martin M. Elbl, eds., *Money, Markets and Trade in Late Medieval Europe: Essays in Honour of John H. A. Munro* (Leiden: Brill, 2013), pp. 106–7.
11. Charles Verlinden, "The Italian Colony of Lisbon and the Development of Portuguese Metropolitan and Colonial Economy," pp. 98–113 in Verlinden, *The Beginnings of Modern Colonization* (Ithaca, NY: Cornell University Press,1970), p. 104. 另见 A. R. Disney, *A History of Portugal and the Portuguese Empire*,

vol. 2, *The Portuguese Empire* (Cambridge, UK: Cambridge University Press, 2009), pp. 33–34。

12 Quentin van Doosselaere, *Commercial Agreements and Social Dynamics in Medieval Genoa* (Cambridge, UK: Cambridge University Press, 2009).

13 Steven Epstein, *Genoa and the Genoese, 958–1528* (Chapel Hill: University of North Carolina Press, 1996), pp. 242–62.

14 Fernández-Armesto, *Before Columbus*, pp. 105–20；另见 Ruth Pike, *Enterprise and Adventure: The Genoese in Seville and the Opening of the New World* (Ithaca, NY: Cornell University Press, 1966), pp. 1–19。

15 Felipe Fernández-Armesto, *Columbus* (Oxford: Oxford University Press,1991), pp. 1–7. 引文出自 p. 5。

16 引文出自 Fernández-Armesto, *Columbus*, p. 5。

17 关于伊莎贝拉和斐迪南与卡斯蒂利亚继承战争，参见 Peggy K. Liss, *Isabel the Queen: Life and Times*, 2nd ed. (Philadelphia: University of Pennsylvania Press, 2004), pp. 115–65。

18 Newitt, *A History of Portuguese Overseas Expansion*, pp. 39–41.

19 Consuelo Varela, *Colón y los Florentinos* (Madrid: Alianza, 1989), pp. 25–26.

20 Valerie Flint, *The Imaginative Landscape of Christopher Columbus* (Princeton, NJ: Princeton University Press, 1992), pp. 44–46 and 66–67.

21 Fernández-Armesto, Columbus, pp. 33–43; Flint, Imaginative Landscape, pp.43–78.

22 Newitt, *A History of Portuguese Overseas Expansion*, pp. 44–48；更普遍的讨论见 Susannah Humble Ferreira, *The Crown, the Court, and the Casa da Índia: Political Centralization in Portugal, 1479–1521* (Leiden: Brill, 2015)。

23 Disney, *A History of Portugal and the Portuguese Empire*, pp. 35–37.

24 Paul Freedman, *Out of the East: Spices and the Medieval Imagination* (New Haven, CT: Yale University Press, 2009).

25 关于范·奥门和他可能对哥伦布的影响，参见 Charles Verlinden,"A Precursor of Columbus: The Fleming Ferdinand van Olmen," pp.181–95 in Verlinden, *The Beginnings of Modern Colonization*。

26 Armesto, *Columbus*, p. 54.

27 Fernández-Armesto, *Columbus*, pp. 54–65. 关于加那利群岛，见 Felipe Fernán-

dez-Armesto, "La financiación de la conquista de las islas Canarias durante el reinado de los Reyes Católicos," *Anuario de Estudios Atlánticos* 28 (1982): 343–78。关于里瓦罗洛，参见 Leopoldo de la Rosa Olivera, "Francisco de Riberol y la colonia genovesa en Canarias," *Anuario de Estudios Atlanticos* 18 (1972): 61–129。

28 Liss, *Isabel the Queen*, pp. 325–26.

29 Fernández-Armesto, *Columbus*, pp. 61–63; Pike, *Enterprise and Adventure*, p.3.

30 引自 Fernández-Armesto, *Columbus*, p. 93。

31 Liss, *Isabel the Queen*, p. 326. 只有1492年年初的一份安全协议（解释了哥伦布与王室关联的一种方法）提到了宗教目的。

32 Sanjay Subrahmanyam, *The Career and Legend of Vasco da Gama* (Cambridge, UK: Cambridge University Press, 1997), pp. 47–54.

33 Newitt, *A History of Portuguese Overseas Expansion*, pp. 46–52；关于马尔基翁尼，另见 Paul Goldthwaite, *The Economy of Renaissance Florence* (Baltimore: Johns Hopkins University Press, 2011), pp. 155–60。

34 Subrahmanyam, *The Career and Legend of Vasco da Gama*, pp. 54–57.

35 关于达·伽马的第一次航行，见 Subrahmanyam, *The Career and Legend of Vasco da Gama*, pp. 79–163。估计数字: Roger Crowley, *Conquerors: How Portugal Forged the First Global Empire* (New York: Random House, 2015), p. 130。关于印度洋的更广泛论述: K. N. Chaudhuri, *Trade and Civilisation in the Indian Ocean: An Economic History from the Rise of Islam to 1750* (Cambridge, UK: Cambridge University Press, 1985), pp. 52–62。

36 Subrahmanyam, *Vasco da Gama*, pp. 181–84; Newitt, *A History of Portuguese Overseas Expansion*, pp. 66–70.

37 Thomé Lopes，引自 Crowley, *Conquerors*, pp. 108–9。

38 引自 Fernández-Armesto, *Columbus*, p. 138；关于奴隶制与哥伦布，见 Epstein, *Genoa and the Genoese*, pp. 310–12。

39 Newitt, *A History of Portuguese Overseas Expansion*, pp. 68–70 and 99.

40 Elbl, "The King's Business in Africa," pp. 112–14.

41 Hugh Thomas, *Conquest: Montezuma, Cortés, and the Fall of Old Mexico* (New York: Touchstone, 1993), pp. 65–69.

第二章　卡斯蒂利亚的伊莎贝拉与国家的兴起

1　这个意外事件记载于 Diego de Valera, *Memorial de diversas hazañas*, ed.Juan de Mata Carriazo (Madrid: Espasa-Calpe,1941), cap. 36。

2　De Valera, *Memorial*, trans. and quoted in Peggy K. Liss, *Isabel the Queen: Life and Times* (Philadelphia: University of Pennsylvania Press, 2004), pp. 47–48.

3　关于这段故事的有用的概述，参见 John Watts, *The Making of Polities: Europe, 1300-1500* (Cambridge, UK: Cambridge University Press,2009), pp. 23–33, 和 Ronald G. Asch, "Monarchy in Western and Central Europe," pp. 355–83 in Hamish Scott, ed., *The Oxford Handbook of Early Modern European History, vol. 2, Cultures and Power* (Oxford: Oxford University Press, 2015)。经典的阐述有 Joseph R. Strayer, *On the Medieval Origins of the Modern State* (Princeton, NJ: Princeton University Press, 1970), 和 Charles Tilly, *The Formation of National States in Western Europe* (Princeton, NJ: Princeton University Press, 1975)。

4　Watts, *The Making of Polities*, pp. 29–32 and 376ff.

5　Hendrik Spruyt, *The Sovereign State and Its Competitors: An Analysis of Systems Change* (Princeton, NJ: Princeton University Press, 1994).

6　Liss, *Isabel the Queen*, pp. 11–25 and 37–50; María Isabel del Val Valdivieso,"Isabel, Infanta and Princess of Castile," pp. 41–56 in David A. Boruchoff, ed., *Isabel la Católica, Queen of Castile: Critical Essays* (New York: Palgrave Macmillan, 2003).

7　引用自 Liss, *Isabel the Queen*, p. 54，伊莎贝拉写给她的总管贡萨洛·查孔的信。

8　J. H. Elliott, "A Europe of Composite Monarchies," *Past and Present* 137(1992): 48–71; H. G. Koenigsberger, "Dominium Regale or Dominium Politicum et Regale: Monarchies and Parliaments in Early Modern Europe," pp. 1–26 in H. G. Koenigsberger, *Politicians and Virtuosi: Essays in Early Modern History* (London: Hambledon, 1986).

9　Liss, *Isabel the Queen*, pp. 58–62；第 61 页写给恩里克的信。

10　Liss, *Isabel the Queen*, pp. 58–62；第 65 页写给恩里克的信。

11　Richard Kaeuper, *War, Justice, and Public Order: England and France in the Later Middle Ages* (Oxford: Clarendon Press, 1988).

12　Watts, *The Making of Polities*, pp. 340–52.
13　Liss, *Isabel the Queen*, pp. 105–8；关于伊莎贝拉及其执政合法性，参见 Cristina Guardiola-Griffiths, *Legitimizing the Queen: Propaganda and Ideology in the Reign of Isabel I of Castile* (Lewisburg, PA: Bucknell University Press, 2011); Barbara F. Weissberger, *Isabel Rules: Constructing Queenship, Wielding Power* (Minneapolis: University of Minnesota Press, 2004)。
14　Liss, *Isabel the Queen*, pp. 113–15.
15　Liss, *Isabel the Queen*, pp. 202–6.
16　Charles Tilly, *Coercion, Capital, and European States, AD 990–1992* (Malden, MA: Blackwell, 1992), pp. 82–90；引文参见 Tilly, *The Formation of National States in Western Europe*, p. 42。
17　Joseph F. O'Callaghan, *Reconquest and Crusade in Medieval Spain* (Philadelphia: University of Pennsylvania Press, 2003), pp. 3–8.
18　Joseph F. O'Callaghan, *The Gibraltar Crusade: Castile and the Battle for the Strait* (Philadelphia: University of Pennsylvania Press, 2011).
19　Liss, *Isabel the Queen*, pp. 101–9; Peggy K. Liss, "Isabel, Myth and History," pp. 57–78 in Boruchoff, ed., *Isabel la Católica*.
20　Liss, *Isabel the Queen*, p. 212
21　引用自 Joseph F. O'Callaghan, *The Last Crusade in the West: Castile and the Conquest of Granada* (Philadelphia: University of Pennsylvania Press, 2014), p.127。
22　O'Callaghan, *The Last Crusade in the West*, p. 134.
23　O'Callaghan, *The Last Crusade in the West*, pp. 142–45 and 184–95.
24　参见 Christine Carpenter, *The Wars of the Roses: Politics and the Constitution in England, c. 1437–1509* (Cambridge, UK: Cambridge University Press, 1997), pp. 104–5。
25　Robert Stein, *Magnanimous Dukes and Rising States: The Unification of the Burgundian Netherlands, 1380–1480* (Oxford: Oxford University Press, 2017), pp.226–54.
26　Miguel Ángel Ladero Quesada, *La Haciendia Real de Castilla, 1369–1504* (Madrid: Real Academia de la Historia, 2009), pp. 233–40; O'Callaghan, *The Last Crusade in the West*, pp. 222–24.
27　Liss, *Isabel the Queen*, p. 247.

28 O'Callaghan, *The Last Crusade in the West*, pp. 220–25.

29 关于巴尔迪和佩鲁齐，参见 Edwin S. Hunt and James M. Murray, *A History of Business in Medieval Europe, 1200–1550* (Cambridge, UK: Cambridge University Press, 2010), pp. 116–21；关于美第奇，参见 Raymond de Roover, *The Rise and Decline of the Medici Bank, 1397–1494* (New York: Norton, 1966), pp. 346–57。

30 Liss, *Isabel the Queen*, pp. 250–53.

31 David Stasavage, *States of Credit: Size, Power, and the Development of European Polities* (Princeton: Princeton University Press, 2011), pp. 9–38.

32 Richard Bonney, ed., *Economic Systems and State Finance* (Oxford: Clarendon Press, 1995).

33 Liss, *Isabel the Queen*, p. 258.

34 Liss, *Isabel the Queen*, pp. 101–9,177–96,and 278–79; Norman Roth, Conversos, *Inquisition, and the Expulsion of the Jews from Spain* (Madison: University of Wisconsin Press, 1995); Henry Kamen, *The Spanish Inquisition: A Historical Revision* (New Haven, CT: Yale University Press, 1997); John Edwards, *Torquemada and the Inquisitors* (Stroud, UK: Tempus, 2005).

35 Liss, *Isabel the Queen*, pp. 396-99.

第三章　雅各布·富格尔与银行业

1 引自 Greg Steinmetz, *The Richest Man Who Ever Lived: The Life and Times of Jacob Fugger* (New York: Simon & Schuster, 2015), p. xiii。

2 Jean Andreau, *Banking and Business in the Roman World* (Cambridge, UK: Cambridge University Press, 1999); Chris Wickham, *Framing the Early Middle Ages* (Oxford: Oxford University Press, 2005), pp. 693–831; Michael McCormick, *Origins of the European Economy: Communications and Commerce, AD 300–900* (Cambridge, UK: Cambridge University Press, 2001), pp. 27–122.

3 Robert S. Lopez, *The Commercial Revolution of the Middle Ages, 950–1350* (Cambridge, UK: Cambridge University Press, 1976).

4 Robert S. Lopez, "The Dawn of Medieval Banking," pp. 1–24 in *The Dawn of*

Modern Banking (New Haven, CT: Yale University Press, 1979)；另见 Abbott Payson Usher, *The Early History of Deposit Banking in Mediterranean Europe* (Cambridge, MA: Harvard University Press, 1943, especially pp.110–20。

5   Raymond de Roover, *The Rise and Decline of the Medici Bank, 1397–1494* (New York: Norton, 1966).

6   引自 Lutz Kaebler, "Max Weber and Usury," pp. 59–86 in Lawrin Armstrong, Ivana Elbl, and Martin M. Elbl, eds., *Money, Markets and Trade in Late Medieval Europe: Essays in Honour of John H. A. Munro* (Leiden: Brill, 2013), p. 87。

7   关于禁止放高利贷，参见 de Roover, *The Rise and Decline of the Medici Bank*, pp. 10–12; Jacques Le Goff, "The Usurer and Purgatory," pp. 25–52 in *The Dawn of Modern Banking*; Kaebler, "Max Weber and Usury," pp. 79–86; Diana Wood, *Medieval Economic Thought* (Cambridge, UK: Cambridge University Press, 2002), pp. 181–205。

8   Mark Häberlein, *The Fuggers of Augsburg: Pursuing Wealth and Honor in Renaissance Germany* (Charlottesville: University of Virginia Press, 2012), pp. 22–25; Jean-François Bergier, "From the Fifteenth Century in Italy to the Sixteenth Century in Germany: A New Banking Concept?," pp. 105–29 in *The Dawn of Modern Banking*.

9   Paul Goldthwaite, *The Economy of Renaissance Florence* (Baltimore: Johns Hopkins University Press, 2011), pp. 37ff.

10   Häberlein, *The Fuggers of Augsburg*, pp. 9–12.

11   在其他地方的相同情况，可参见 Barbara Hanawalt, *The Wealth of Wives: Women, Law, and Economy in Late Medieval London* (Oxford: Oxford University Press, 2007)。

12   Häberlein, The Fuggers of Augsburg, pp. 29–30, and Peter Geffcken, "Jakob Fuggers frühe Jahre," pp. 4–7 in Martin Kluger, ed., *Jakob Fugger (1459–1525): Sein Leben in Bildern* (Augsburg: Context-Medien und - Verlag, 2009).

13   关于"德国商馆"，见 Henry Simonsfeld, *Der Fondaco dei Tedeschi in Venedig und die deutsch-venetianischen Handelsbeziehungen* (Stuttgart: Cotta, 1887), pp.61–62。

14   Jacob Strieder, *Jacob Fugger the Rich* (New York: Adelphi Press, 1931), pp.15–19；引自施瓦茨（Schwarz）一本著名的时装图样册第 16 页。

15 Häberlein, *The Fuggers of Augsburg*, pp. 35–36.

16 Strieder, *Jacob Fugger the Rich*, pp. 18–19.

17 Strieder, *Jacob Fugger the Rich*, pp. 16–17.

18 引自 Richard Ehrenberg, *Capital and Finance in the Age of the Renaissance: A Study of the Fuggers, and Their Connections*, trans. H. M. Lucas (New York: Harcourt, 1928), p. 60。

19 关于马克西米利安运用印刷品的宣传，参见 Larry Silver, *Marketing Maximilian: The Visual Ideology of a Holy Roman Emperor* (Princeton, NJ: Princeton University Press, 2008)；关于马克西米利安的总体情况，参见 Gerhard Benecke, *Maximilian I, 1459–1519: An Analytical Biography* (London: Routledge, 1982)。

20 Häberlein, *The Fuggers of Augsburg*, pp. 36–37.

21 Ehrenberg, *Capital and Finance in the Age of the Renaissance*, p.67.

22 Maxime L'Héritier and Florian Téreygeol, "From Copper to Silver: Understanding the Saigerprozess Through Experimental Liquation and Drying," *Historical Metallurgy* 44, no. 2 (2010): 136–52.

23 John Munro, "The Monetary Origins of the 'Price Revolution': South German Silver-Mining, Merchant-Banking, and Venetian Commerce, 1470–1540,"University of Toronto working paper, 2003, pp. 10–12.

24 Häberlein, *The Fuggers of Augsburg*, p. 58.

25 Häberlein, *The Fuggers of Augsburg*, pp. 40–45；关于商业与信息流通，见 Andrew Pettegree, *The Invention of News: How the World Came to Know About Itself* (New Haven, CT: Yale University Press, 2014), pp.40–57。

26 Häberlein, *The Fuggers of Augsburg*, pp. 44 and 53；关于安特卫普的富格尔家族，见 Donald J. Harreld, *High Germans in the Low Countries: German Merchants and Commerce in Golden Age Antwerp* (Leiden: Brill, 2004), pp. 131–33。

27 Häberlein, *The Fuggers of Augsburg*, pp. 31–35；引自 Strieder, *Jacob Fugger the Rich*, pp. 192–93。

28 Häberlein, *The Fuggers of Augsburg*, pp. 20–21 and 58–59.

29 Ehrenberg, *Capital and Finance in the Age of the Renaissance*, pp. 137–55.

30 Ehrenberg, *Capital and Finance in the Age of the Renaissance*, pp. 151–52; Haberlein, *The Fuggers of Augsburg*, pp. 40 and 60–62.

31　关于安特卫普，参见 Herman van der Wee, *The Growth of the Antwerp Market and the European Economy, 1400s–1600s* (The Hague: Nijhoff, 1963), especially pp. 89–142, and Harreld, *High Germans in the Low Countries*, pp. 17–39。

32　引自 Strieder, *Jacob Fugger the Rich*, pp. 207–8。

33　Haberlein, *The Fuggers of Augsburg*, pp. 45–49.

34　Michael Mallett and Christine Shaw, *The Italian Wars, 1494–1559: War, State and Society in Early Modern Europe* (New York: Routledge, 2012), pp. 85–136; Haberlein, *The Fuggers of Augsburg*.

35　关于弗雷斯科巴尔迪，参见 Ehrenberg, *Capital and Finance*, p. 71; quoted in Strieder, *Jacob Fugger the Rich*, p. 202。

36　Ehrenberg, *Capital and Finance in the Age of the Renaissance*, p. 74.

37　Ehrenberg, *Capital and Finance in the Age of the Renaissance*, pp. 74–79; Haberlein, *The Fuggers of Augsburg*, pp. 64–65.

38　Ehrenberg, *Capital and Finance in the Age of the Renaissance*, p. 80.

39　Steinmetz, *The Richest Man Who Ever Lived*, pp. 227–30.

40　Ehrenberg, *Capital and Finance in the Age of the Renaissance*, pp. 83–86; Haberlein, *The Fuggers of Augsburg*, p. 67.

第四章　葛兹·冯·贝利欣根与军事革命

1　Gotz von Berlichingen, *Gotz von Berlichingen: The Autobiography of a 16th-Century German Knight*, trans. Dirk Rottgardt (West Chester, OH: The Nafziger Collection, 2014), p. 21; Gotz von Berlichingen, *Mein Fehd und Handlungen*, ed. Helgard Ulmschneider (Sigmaringen, Germany: Thorbecke, 1981).

2　基础性介绍，参见 Geoffrey Parker, *The Military Revolution: Military Innovation and the Rise of the West, 1500–1800*, 2nd ed. (Cambridge, UK: Cambridge University Press, 1996), pp. 1–2 and especially 155–76；有一段泛泛但并不完全可信的反驳，见 Frank Jacob and Gilmar Visoni-Alonzo, *The Military Revolution in Early Modern Europe: A Revision* (London: Palgrave Pivot, 2016); Clifford J. Rogers, ed., *The Military Revolution Debate: Readings on the Military Transformation of Early Modern Europe* (Boulder, CO: Westview Press, 1995)；关于三十年战争，参见 Peter Wilson, *The Thirty Years War: Europe's Tragedy*

(Cambridge, MA: Harvard University Press, 2011), pp. 786ff。

3   Clifford J. Rogers, "The Military Revolution of the Hundred Years War," pp. 55–93 in Rogers, ed., *The Military Revolution Debate*; Andrew Ayton and J. L. Price, eds., *The Medieval Military Revolution: State, Society, and Military Change in Medieval and Early Modern Europe* (New York: St. Martin's Press, 1995).

4   David Parrott, *The Business of War: Military Enterprise and Military Innovation in Early Modern Europe* (Cambridge, UK: Cambridge University Press, 2012).

5   Berlichingen, *Autobiography*, p. 3.

6   Richard Kaeuper, *Medieval Chivalry* (Cambridge, UK: Cambridge University Press, 2016), pp. 155–207 and 353–83.

7   Berlichingen, *Autobiography*, p. 12; David J. B. Trim, ed., *The Chivalric Ethos and the Development of Military Professionalism* (Leiden: Brill, 2003).

8   Berlichingen, *Autobiography*, pp. 11–16.

9   Berlichingen, *Autobiography*, p. 12. 葛兹招募的三个人签的是一项复仇合同，俘虏了 11 名富裕农民。

10 Berlichingen, *Autobiography*, pp. 19–21.

11 Berlichingen, *Autobiography*, pp. 22–23; Reinhard Baumann, *Georg von Frundsberg: Der Vater der Landsknechte und Feldhauptmann von Tirol* (Munich: Suddeutsscher Verlag, 1984), pp. 80–81.

12 Fritz Redlich, *The German Military Enterpriser and His Work Force: A Study in European Economic and Social History*, vol. 1 (Wiesbaden: Franz Steiner Verlag, 1964), pp. 8–13 and 18–29；关于英格兰的留用法，参见克里斯蒂娜·卡彭特（Christine Carpenter）的文献综述，*The Wars of the Roses: Politics and the Constitution in England, c.1437–1509* (Cambridge, UK: Cambridge University Press, 1997), pp. 16–26；关于意大利及其军事契约的基础性介绍，见 Michael Mallett, *Mercenaries and Their Masters: Warfare in Renaissance Italy*, 2nd ed. (Barnsley, UK: Pen & Sword Military, 2009), pp. 76–87。

13 关于雇佣兵市场，参见 Parrott, *The Business of War*, pp. 29–31 and 40–69。

14 Berlichingen, *Autobiography*, pp. 42–44.

15 关于意大利雇佣兵，参见 Mallett, *Mercenaries and Their Masters*, pp. 146–206。

16 Carl von Elgger, *Kriegswesen und Kriegskunst der schweizerischen Eidgenossen im XIV., XV. und XVI. Jahrhundert* (Luzern: Militarisches Verlagsbureau, 1873);

Parrott, *The Business of War*, pp. 46–47.

17 关于"大胆查理"败给瑞士,参见 Richard Vaughan, *Charles the Bold* (Woodbridge, UK: Boydell Press, 2002 [1st ed. 1973]), pp. 292–93, 360–97, and 426–32; David Potter, *Renaissance France at War* (Woodbridge, UK: Boydell Press, 2008), pp. 125–31; and Parrott, *The Business of War*, pp. 48–54。

18 Parrott, *The Business of War*, pp. 54–62.

19 Berlichingen, *Autobiography*, p. 21 and p. 5, e.g.

20 Berlichingen, *Autobiography*, pp. 20, 30, and 36.

21 关于火绳枪的起源,参见 Bert Hall, *Weapons and Warfare in Renaissance Europe* (Baltimore: Johns Hopkins University Press, 1997), pp. 95–100。

22 关于切里尼奥拉战役,参见 Michael Mallett and Christine Shaw, *The Italian Wars, 1494–1559: War, State and Society in Early Modern Europe* (New York: Routledge, 2012), pp. 64–66;关于使用火绳枪的重要性的讨论,参见 Hall, *Weapons and Warfare in Renaissance Europe*, pp. 167–71。其中一个例外情况是 1513 年英格兰与苏格兰之间的弗洛登战役。

23 Parker, *The Military Revolution*, pp. 8–16; Christopher Duffy, *Siege Warfare: The Fortress in the Early Modern World, 1494–1660* (London: Routledge & Kegan Paul, 1979), pp. 1–22.

24 Berlichingen, *Autobiography*, pp. 33–37.

25 关于寻仇,参见 Hillay Zmora, *State and Nobility in Early Modern Germany: The Knightly Feud in Franconia, 1440–1567* (Cambridge, UK: Cambridge University Press, 2003); Hillay Zmora, *The Feud in Early Modern Germany* (Cambridge, UK: Cambridge University Press, 2011)。

26 Baumann, *Georg von Frundsberg*, pp. 180–98.

27 关于葛兹参加农民战争的记叙,参见 Berlichingen, *Autobiography*, pp. 57–68。他明确地说,这并非他在那次冲突中的所作所为,不管真相是什么,他多年来的行动给他带来的后果是被长期监禁。

28 Berlichingen, *Autobiography*, p. 72.

第五章 阿尔杜斯·马努蒂乌斯与印刷业

1 Elizabeth Eisenstein, *The Printing Press as an Agent of Change* (Cambridge,

UK: Cambridge University Press, 1980).
2. Andrew Pettegree, *The Book in the Renaissance* (New Haven, CT: Yale University Press, 2010), pp. 7–20.
3. Stephan Fussel, *Gutenberg and the Impact of Printing*, trans. Douglas Martin (Aldershot, UK: Ashgate, 2003), pp. 10–13; Albert Kapr, *Gutenberg: The Man and his Invention*, trans. Douglas Martin (Aldershot, UK: Scolar Press, 1996), pp. 29–73.
4. 关于谷登堡版本的《圣经》，参见 Fussel, *Gutenberg and the Impact of Printing*, pp.18–25 and 51–52; Pettegree, *The Book in the Renaissance*, pp. 23–29。
5. Pettegree, *The Book in the Renaissance*, pp. 32–33 and 45–50.
6. 关于威尼斯的基础性介绍，见 Frederic C. Lane, *Venice: A Maritime Republic* (Baltimore: Johns Hopkins University Press, 1973), pp. 136–53 and 224–49; Elisabeth Crouzet-Pavan, "Toward an Ecological Understanding of the Myth of Venice," pp. 39–64 in John Martin and Dennis Romano, eds., *Venice Reconsidered: The History and Civilization of an Italian City-State, 1297–1797* (Baltimore: Johns Hopkins University Press, 2000); Gerhard Rosch, "The *Serrata* of the Great Council and Venetian Society, 1286–1323," pp. 67–88 in Martin and Romano, eds., *Venice Reconsidered*；关于威尼斯的美第奇家族，参见 Raymond de Roover, *The Rise and Decline of the Medici Bank, 1397–1494* (New York: Norton, 1966), pp. 240–53。
7. 关于早期威尼斯印刷业的背景，见 Martin Lowry, *Nicholas Jenson and the Rise of Venetian Publishing in Renaissance Europe* (Oxford: Basil Blackwell, 1991), pp. 49–71; Leonardas Vytautas Gerulaitis, *Printing and Publishing in Fifteenth-Century Venice* (Chicago: American Library Association,1976), pp. 1–30。
8. 关于1473年印刷业的破产，见 Gerulaitis, *Printing and Publishing in Fifteenth-Century Venice*, p. 23。
9. Martin Lowry, *The World of Aldus Manutius: Business and Scholarship in Renaissance Venice* (Ithaca, NY: Cornell University Press, 1979), p. 52.
10. Lowry, *The World of Aldus Manutius*, pp. 52–64.
11. 关于文艺复兴复杂性的概述，见 Guido Ruggiero, *The Renaissance in Italy: A Social and Cultural History of the Rinascimento* (Cambridge, UK: Cambridge University Press, 2015), pp. 6–18。

12　Charles G. Nauert, *Humanism and the Culture of Renaissance Europe* (Cambridge, UK: Cambridge University Press, 1995), pp. 8–13; Nicholas Mann, "The Origins of Humanism," pp. 1–19 in Jill Kraye, ed., *The Cambridge Companion to Renaissance Humanism* (Cambridge, UK: Cambridge University Press, 1996); Michael D. Reeve, "Classical Scholarship," pp. 20–46 in Kraye, ed., *The Cambridge Companion to Renaissance Humanism*.

13　Nauert, *Humanism and the Culture of Renaissance Europe*, pp. 26–35; Ruggiero, *The Renaissance in Italy*, pp. 15–18 and 229–49.

14　Paul F. Grendler, *Schooling in Renaissance Italy: Literacy and Learning, 1300–1600* (Baltimore: Johns Hopkins University Press, 1989)；在第 118 页引用了韦尔杰里奥的话，更一般性的讨论见第 111–141 页。

15　Lowry, *The World of Aldus Manutius*, pp. 58–66；引文在第 66 页。

16　引自 Lowry, *The World of Aldus Manutius*, p. 59。

17　Desiderius Erasmus, *Colloquies*, vol. 1, trans. Craig R. Thompson (Toronto: University of Toronto Press, 1997), pp. 979–91; Lowry, *The World of Aldus Manutius*, pp. 76–83.

18　Lowry, *The World of Aldus Manutius*, pp. 80–86.

19　G. Scott Clemons, "Pressing Business: The Economics of the Aldine Press," pp. 11–24 in Natale Vacalebre, ed., *Five Centuries Later. Aldus Manutius: Culture, Typography and Philology* (Milan: Biblioteca Ambrosiana, 2019); Rudolf Hirsch, *Printing, Selling and Reading, 1450–1550* (Wiesbaden: Otto Harrassowitz, 1967).

20　Lowry, *The World of Aldus Manutius*, pp. 110-15; Clemons, "Pressing Business," pp. 15–17.

21　Lowry, *The World of Aldus Manutius*, pp. 115–16; Clemons, "Pressing Business," p. 17.

22　Lowry, *The World of Aldus Manutius*, pp. 137–46.

23　Hirsch, *Printing, Selling and Reading*, pp. 128–29.

24　Pettegree, *The Book in the Renaissance*, pp. 58–62; Lowry, *The World of Aldus Manutius*, pp. 78, 113, 125, and 147–67.

25　Lowry, *The World of Aldus Manutius*, pp. 98–100.

26　Lowry, *The World of Aldus Manutius*, pp. 257–90.

27　Pettegree, *The Book in the Renaissance*, pp. 65–82.

28 这件逸事是伊拉斯谟自己回忆的，详细故事记载于 Martin Davies, *Aldus Manutius: Printer and Publisher of Renaissance Venice* (Malibu, CA: J. Paul Getty Museum, 1995), p. 58。

29 Hirsch, *Printing, Selling and Reading*, p. 105; Andrew Pettegree, *The Invention of News: How the World Came to Know About Itself* (New Haven, CT: Yale University Press, 2014).

第六章　约翰·赫里蒂奇与日常资本主义

1 关于约翰·赫里蒂奇的重要著作是 Christopher Dyer, *A Country Merchant, 1495–1520: Trading and Farming at the End of the Middle Ages* (Oxford: Oxford University Press, 2012)；也参见 Patrick Wyman, host, "Interview: Historian Christopher Dyer on Peasants and the Medieval Economy," *Tides of History*, September 27, 2018。

2 关于黑死病的基础性介绍，见 Ole J. Benedictow, *The Black Death, 1346–1353: The Complete History* (Woodbridge, UK: Boydell Press, 2004); Bruce M. S. Campbell, *The Great Transition: Climate, Disease and Society in the Late-Medieval World* (Cambridge, UK: Cambridge University Press, 2016), especially pp. 267–331；关于赫里蒂奇所在地区的废弃村庄，参见 Dyer, *A Country Merchant*, pp. 230–31。

3 Campbell, *The Great Transition*, pp. 30–133.

4 Campbell, *The Great Transition*, pp. 355–63.

5 关于这些进程，参见 L. R. Poos, *A Rural Society After the Black Death: Essex 1350–1525* (Cambridge, UK: Cambridge University Press, 1991); Richard Britnell and Ben Dobbs, eds., *Agriculture and Rural Society after the Black Death: Common Themes and Regional Variations* (Hatfield, UK: University of Hertfordshire Press, 2008); Mark Bailey and Stephen Rigby, eds., *Town and Countryside in the Age of the Black Death: Essays in Honour of John Hatcher* (Turnhout, Belgium: Brepols, 2011); Christopher Dyer, *An Age of Transition? Economy and Society in the Later Middle Ages* (Oxford: Oxford University Press, 2005)。

6 Dyer, *A Country Merchant*, pp. 25–27.

7 Dyer, *A Country Merchant*, p. 29.

8   Dyer, *A Country Merchant*, pp. 29–33.

9   Dyer, *A Country Merchant*, p. 34.

10 这个争议被称为"布伦纳辩论",见 T. H. Aston, ed., *The Brenner Debate: Agrarian Class Structure and Economic Development in Pre-Industrial Europe* (Cambridge, UK: Cambridge University Press, 1987); Spencer Dimmock, *The Origin of Capitalism in England, 1400–1600* (Leiden: Brill, 2014); Shami Ghosh, "Rural Economies and Transitions to Capitalism: Germany and England Compared (c.1200–1800)," *Journal of Agrarian Change* 16, no. 2 (2016): 255–90; Dyer, *An Age of Transition*, pp. 66–85。

11 Dyer, *A Country Merchant*, pp. v–vi and 90; Wyman, "Interview: Historian Christopher Dyer." 类似的极罕见的幸存资料,见 Richard K. Marshall, *The Local Merchants of Prato: Small Entrepreneurs in the Late Medieval Economy* (Baltimore: Johns Hopkins University Press, 1999)。

12 关于这一时期日渐高涨的记账需求,参见 Alfred W. Crosby, *The Measure of Reality: Quantification and Western Society, 1250–1600* (Cambridge, UK: Cambridge University Press, 1997), pp. 199–224;关于美第奇记账法,见 Raymond de Roover, *The Rise and Decline of the Medici Bank, 1397–1494* (New York: Norton, 1966), pp. 96–100。

13 记录在 Dyer, *A Country Merchant*, p. 226。

14 Dyer, *A Country Merchant*, pp. 91–99;引文在 p. 93。

15 Dyer, *A Country Merchant*, pp. 17–18; Eleonora Mary Carus-Wilson and Olive Coleman, *England's Export Trade, 1275–1547* (Oxford: Clarendon Press, 1963), pp. 48–72; John Oldland, *The English Woollen Industry, c.1200–c.1560* (New York: Routledge, 2019), especially pp. 215–36.

16 Dyer, *A Country Merchant*, pp. 100–107.

17 Dyer, *A Country Merchant*, pp. 117–20.

18 基础性介绍,见 Richard H. Britnell, *The Commercialisation of English Society, 1000–1500* (Cambridge, UK: Cambridge University Press, 1993);另外参见 Dyer, *An Age of Transition*, pp. 173–210,其中对于英格兰商业化水平的评估虽不如前者,但也相当乐观。

19 Maryanne Kowaleski, *Local Markets and Regional Trade in Medieval Exeter* (Cambridge, UK: Cambridge University Press, 1995), pp. 328–30,有关于整体

论述的总结。

20　Sylvia L. Thrupp, *The Merchant Class of Medieval London, 1300–1500* (Ann Arbor: University of Michigan Press, 1948), especially pp. 4–52；关于商人行会的基础性介绍，参见 Sheilagh Ogilvie, *Institutions and European Trade: Merchant Guilds, 1000–1800* (Cambridge, UK: Cambridge University Press, 2011); Peter Spufford, *Power and Profit: The Merchant in Medieval Europe* (London: Thames & Hudson, 2002)；关于伦敦，参见 Caroline Barron, *London in the Later Middle Ages: Government and People, 1200–1500* (Oxford: Oxford University Press, 2005)。

21　Teofilo F. Ruiz, *Crisis and Continuity: Land and Town in Late Medieval Castile* (Philadelphia: University of Pennsylvania Press, 1994). 关于这一时期商业的崛起，更一般性的概述见 Martha C. Howell, *Commerce Before Capitalism in Europe, 1300–1600* (Cambridge, UK: Cambridge University Press, 2010)。

22　Craig Mulgrew, *The Economy of Obligation: The Culture of Credit and Social Relations in Early Modern England* (Houndmills, UK: Palgrave, 1998), especially pp. 95ff.; Howell, *Commerce*, pp. 24–29 and 70–78; P. Nightingale, "Monetary Contraction and Mercantile Credit in Later Medieval England," *Economic History Review* 43 (1990): 560–75.

23　Dyer, *A Country Merchant*, pp. 35–39 and 129–31.

第七章　马丁·路德、印刷业与教会的分裂

1　人们曾花了大量笔墨讨论马丁·路德是否真的将《九十五条论纲》钉在教堂的门上，但这应该是当时的标准做法——教堂的大门是维滕伯格的非官方布告栏，而且并没有理由怀疑他没这么做。围绕这一话题的争论的汇总，见 Andrew Pettegree, *Brand Luther: 1517, Printing, and the Making of the Reformation* (New York: Penguin, 2015), pp. 70–72；完整的记述，见 Kurt Aland, ed., *Martin Luther's Ninety-Five Theses: With the Pertinent Documents from the History of the Reformation* (St. Louis: Concordia Publishing, 1967), p. 62。

2　C. M. Jacobs, trans., *Works of Martin Luther: With Introduction and Notes*, vol. 1 (Philadelphia: Holman, 1915), p. 27.

3　Pettegree, *Brand Luther*, pp. 73–75; Martin Brecht, *Martin Luther: His Road to Reformation, 1483–1521* (Minneapolis: Fortress Press, 1985), pp. 190–221;

Heiko Oberman, *Luther: Man Between God and the Devil* (New Haven, CT: Yale University Press, 1989), pp. 192–97.

4 有很多关于马丁·路德早年生活的著作，从直白的叙述到复杂的心理传记分析，近年来重要的著作包括 Lyndal Roper, *Martin Luther: Renegade and Prophet* (New York: Random House, 2016), pp. 3–36; Oberman, *Luther*, pp. 82–115; Brecht, *Martin Luther*, pp. 1–50; Richard Marius, *Martin Luther: The Christian Between God and Death* (Cambridge, MA: Belknap, 1999), pp. 19–42；关于现在已经不受欢迎但经常引人注目的心理传记分析法，见 Erik Erikson, *Young Man Luther: A Study in Psychoanalysis and History* (New York: Norton, 1958), pp. 13–97.

5 Roper, *Martin Luther*, pp. 16–17.

6 关于马丁·路德的修道院生涯，见 Roper, *Martin Luther*, pp. 37–62; Brecht, *Martin Luther*, pp. 51–82。

7 关于路德时代的教会，见 Diarmaid MacCulloch, *The Reformation: A History* (New York: Penguin, 2003), pp. 3–52; R. N. Swanson, "The Pre-Reformation Church," pp. 9–30 in Andrew Pettegree, ed., *The Reformation World* (London: Routledge, 2000); Alister E. McGrath, *The Intellectual Origins of the European Reformation*, 2nd ed. (Malden, MA: Blackwell, 2004), pp. 11–33; Larissa Taylor, "Society and Piety," pp. 22–36 in R. Po-chia Hsia, ed., *A Companion to the Reformation World* (Malden, MA: Blackwell, 2004)。

8 关于宗教改革，参见 Bruce Gordon, "Conciliarism in Late Mediaeval Europe," pp.31–50 in Pettegree, ed., *The Reformation World*; Richard Rex, "Humanism," pp. 51–71 in Pettegree, ed., *The Reformation World*; Eric Leland Saak, *Luther and the Reformation of the Later Middle Ages* (Cambridge, MA: Cambridge University Press, 2017), especially pp. 11–63; Euan Cameron, "Dissent and Heresy," pp. 3–21 in Hsia, ed., *A Companion to the Reformation World*。

9 关于赎罪券的神学依据，见 Robert W. Shaffern, "The Medieval Theology of Indulgences," pp. 37–64 in R. N. Swanson, ed., *Promissory Notes on the Treasury of Merits: Indulgences in Late Medieval Europe* (Leiden: Brill, 2006)；关于西班牙的赎罪券，参见 John Edwards, "*Espana es Diferente*"? Indulgences and the Spiritual Economy in Late Medieval Spain," pp. 147–68 in Swanson, ed., *Promissory Notes*; Pettegree, *Brand Luther*, pp. 54–64。

10 关于贩卖赎罪券活动，见 Pettegree, *Brand Luther*, pp. 63–67。

11 Pettegree, *Brand Luther*, pp. 56–66; Falk Eisermann, "The Indulgence as a Media Event: Developments in Communication through Broadsides in the Fifteenth Century," pp. 309–30 in Swanson, ed., *Promissory Notes*; David Bagchi, "Luther's *Ninety-Five Theses* and the Contemporary Criticism of Indulgences," pp. 331–56 in Swanson, ed., *Promissory Notes*.

12 Pettegree, *Brand Luther*, pp. 105–9；这是一个发展非常成熟的观点，主要来自 Andrew Pettegree in *Brand Luther*；同样参见 Mark U. Edwards Jr., *Printing, Propaganda, and Martin Luther* (Minneapolis: Fortress Press, 1994), 第 2–4 页的注释。

13 关于这段有来有往的争论，参见 Pettegree, *Brand Luther*, pp. 78–83。

14 Pettegree, *Brand Luther*, pp. 104–31; Edwards, *Printing, Propaganda, and Martin Luther*, pp. 14–37.

15 Pettegree, *Brand Luther*, pp. 11–14.

16 Pettegree, *Brand Luther*, pp. 157–63.

17 引自 Pettegree, *Brand Luther*, p. 136；关于沃尔姆斯的广泛论述，见 Roper, *Martin Luther*, pp. 160–82; Brecht, *Martin Luther*, pp. 448–76。

18 引自 Pettegree, *Brand Luther*, pp. 210–11。

19 Edwards, *Printing, Propaganda, and Martin Luther*, pp. 14–28; Pettegree, *Brand Luther*, pp. 206–10.

20 引自 Roper, *Martin Luther*, p. 223。

21 关于闵采尔的基础性介绍，见 Eric W. Gritsch, *Thomas Müntzer: A Tragedy of Errors* (Minneapolis: Fortress Press, 1989); Tom Scott, *Thomas Müntzer: Theology and Revolution in the German Reformation* (New York: St. Martin's Press, 1989)。

22 引自 Roper, *Martin Luther*, p. 253。

23 引自 James M. Stayer, "The German Peasants' War and the Rural Reformation," pp. 127–45, p. 131, in Pettegree, ed., *The Reformation World*；关于农民战争，见 Tom Scott and Bob Scribner, eds., *The German Peasants' War: A History in Documents* (New York: Humanities Books, 1991); Peter Blickle, *The Revolution of 1525: The German Peasants' War from a New Perspective* (Baltimore: Johns Hopkins University Press, 1981)。

24 引自 Stayer, "The German Peasants' War and the Rural Reformation," pp. 129–30。

25 引自 Pettegree, *Brand Luther*, p. 242。

26 关于路德个人影响的细微问题，可参见 Christopher Ocker, *Luther, Conflict, and Christendom* (Cambridge, UK: Cambridge University Press, 2018)。

第八章　苏莱曼大帝与奥斯曼超级大国

1 关于奥斯曼帝国基本上属于"欧洲"国家的看法，见 Daniel Goffman, *The Ottoman Empire and Early Modern Europe* (Cambridge, UK: Cambridge University Press, 2002)。

2 关于奥斯曼帝国的早期根基，见 Cemal Kafadar, *Between Two Worlds: The Construction of the Ottoman State* (Berkeley: University of California Press, 1995); Heath W. Lowry, *The Nature of the Early Ottoman State* (Albany: State University of New York Press, 2003); Colin Imber, *The Ottoman Empire: The Structure of Power, 1300–1650*, 2nd ed. (New York: Palgrave Macmillan, 2009), pp. 3–24。

3 关于安卡拉战役和后续影响，见 Dimitris J. Kastritis, *The Sons of Bayezid: Empire Building and Representation in the Ottoman Civil War of 1402–1413* (Leiden: Brill, 2007)。

4 穆罕默德统治的标准叙述，见 Franz Babinger, *Mehmed the Conqueror and His Time*, ed. William C. Hickman, trans. Ralph Manheim (Princeton, NJ: Princeton University Press, 1978 [orig. German ed. 1953])。

5 关于谢里姆留给其子的遗产，见 Kaya S, ahin, *Empire and Power in the Reign of Suleyman: Narrating the Sixteenth-Century Ottoman World* (Cambridge, UK: Cambridge University Press, 2013), pp. 27–34; Andrew Hess, "The Ottoman Conquest of Egypt and the Beginning of the Sixteenth-Century World War," *International Journal of Middle East Studies* 4, no. 1 (January 1973): 55–76。

6 引自 Roger Bigelow Merriman, *Suleiman the Magnificent, 1520–1566* (Cambridge, MA: Harvard University Press, 1944), p. 37。

7 关于谢里姆的继位，见 H. Erdem Cipa, *The Making of Selim: Succession, Legitimacy, and Memory in the Early Modern Ottoman World* (Bloomington: Indiana University Press, 2017), pp. 29–61。

8 引自 Andre Clot, *Suleiman the Magnificent*, trans. Matthew J. Reisz (London: Saki,

2005 [orig. French ed. 1989]), p. 30。

9   关于贝尔格莱德战役，参见 Clot, *Suleiman the Magnificent*, pp. 37–38; Merriman, *Suleiman the Magnificent*, pp. 56–58。

10 Konstantin Nossov and Brian Delf, *The Fortress of Rhodes 1309–1522* (Oxford: Osprey, 2010).

11 Clot, *Suleiman the Magnificent*, p. 55.

12 James Reston Jr., *Defenders of the Faith: Christianity and Islam Battle for the Soul of Europe, 1520–1536* (New York: Penguin, 2009), p. 171.

13 关于哈布斯堡王朝与匈牙利的关系，见 Geza Palffy, *The Kingdom of Hungary and the Habsburg Monarchy in the Sixteenth Century*, trans. Thomas J. DeKornfeld and Helen D. DeKornfeld (New York: Columbia University Press, 2009), pp. 17–51。

14 引自 Clot, *Suleiman the Magnificent*, p. 58。关于这次战役的更多讨论，见 Merriman, *Suleiman the Magnificent*, pp. 87–93; Reston, *Defenders of the Faith*, pp. 186–94; Geza Perjes, *The Fall of the Medieval Kingdom of Hungary: Mohacs 1526–Buda 1541*, vol. 26 of *War and Society in East Central Europe* (New York: Columbia University Press, 1989), pp. 225–65。

15 关于维也纳的围城，见 Clot, *Suleiman the Magnificent*, pp. 64–68; Merriman, *Suleiman the Magnificent*, pp. 103–8。

16 Ann Williams, "Mediterranean Conflict," pp. 39–54 in Metin Kunt and Christine Woodhead, eds., *Suleyman the Magnificent and His Age: The Ottoman Empire in the Early Modern World* (London: Longman, 1995); Giancarlo Casale, *The Ottoman Age of Exploration* (Oxford: Oxford University Press, 2010); Salih Ozbaran, "Ottoman Naval Policy in the South," pp. 55–70 in Kunt and Woodhead, eds., *Suleyman the Magnificent and His Age*.

17 Halil Inalcik, *An Economic and Social History of the Ottoman Empire*, vol. 1, *1300–1600* (Cambridge, UK: Cambridge University Press, 1994), pp. 55–74，数据图表见 pp. 98–99; S, evket Pamuk, "In the Absence of Domestic Currency: Debased European Coinage in the Seventeenth-Century Ottoman Empire," *Journal of Economic History* 57, no. 2 (June 1997): 345–66, pp. 354–55。帕穆克（Pamuk）的图表中那个财年的数据有所不同，可能是印刷错误。

18 Gabor Agoston, *Guns for the Sultan: Military Power and the Weapons Industry in the Ottoman Empire* (Cambridge, UK: Cambridge University Press, 2005), pp.

70 and 96–127; Suraiya Faroqhi, *The Ottoman Empire and the World Around It* (London: I. B. Tauris, 2007), pp. 98–118；引文出自 Adam Francisco, *Martin Luther and Islam: A Study in Sixteenth-Century Polemics and Apologetics* (Leiden: Brill, 2007), p. 86。

19 关于苏莱曼的形象，见 Christine Woodhead, "Perspectives on Suleyman," pp. 164–90 in Kunt and Woodhead, eds., *Suleyman the Magnificent and His Age*。

第九章 查理五世与大一统

1 关于查理来到西班牙，参见 Karl Brandi, *The Emperor Charles V: The Growth and Destiny of a Man and of a World-Empire*, trans. C. V. Wedgwood (London: Jonathan Cape, 1965), pp. 78–80; Geoffrey Parker, *Emperor: A New Life of Charles V* (New Haven, CT: Yale University Press, 2019),pp. 75–77。

2 Benecke, *Maximilian*, pp. 31–45。

3 关于特拉斯塔马拉王朝的家族关系的严重失衡，可参考的书目有 Parker, *Emperor*, pp. 51–56。

4 关于胡安娜的基础性介绍，见 Bethany Aram, *La reina Juana: Gobierno, Piedad y dinastia* (Madrid: Marcial Pons, 2001); and Bethany Aram, *Juana the Mad: Sovereignty and Dynasty in Renaissance Europe* (Baltimore: Johns Hopkins University Press, 2005)。

5 Parker, *Emperor*, p. 68。

6 Parker, *Emperor*, pp. 68–69。

7 没有理由同意近来的一些猜测，说查理与他的继祖母热尔梅娜·德·富瓦之间有一个私生子，参见 Parker, *Emperor*, pp. 545–46，当中有一些总结性的驳斥。

8 引自 Parker, *Emperor*, p. 70。

9 关于西斯内罗斯的基础性介绍，参见 Jose Garcia Oro, *El Cardenal Cisneros: Vida y impresas*, 2 vols. (Madrid: Biblioteca de Autores Cristianos, 1992–93); Erika Rummel, *Jimenez de Cisneros: On the Threshold of Spain's Golden Age* (Tempe: Arizona Center for Medieval and Renaissance Studies, 1999)。书信引自 Rummel, *Jimenez de Cisneros*, p. 85。

10 关于这趟旅途，见 Parker, *Emperor*, pp. 76–79; Brandi, *The Emperor Charles V*, pp. 80–81。

11 关于这些事件，见 Parker, *Emperor*, pp. 81–83, 和 Brandi, *The Emperor Charles V*, pp. 81–83。

12 引自 Parker, *Emperor*, p. 87。

13 引自 Parker, *Emperor*, p. 89。更一般性的讨论，见 Parker, *Emperor*, pp.87–94; Brandi, *The Emperor Charles V*, pp. 99–112。

14 引自 Parker, *Emperor*, pp. 89–90。

15 引自 Parker, *Emperor*, p. 91。

16 关于普世统治权的想法，见 John M. Headley, *The Emperor and His Chancellor: A Study of the Imperial Chancellery Under Gattinara* (Cambridge, UK: Cambridge University Press, 1983)，特别是第 10–12 页，以及第 10 页的引言；另见 Harald Kleinschmidt, *Charles V: The World Emperor* (Stroud,UK: Sutton, 2004), pp. 81–89。

17 关于胡安娜在城市公社起义里的角色，见 Aram, *Juana the Mad*, pp. 123–28。关于这场起义，见 Aurelio Espinosa, *The Empire of the Cities: Emperor Charles V, the* Comunero *Revolt, and the Transformation of the Spanish System* (Leiden:Brill, 2009), pp. 65–82; Hipolito Rafael Oliva Herrer, "Interpreting Large-ScaleRevolts: Some Evidence from the War of the Communities of Castile," pp. 330–48 in Justine Firnhaber-Baker and Dirk Schoenaers, eds., *The Routledge History Handbook of Medieval Revolts* (New York: Routledge, 2017)。

18 James D. Tracy, *Emperor Charles V, Impresario of War: Campaign Strategy, International Finance, and Domestic Politics* (Cambridge, UK: Cambridge University Press, 2002), pp. 20–28; Wim Blockmans, *Emperor Charles V, 1500–1558*, pp. 25–45.

19 Parker, *Emperor*, pp. 148–51.

20 Parker, *Emperor*, pp. 153–62; R. J. Knecht, *Renaissance Warrior and Patron: The Reign of Francis I* (Cambridge, UK: Cambridge University Press, 1994), pp. 218–36.

21 关于查理和农民战争，见 Parker, *Emperor*, p. 194。

22 Knecht, *Renaissance Warrior and Patron*, pp. 239–56.

23 引自 Parker, *Emperor*, pp. 167–68。

24 见第八章。

25 关于此事，参见 Judith Hook, *The Sack of Rome: 1527*, 2nd ed. (New York: Palgrave

Macmillan, 2004), pp. 107–80。

26 Parker, *Emperor*, pp. 342–58.
27 Hugh Thomas, *Conquest: Montezuma, Cortes, and the Fall of Old Mexico* (New York: Touchstone, 1993), pp. 65–69.
28 Thomas, *Conquest*, pp. 260–62.
29 关于征服阿兹特克帝国，见 Thomas, *Conquest*。
30 引自 Parker, *Emperor*, p. 355; see pp. 355–57。
31 关于这些事件，见 Parker, *Emperor*, pp. 237–43; Brandi, *The Emperor Charles V*, pp. 365–71。
32 有关这些金融安排的基础性介绍，见 Tracy, *Emperor Charles V, Impresario of War*, pp. 154–57。
33 Parker, *Emperor*, pp. 246–47.

结　论

1 Adam Tooze, *The Deluge: The Great War, America and the Remaking of the Global Order, 1916–1931* (New York: Viking, 2014).